Vivir en Espíritu y en Verdad

... la Verdad que ilumina nuestra vida

CONSUELO MARTÍN

Vivir en Espíritu y en Verdad

... la Verdad que ilumina nuestra vida

EDICIONES OBELISCO

Si este libro le ha interesado y desea que le mantengamos informado
de nuestras publicaciones, escríbanos indicándonos qué temas son de su interés
(Astrología, Autoayuda, Ciencias Ocultas, Artes Marciales, Naturismo,
Espiritualidad, Tradición…) y gustosamente le complaceremos.

Puede consultar nuestro catálogo en www.edicionesobelisco.com

Colección Espiritualidad y Vida interior
VIVIR EN ESPÍRITU Y EN VERDAD
… LA VERDAD QUE ILUMINA NUESTRA VIDA
Consuelo Martín

1.ª edición: abril de 2017

Maquetación: *Compaginem S. L.*
Corrección: *Sara Moreno*
Diseño de cubierta: *Enrique Iborra*

© 2017, Consuelo Martín
(Reservados todos los derechos)
© 2017, Ediciones Obelisco, S. L.
(Reservados los derechos para la presente edición)

Edita: Ediciones Obelisco, S. L.
Collita, 23-25. Pol. Ind. Molí de la Bastida
08191 Rubí - Barcelona - España
Tel. 93 309 85 25 - Fax 93 309 85 23
E-mail: info@edicionesobelisco.com

ISBN: 978-84-9111-207-5
Depósito Legal: B-9.489-2017

Printed in Spain

Impreso en España en los talleres gráficos de Romanyà/Valls S. A.
Verdaguer, 1 - 08786 Capellades (Barcelona)

A Gabriel Martín Quevedo
—in memoriam— con todo mi cariño y agradecimiento

Introducción

Estas investigaciones señalan una manera de vivir «de verdad». Cuando recibimos conceptos, palabras y las archivamos en la memoria no por ello accedemos a la Verdad. Por eso al investigar en estos momentos sobre la vida verdadera hemos de comprender el lenguaje que se presenta de una manera nueva, desde un amplio espacio que trascienda las zonas conocidas de la mente. Así, de manera natural, imperceptible para esos lugares habituales del pensamiento, comenzaremos a mirar con ojos nuevos aquello que, invisible, se encuentra detrás de las apariencias.

Descubrir lo desconocido en este sentido es acceder a la realidad, nuestra íntima y totalizadora realidad que no puede ser pensada, programada o repetida por la memoria, la última verdad abierta a lo infinito. Y éste es el anhelo, más o menos consciente en cada ser humano pero siempre constante en la humanidad, que se ha expresado muchas veces en forma simbólica en las distintas tradiciones de sabiduría.

Si en algún momento del tiempo siempre aparencial nos encontráramos fuera de la Conciencia espiritual o verdadera, estaríamos perdidos en la «opinión de los mortales», tal como nos recordaba Parménides en los orígenes de la filosofía occidental, o en «la ilusión», el sueño de la ignorancia colectiva, como leemos en las Upanisad y Sankara en la filosofía de Oriente. Este dominio de las apariencias, al que aluden los textos de sabiduría perenne, está muy transitado por lo que controla e interpreta nuestras vidas.

Pero cuando, desde la profundidad de la Conciencia[1] que somos, surge la intuición primero y la evidencia después de la Verdad, comienza a vivirse la aventura existencial bajo la protección de aquella luminosidad a la que se ha dado en alguna tradición el nombre de «fe». Descubrirla es contactar con el Espíritu, nuestro verdadero Ser, y nada tiene que ver con las creencias religiosas, filosóficas o científicas que suelen amueblar los lugares superficiales de nuestras mentes.

Hablamos de una fe sin objeto, que no se apoya en algo, lo que no saldría de una consigna conocida. No es fe en las afirmaciones de un grupo o una época a los que creo pertenecer. Es una secreta certeza a la que acompaña total confianza, una guía que da sentido inesperado a nuestra existencia. Como un enamoramiento más y más intenso, se expresa en amor a todo y a cada situación, persona o cosa y sólo se comprende a partir de la infinitud de ser lo que somos.

Siempre ha habido, hay y habrá seres humanos que viviendo en contemplación –en Espíritu y en Verdad– comunican de alguna manera su descubrimiento gozoso a quienes se muestran dispuestos a esa apertura de mente y corazón. Investigar sobre las verdades que nos conducen a la Verdad como estado de Ser es a la vez reflexión y contemplación y consiste en un aprender y enseñar espontáneo, porque el contacto con lo verdadero afecta a la humanidad por la interrelación que nos incluye en una realidad holística, unitotal.

Como brotan en primavera las flores y en verano los frutos, van apareciendo los bellos efectos de nuestra contemplación desde el Espíritu que somos y la Verdad que anhelamos. Por amor a la Inteligencia sagrada, por amor a la Verdad que nos acerca a ella, nos abrimos a «la gracia» de vivir desde nuestro Ser.

Se nos dieron muchas indicaciones sobre aquel camino que no se parece a ninguno conocido, el que no va a parte alguna sino que descansa en lo Eterno, pero las más de las veces no las entendimos. Jesús,

---

1. El término «conciencia» se puede entender como «conciencia de algo» –percepción a distintos niveles de limitación conciencial– o como «Conciencia en sí misma» de la que deriva la totalidad de lo concienciado, tal como se utiliza en la metafísica de la tradición *Vedanta advaita*. Ésto marca una diferencia fundamental en la vivencia de los diferentes estados de consciencia y lo trascendente a ellos.
   En el libro se distinguirán los términos indicando la «Conciencia en sí», o absoluta, con mayúscula y la consciencia que deriva de «ser consciente» con minúscula y «s» tras la primera «n».

el Cristo, lo expresó con claridad: «Lo que nace de la carne es carne y lo que viene del Espíritu es Espíritu». El sentido parece oscuro porque es más amplio que la simple alusión al cuerpo físico, ya que Jesús usaba la terminología simbólica de la tradición judía y en ella se aplica la palabra «carnal» al ámbito limitado y superficial del ser humano. En efecto, lo que se origina en ese lugar de meras apariencias, lo que aparece en la temporalidad y muere en ella, tanto si se trata de un pensamiento, emoción o acción, es carnal, podríamos decir que es ilusorio. Mientras lo que tiene su origen en el Espíritu, lo eterno, es verdadero.

Aceptando lo paradójico –porque de lo contrario nos limitaríamos a lo conocido–, todo es Conciencia. ¿Eso afecta a mi vida? Lo que llamamos realidad es un holograma, un bello esquema geométrico dentro de otro esquema, por lo que en cada punto del universo que percibimos se encuentra oculto a nuestra vista la totalidad de lo real. Podría ver así que todo lo que se me presenta alrededor son diversos diseños trazados por la Conciencia sagrada. Así, el amor a la belleza por sí mismo produce infinidad de apariencias bellas que se hacen y se deshacen en el tiempo.

Quizá no estés comprendiendo bien lo que considero cosas reales. Una flor es un universo como lo es el espacio del firmamento y señala un universo más y más amplio o restringido –según los parámetros de nuestra mente–. Nuestra mirada está tan restringida que no deberíamos confiar tanto en ella. Muchas situaciones fuera de nuestras condiciones pensadas nos parecen extrañas cuando lo único extraño es nuestra inconsciencia.

A veces se abre una misteriosa puerta que nos permite un atisbo de Verdad sagrada. Descubramos ese camino abierto a lo eterno. Vivamos desde la Verdad del Espíritu.

La belleza de despertar

¿Estamos dormidos o despiertos?

Estas investigaciones van a abordar un tema que no tiene límites: la Verdad que nos ilumina. Investigaremos en esta ocasión acerca de la inmensidad de lo verdadero. Pero desde el punto de vista de nuestra vida es un signo de idealismo hueco de meras palabras el tratar de la Verdad sin haber despertado antes a ella; vamos, por tanto, a investigar en primer lugar sobre la belleza del despertar. Porque aun estando sumidos en el sueño podemos utilizar las mismas palabras que han empleado algunos seres humanos despiertos. Así por ejemplo, sería posible afirmar que si somos verdaderos no tenemos nada más que pedir ni que buscar. Pero mientras no despertemos, todo lo dicho caerá en el sueño. Fijémonos que así nos suele suceder cuando no comprendemos que lo primordial es despertar.

Si dondequiera que miremos estamos viendo gente dormida, si incluso cuando nos observamos a nosotros mismos nos vemos completamente dormidos, dormidas, si notamos que todo lo que sucede es que unos siguen a otros en el sueño y no hay nada nuevo sino una continuidad repetitiva, entonces puede parecer que el despertar es algo arduo, y lo iremos postergando: para cuando disponga de más tiempo, cuando tenga más edad o cuando haya cumplido mis deseos u objetivos.

¿No nos hemos dado cuenta de lo duro que es vivir dormidos? Nos parece que es lo más sencillo y lo más cómodo; nos dejamos llevar, hacemos lo que todo el mundo hace, decimos lo mismo que nos han dicho; repetimos lo conocido. ¿Verdaderamente es eso lo más sencillo, tal y como creemos? Pareciera que despertar requiere realizar unos ejercicios difíciles, que consiste en hacer todo lo contrario de lo que estoy acostumbrado o de lo que quiero, que implica distorsionar mi vida. No, no es así. Precisamente es al revés: mi vida está distorsionada hasta que despierto.

Despertar es devolver la Vida, a lo que ella es. Es hacer de nuestra existencia algo auténtico, es ser lo que de verdad somos, y no hay nada más bello. Podría objetarse que así solamente me miro a mí mismo como algo bello, busco sólo dentro de mí sin tener en cuenta todo lo demás. No caigamos en esa ilusión. Despertar a lo que somos es despertar a lo que Es en totalidad. Cuando despertamos a lo que somos empezamos a mirar con ojos verdaderos y entonces todo es bello. La mente continúa objetando: pero en el mundo hay crueldades, horrores, sufrimiento, gente con diversas incapacidades, miedos, ambiciones, unos manipulan a otros, y estos otros a aquellos que los estaban manipulando y así hasta cansarnos de contar; el despertar de una persona no cambiará nada de eso. Sí, lo cambia, es sorprendente.

Porque todo ese panorama aparente se ve a través de las creencias, de las ideas que hemos ido adquiriendo en el sueño. Y por inconsciencia se ha formado en nuestra mente una historia personal de los acontecimientos que consideramos «la realidad». Pero eso no es sino la interpretación pensada que hemos ido tejiendo en nuestra mente por no tener suficiente lucidez. Y por supuesto la lucidez es algo que ningún ser humano echará en falta mientras permanezca dormido porque la desconoce.

Habitualmente, las personas no suelen andar por ahí intentando ser más lúcidas: desean ser más poderosas, más amadas por los demás, más famosas. Sin embargo, el cumplimiento de los deseos que tenemos suele estar encaminado a llamar la atención de los otros y es materia soñada. Existe sólo porque lo estoy imaginando. Me cuesta trabajo creerlo pero es así: lo estoy soñando porque he caído en la inconsciencia. Y que ese sueño participe del sueño grupal no le impide ser algo soñado. De hecho, el campo mental colectivo crea un mundo, unas inquietudes, unos conflictos que resolver, unas metas por conseguir. Y dentro de ese confuso conglomerado se va formando el argumento del sueño personal existencial. Todavía no nos hemos enterado de lo que es la Realidad cuando vivimos ahí.

Pues bien, al despertar, al ir abriendo los ojos, encontramos que la Realidad es inmensamente bella; estamos inmersos en esa belleza, constituidos por esa belleza. Al despertar lo notamos, y todo lo que pertenece al argumento soñado ya no aparece como una tragedia, pierde su fuerza distorsionadora: un personaje imaginario estaba odiando a otro personaje imaginario en el escenario, un personaje imaginario sufre porque no cumple sus imaginarios deseos los que supone le van aportar felicidad. Mientras lo que realmente somos –expresión de la Luz, Conciencia que ha ido cayendo y durmiéndose por inatención y descuido– no está apareciendo en el escenario. Y al despertar se produce una separación entre ese personaje que empezamos a ver moviéndose mecánicamente a su aire y aquello que somos.

La persona existe, actúa y se mueve como una marioneta, de acuerdo a quien la maneja. Así puede estar a merced de unas energías compulsivas del sueño en las que aparecen distintos grupos. Cada agrupación humana tiene sus propias consignas y su peculiar ideología. En la medida en que me adhiero a unas creencias pensadas y asumo unos pensamientos determinados identificándome con ellos, pertenezco –y alimento– a toda esa masa pensante; y todos los que se encuentran ahí quieren que haya más y más gente en ese grupo –más y más energía–. De este modo, el colectivo está creando el sueño que mantiene a un gran número de personas restándoles a la vez la posibilidad de despertar. Veamos entonces que al ser movidos por esta energía grupal estamos impidiéndonos a nosotros mismos despertar, sin darnos cuenta; independientemente del tipo de grupo en cuestión. No pensemos que hay algunas asociaciones que son buenas y otras que son malas. Es irrelevante que se trate de comunidades religiosas, políticas, económicas, científicas o culturales. Lo importante es que mi atención se la está llevando esa entidad colectiva pensada. Estoy viviendo a base de pensamientos y fortaleciéndolos de alguna manera.

Unos grupos los refuerzan de forma abiertamente egoísta, para conseguir algún provecho; otros pensando que actúan mejor que nadie. Pero lo hagan como lo hagan, todos están manteniendo los pensamientos para subsistir. El personaje soñado sólo quiere sobrevivir; es irrelevante que sea considerado altruista o egoísta, ese nombre es una mera interpretación. Todas esas posiciones mentales fomentan el dormir, aunque desde el punto de vista humano esté muy bien pertenecer a un grupo que se oponga a determinadas actividades –contrario por ejemplo a la guerra entre los países, al maltrato a los seres humanos o al descuido de la infancia–. Pero tanto poner el pensamiento a favor de lo bueno como en contra de lo malo –y esto es muy difícil de ver–, siempre será encerrarse en el pensamiento. En ambos casos, la energía es la misma. Así siempre estoy fomentando alguna creencia y sosteniendo mi falso yo, mi identidad ilusoria con aquella energía colectiva.

La vida lúcida, ¿es posible?

Entonces, ¿da igual pensar y obrar bien que pensar y actuar mal? Desde el punto de vista del sueño es preferible pensar bien. Pero si nos hemos dado cuenta ya de que lo único que importa es despertar, entonces no nos plantearemos ninguna de las dos opciones; ni ser partidario de una causa ni de la contraria, ni tampoco de un punto medio como los agnósticos, que dicen no ser ni creyentes ni ateos. Nada. Si me afilio a alguna asociación colectiva, ese hecho ya acarrea sus consecuencias.

Es posible no seguir ningún camino pensado, es muy amplio el horizonte que no sigue los senderos trillados del pensamiento –lo que todo el mundo dice, las últimas noticias, ¡qué horror lo que ha ocurrido!, ¡no hay derecho a semejante injusticia!–, pero pocos lo descubren. Mientras me mantengo identificado con el pensamiento permanezco dormido, dormida, sin saber lo que la Realidad es.

Si no estoy viviendo la belleza de la lucidez, dentro del sueño podrá haber interminables discusiones sobre quién tiene la razón: me he adherido a un tipo de pensamiento o a otro, tengo motivos –egoístas o altruistas– para hacerlo o actúo según mi experiencia anterior, conforme a lo visto en películas o a lo leído en la historia. Dará igual, todo son pensamientos… porque no he salido de la ilusión imaginaria donde sufro y hago sufrir. El sufrimiento viene inevitablemente por falta de lucidez. Cuando vamos despertando descubrimos que nada es como parece ser, que no soy lo que creía, que no soy quien me han dicho que era; así se acaba toda la problemática psicológica.

¿Podría suceder en un instante? Sí, lo psicológico puede acallarse en un instante o puede tardar un poco más. Pero nunca es como consecuencia de seguir una teoría psicológica o practicar algunas terapias. No es así. Puede que en un momento crítico una persona confíe más en lo exterior, en que la solución a su conflicto le va a venir dada desde fuera. Y entonces es cierto que necesitará una ayuda externa porque sus energías se encuentran bloqueadas en ese momento. Pero tanto si necesita apoyo médico como psicológico, esa persona internamente debería cuidar de que aquella ayuda no la haga dependiente de fuerzas exteriores y tape su capacidad intrínseca de armonizar su vida.

No permitamos que nada apague nuestra verdadera identidad, aquello por lo que somos conscientes, la Luz que somos. Que yo mismo no apague mi luz interior ni me abandone a expensas de alguna teoría, en el camino que todos siguen, por los procedimientos generalizados. Que mi persona actúe de acuerdo no a lo que haya oído ni conforme a las informaciones que todo el mundo repite; no pensando y pensando y siguiendo atrapada en el pensar, sino que en un momento por intuición descubra que puedo actuar siempre escuchando la inspiración interna. La Verdad no es algo que está ya realizado, algo cosificado, no se encuentra en las leyes ni en las normas morales. No consiste en una doctrina social, científica o religiosa. Al estar despierto comprendo: ¡ah, ésta es la verdad!, pero luego no puedo cosificarla. Es la iluminación que produce la luz que soy.

Como vivimos en la temporalidad, todo está moviéndose. Y esas verdades provisionales que se han establecido con el pensamiento, esas teorías que constantemente están cambiando —cada vez con más rapidez—, esas pseudoverdades que el tiempo ha deformado, son los guardianes del sueño que me impiden despertar: llámese la última teoría vigente, lo que los científicos han descubierto, las normas de una religión o lo aceptable por una sociedad. Creérmelas me duerme. Si lo veo con claridad, tengo ya una posibilidad de ser libre. Ya sabemos que habitualmente no nos damos cuenta de lo normal que nos parece dejarnos arrastrar por lo que todos dicen, lo que se lee o lo que se oye y a partir de ahí tomar partido. Pero cuando me doy cuenta de que esos pensamientos están impidiéndome despertar, tengo una maravillosa posibilidad de abrirme a la belleza de la Vida. Abro así los ojos internos: si yo soy una luz, ¿qué estoy haciendo apagándome y buscando a ciegas en la oscuridad de lo proyectado fuera, en las tinieblas?

Estas investigaciones se hacen para afinar nuestra mirada. Normalmente nuestra percepción además de limitada suele ser mecánica; nos observamos y vemos que funciona siempre por hábitos, de igual manera una y otra vez. Ante algo que se dice, respondemos con la aprendida respuesta condicionada. Los pensamientos pasan por la mente, una y otra vez; ya puedo estar aburrida, aburrido, de un pensamiento que él no se cansa, vuelve a reaparecer de nuevo. Puede suceder que me haga sufrir y aunque en sí no sea nada real, cada vez que lo repito, sufro. Sin embargo, no puedo dejarlo. Cuando me veo y veo así a los seres humanos, digo: ¡Dios mío! ¿Qué significa esta esclavitud?

Desde la Luz que somos, resulta sorprendente que hayamos estado tan dormidos. Al despertar es como encender una lámpara maravillosa por dentro. No se puede comprender por qué hemos seguido supeditados a las sombras. Tan fuerte es el sueño que bien podríamos llamarlo hipnosis: nos dejamos cegar por los pensamientos. Pero ¿quién tiene la culpa de esta situación?, ¿la sociedad, mis padres, los antiguos, las religiones, las costumbres modernas, las ideologías? No es así, y si así lo creo me estoy dejando llevar por el sueño colectivo. Entonces, ¿podremos deducir que no hay nadie culpable? Efectivamente, ni yo soy culpable, sólo inconsciente, ni nadie lo es ni lo ha sido nunca. Ocurre igual que cuando al amanecer nos despertamos del sueño nocturno; aunque hayamos cometido tonterías soñando, no nos parece que seamos culpables. Sólo era un sueño. Tengamos en cuenta que el culpabilizarme a mí mismo o a otros —esto me pasa por la educación que me inculcaron, esto es debido a la religión en la que confié, esto es culpa de la política, de las multinacionales, de lo que sea—, nos impide despertar.

En esta primera investigación estamos viendo qué nos impide despertar. Para que cuando en nuestra vida detectemos un obstáculo inmediatamente recordemos: ¡ah!, por eso no me despierto. Entonces será posible un nuevo amanecer en nuestra vida.

No sé si habréis observado que después de culpabilizar a alguien nos quedamos muy tranquilos, nos amodorramos en el sueño bien cómodos y suponemos que ya no hay nada más que hacer: puesto que para mí el culpable es tal persona o grupo, yo continúo con mis hábitos rutinarios, inmerso en la aparente comodidad del pensamiento. Y si veo que estoy echando la culpa de lo que sucede a otras personas –a mi mujer, a mi marido, a mis hijos o a mis padres– es el momento de hacer un alto interno. Por fuera no tengo nada que hacer ni nada que decir, es sencillo, basta con hacer una parada silenciosa interior y darme cuenta de cómo me estoy deslizando en el pensamiento sigilosamente con la oculta intención de mantenerme en el cómodo sueño de sentirme «una buena persona».

¿Qué sucede al dejar la mente en silencio?; mi mente no está obligada a seguir pensando y pensando como una máquina que no puede parar de funcionar hasta que se desconecta de la red. En la próxima investigación nos centraremos en ese silencio. Hay una gran belleza en el despertar por el descubrimiento del silencio. No es ningún misterio; todo el que lo ha descubierto lo sabe. No puedo estar despierto y al mismo tiempo sentirme por dentro preocupada, angustiado, aburrida, deprimido o con quejas. No es posible. Despierto, despierta, el espectáculo de la vida está ahí desplegado ante mi mirada. ¡Y es todo tan bello, tan inteligente, tan perfecto! Porque lo que hay dentro y lo que hay fuera no es diferente como parece.

Si todo es así de bello, ¿por qué aparece a veces distorsionado? Comprendamos bien que la Verdad nunca puede transformarse en falsedad, la Luz no puede oscurecerse, en esencia la Belleza nunca se pierde. Cuando veo algo desarmónico, simplemente es porque ha habido una visión errónea. Toda distorsión se debe a ese sopor en el que cae la humanidad sin darse cuenta. Pero la Belleza y la Verdad siguen estando ahí. Nadie las puede deteriorar, nada las puede deshacer. Cuando alguien se despierta, se transforma en esa Belleza y en esa Verdad. Por eso la alegría y la felicidad que somos no pueden cambiar y transformarse en sufrimiento. No es posible. El sufrimiento pertenece al sueño y la alegría se encuentra en el despertar. Para que lo podamos entender con claridad diremos que todo es cuestión de percepción y de consciencia. Nos cuesta asimilarlo porque creemos que la realidad es la limitada proyección sensorial, la cosificamos y la consideramos algo externo al individuo. Pero en verdad no hay nada en los muchos mundos que aparecen que no sea Conciencia.

Toda nuestra supuesta realidad es conocida a través de la interpretación que el cerebro y la mente hacen de los limitados datos de los sentidos corporales; no nos engañemos al creer que la realidad es lo que la percepción sensorial nos presenta. Los sentidos psicofísicos que utilizamos durante un tiempo son meros instrumentos limitados a la función manifiesta en este plano existencial. Su alcance no va más allá. Despertemos y veamos que lo que dicen los cinco sentidos es parcial. Por medio de sofisticados aparatos ya se ha descubierto científicamente cuántas cosas se nos escapan con los sentidos al percibir meras relaciones entre unos objetos y otros, entre unas percepciones objetivadas que considerábamos la realidad. Nuestras entrañables apariencias sólo son reales para el ser humano que se identifica con este instrumento corporal.

No otorguemos entonces tanta realidad a lo que aparece de esa manera limitada. Despertemos y así nuestro cuerpo y todo lo que los sentidos ven estará inmerso en la totalidad, en algo mucho más amplio y bello. No es sólo el inmenso universo físico, ni siquiera el que se ve con tecnologías especiales, es mucho más: un infinito de Belleza. Y en esa palabra se incluye el amor, la armonía y la alegría en la unidad de todas las cosas percibidas y no percibidas.

Despertar contra corriente

Se intenta expresar lo inexpresable para animarnos a todos en nuestro despertar. Desde el momento en que tenemos un anhelo de infinitud –que por supuesto se está intensificando en momentos como éste–, se potencia la posibilidad y la capacidad de despertar. Y sin embargo… ¿Acaso en alguna mente surge la excusa: sí, pero yo dependo de tal situación, eso es para otros, los demás no me dejan, no dispongo de fuerzas o –por mi falta o exceso de salud– necesito gastar la energía en embarcarme en actividades diversas? No hay ninguna situación crítica en la vida, aunque siempre puedo utilizar alguna disculpa para no despertar. Al pensamiento siempre se le ocurren salidas para mantenerse llevando las riendas de la actuación vital. Pero necesita apoyo. Es una energía parasitaria que se nutre de la atención que le prestamos cuando estamos ahí atrapados. Una vez que «lleva el timón», inventa muchísimas justificaciones para mantener su posición. Es como si discurriera así: hasta ahora esta persona vivía siempre a expensas de los pensamientos, ¿qué sucede que de repente quiere escaparse de este nivel? No, no conviene aceptarlo. Entonces empiezan a llover las objeciones del tipo: yo no puedo dedicarme a eso, tengo que ocuparme de mi familia, no tengo buena salud, será para los más jóvenes, o para los más mayores que ya no tienen mucho que hacer en la vida.

De modo que no nos sorprendamos de los obstáculos y justificaciones que van a aparecer en el nivel del pensamiento. Habituémonos a no tomar en cuenta todo lo que proviene de esa zona superficial y estaremos ya en el buen camino. Formulémoslo claramente: el hecho de no tomarlo en cuenta no requiere una acción externa, fuera no se va a notar nada. El gesto es interno. Los pensamientos atraviesan mi mente y veo que no soy yo, que a mí no me importa su discurso. Es tan sencillo como si me encontrase frente a un aparato de televisión o un ordenador conectado a Internet con un montón de imágenes que no me interesan: entonces ni siquiera presto atención a esa pantalla. ¿Será posible hacerlo? Solamente se necesita una condición para que exista esa posibilidad y todos los que estamos aquí la tenemos: escuchar la llamada interior a la Verdad. Si no tuviéramos esa demanda íntima, no seguiríamos este tipo de investigaciones. Puesto que la Vida es Inteligencia, no se le escapará ninguna acción que no sea adecuada a nuestro movimiento interior.

Si albergamos ese anhelo profundo, junto con él se nos dará la capacidad de escucharlo y, a partir de ahí, podremos vivir por inspiración; y guiarnos así de lo que proviene del origen y no de lo que aparece en la superficie. Porque normalmente vivimos dominados por lo que nos dicta el exterior, por lo que oímos, por lo que los demás comentan, como autómatas. Consideremos por ejemplo las lecturas: sólo si han sido escritas por personas despiertas me animarán a despertar porque lo cierto es que los que despiertan no tienen ya más interés que ayudar a que los demás lo hagan. Hablando en propiedad, más bien diríamos motivar a los demás a despertarse, porque en realidad nadie puede ayudar en esa tarea que cada uno ha de hacer por sí mismo.

¿Y en cuanto a mi necesidad de escuchar a «los demás»? Veamos bien a qué «demás» nos referimos, a qué lugar de los seres humanos. Tendríamos que darnos cuenta de los distintos niveles en los que nos podemos encontrar, ver si caemos en zonas de pensamiento, si hablamos a partir de emociones y experiencias pasadas, repitiendo todo lo oído. Entonces, si me doy cuenta de cómo opera ese proceso automático en mí, cuando aparezca en otro también lo veré claramente, nadie lo podrá camuflar. Es irrelevante que alguien lo exprese con un lenguaje popular o más sofisticado, con palabras comunes o con léxico específico para unos u otros grupos de intelectuales, la forma no cuenta. Si ya he visto el engaño en mí, igualmente lo veré allí donde aparezca.

Y cuando tomo consciencia de ese nivel superficial reacciono igual que cuando veo mi pensamiento: no estoy interesado. Y sucede que al no poner interés en ello el otro deja de decírmelo, se aburre por falta de interrelación entre las energías. Si presto atención porque estoy también identificado en ese lugar, entonces el juego continúa. Pero si no me lo creo, ni siquiera tengo que responder. Podría ser que luego mi interlocutor se molestara que no haya tomado en cuenta lo que me decía y pensara: ¡qué rara –o qué aburrida– es esta persona!, no se puede hablar con ella de nada, o algo parecido, lo cual no tiene la menor importancia. Al momento siguiente ya estará otra vez en los mismos pensamientos de siempre.

Esta actitud que proponemos va en contra de lo que normalmente se piensa –hay que ser amable con los demás, estar atento a todo lo que te dicen–. Pero tales comportamientos no valen nada cuando se trata solamente de superficiales normas de cortesía. Cuando se despierta es cuando de verdad se vive. Cuando se está dormido, como no se tiene otra referencia, parece que lo aparente es lo importante. Por supuesto que si en un momento dado vas a una tienda, tienes que saludar debidamente; es una costumbre establecida que no tiene mayor relevancia. Pero además, suele establecerse un nivel en el que se fortalece el nivel irreal de la mente de las dos personas que entablan una conversación o de todo un grupo. Es entonces cuando podría darme cuenta: ¿yo quiero estar ahí o no?, ¿eso es verdad o sólo es el falso pensamiento que pasa? De modo que al no interesarme por ese nivel superficial de la mente no estoy rechazando lo auténtico de esa otra persona, simplemente estoy rechazando en mí y en otros lo falso y potenciando lo verdadero.

Igualmente, si no sigo el dictado de mi pensamiento, tampoco me rechazo a mí mismo. Bien al contrario, al desoír los pensamientos del sueño me permito acercarme a la esencia, a lo que de verdad soy, me fortalezco en mi verdadera identidad. Así sucede también en el trato con los demás. Ya sabemos que estamos dirigidos por una serie de costumbres y hábitos: hay que actuar así, todo el mundo funciona de esta manera, ¿qué dirán si no me comporto igual que los otros? En verdad, no hay que llevar a cabo actividades muy espectaculares para despertar. Lo que hemos de hacer es interno y, posteriormente, lo de fuera ya irá saliendo a su ritmo. Y además, en cada persona va a brotar de diferente manera. No se puede predecir.

Despertar es lo primero verdaderamente valioso que podemos hacer en esta existencia. ¿Cómo afirmo tan drásticamente que es Eso lo único cuando parecen presentarse tantas situaciones valiosas en la vida? Porque todo lo que tiene valor se descubre cuando se despierta. ¿Y cuando se está dormido? En el sueño aparecen ciertos atisbos de lo que podría ser el amor, la belleza, la bondad, la verdad o la armonía, pero sólo son propósitos que no se pueden realizar, reflejos que no se mantienen y siempre conllevan problemas, algo que podría ser pero que enseguida se deshace. Estos valores tan sólo se presentan como ideales dentro del sueño y nos resultan lejanos. Es al despertar cuando descubrimos que ese ideal no sólo está cerca, sino que habita en nuestro interior, que también es la totalidad. Entonces no hay diferencia entre lo anhelado y lo vivido.

Lo que anhelas en profundidad, ya lo eres desde tu Ser. Como la sabiduría nos ha enseñado siempre, lo de abajo es lo de arriba, lo de dentro es lo de fuera. Hay una gran belleza en esa Unidad. Ahí reside la verdadera Belleza, aunque luego sensorialmente se perciban pequeños atisbos fugaces y nos entusiasmemos con esos reflejos que se nos escapan, que casi no acabamos de captarlos cuando ya se han ido. Sin embargo, podríamos habitar en aquella Belleza que somos, en ese

Amor que nos conforma, sin tener que buscarlo por ninguna parte, en ningún sitio ni con ninguna persona.

Seguramente ya hemos visto lo urgente que es en nuestra vida despertar. No nos queda nada más que intentarlo e insistir en ello de una y otra manera. Es cierto que ese intento supone superar muchas resistencias, pero no son obstáculos impuestos desde fuera, sino trabas que nos dominan desde la mente: mis hábitos, mis costumbres, mis creencias, lo que siempre he hecho, lo que creo que me va mejor, el temor a lo que los demás digan de mí, a lo que dicta la sociedad, a perder mi trabajo. Todo eso son meras disculpas pensadas. Ciertamente hay obstáculos por superar, pero es en mi psiquismo donde anidan todas esas trabas que hay que romper. El despertar es algo que hago por dentro y no depende de nada externo: ni de la salud ni del sexo o la edad, absolutamente de ninguna circunstancia aparente.

De hecho, cuando nos quedamos en silencio descubrimos que siempre ha habido algo o alguien, una luz despierta en nosotros. Pero no solemos apreciarla al vivir como solemos hacerlo atolondrados en el juego existencial. Por eso mismo, cuando escuchamos la Verdad o la leemos, sentimos que Eso ya lo sabíamos desde siempre; desde antes de nacer, desde antes de encarnar en un cuerpo físico, desde antes de venir a un país determinado o de tener un sexo masculino o femenino, de ejercer tal profesión y de pertenecer a una familia concreta. Lo sabemos desde mucho antes, desde siempre, porque la Verdad está fuera del tiempo. No nos engañemos más y recordemos que la temporalidad no forma parte de la realidad, sino que se construye con este argumento soñado. ¿Podemos escapar del callejón sin salida de esta percepción ilusoria?, ¿podemos escapar del tiempo? Sí, soltando el pensamiento. Porque el pensamiento y el tiempo constituyen una misma proyección mental.

Silencio del pensamiento

El pensamiento nos engaña

Estamos investigando para descubrir cómo realizar ese paso trascendente del despertar de la consciencia, tan importante en nuestra vida. Como decíamos en la anterior investigación, se trata de desplazar nuestra identidad más allá de la zona pensante de la mente personal. Aunque psicológicamente no solamos sentirnos bien; aunque los conflictos, sufrimientos e incomprensiones que surgen en ese nivel de identificación con lo que pensamos nos aquejen, parece como si no nos atreviéramos a dar el paso de trascender ese ámbito tan conocido. Nos da miedo hacer silencio de todo eso. Parece que ahí está la realidad y que dejar ese nivel supondría perderla. Permanecemos estancados en ese error, y aunque nos parezca extraño, sin apenas darnos cuenta, estamos huyendo del silencio que nos sacaría de ese lugar de dolor; inconscientes lo impedimos.

No importa, los argumentos que aporte la mente razonadora, con toda la lógica de su parte, para justificar por qué huimos del silencio psicológico. Da igual qué defensa escojamos: puedo ampararme en que los demás así lo hacen, en que tengo que acompañar a otros, en que necesito esforzarme para conseguir subsistir, lograr una vida mejor para mí y para los míos o también puedo justificarme creyendo que me hace falta distracción porque estoy agobiado de trabajo, que me conviene evadirme y buscar entretenimientos.

Cuando ya empezamos a comprender en qué consiste el pensamiento, tal y como estamos haciendo ahora, nos damos cuenta de que éste nos engaña irremediablemente. No se trata de que algunas veces nos engañe. Reconozcamos que ocurre siempre: puesto que ese lugar es falso, todo lo que brote de allí también lo será. Podríamos afirmar entonces que la purificación de nuestra mente personal ha de ser general. Para poder escuchar lo que llamamos silencio del pensamiento o silencio de lo psicológico, hemos de disolver absolutamente todo lo que brota de ese lugar. Porque tanto lo que creemos que es nuestra vida interna como la repercusión que tiene fuera es algo pensado. Por lo tanto, borrar el pensamiento no identificándome con él también significa borrar todo el psiquismo, desoír lo psicológico, deshacer toda mi identificación con ese estrecho espacio; con lo cual todos los conflictos que allí se crean, las emociones que movilizan mi acción, las preocupaciones, la angustia y demás, ya no podrán aparecer.

Al tratar este tema seguramente muchos responderán que ya han intentado muchas cosas para mejorar su situación personal. Ya sabemos que, en esta época, a los seres humanos se nos ofrecen muchas posibilidades; parece que ahora realmente tenemos la oportunidad de mejorar nuestra vida con diversas alternativas. Pero ¿nos estaremos dando cuenta de que todas las soluciones en auge que propone la denominada «nueva era» tratan de mejorar los efectos y desconocen por completo la causa? Por ejemplo, si estoy inquieto, padezco estrés o siento nerviosismo puedo serenarme siguiendo unas técnicas: hay diversas maneras de armonizar las energías del cuerpo físico, colocarlas de otra manera —quizá con ayuda de algunas plantas— para que favorezcan una mejoría en nuestro cuerpo o en nuestra mente.

A su nivel, todas las terapias resultan adecuadas porque dada nuestra condición de mirar los efectos externos, es normal que queramos mejorarlos desde fuera. Pero ¿y si fuéramos tan inteligentes que se nos ocurriera descubrir la causa del conflicto? Algunos de nosotros ya estamos cansados de tratar de mejorar los efectos. Si mejoro un aspecto por aquí, se empeora otro por allá. Durante un tiempo parece que hay cierto progreso, pero luego nada se mantiene equilibrado. Lo sabemos bien por nuestra experiencia cotidiana: se presenta una terapia magnífica como la panacea, y aparentemente ahora estoy algo mejor, pero después vuelvo a recaer. Lo que parece no es lo que es. El problema de fondo va saliendo a la luz por un lado o por otro.

¿Podríamos volver nuestra mirada hacia la causa de la insatisfacción y dejar tranquilos los efectos –el interés por cambiar las cosas, las situaciones, la relación con los demás–? De acuerdo, pensamos, pero primero tendría que sentirme bien, ayudar a otros, dedicarme a que mi familia sea feliz, que los demás mejoren, que mi empresa prospere, tener un trabajo para sustentar mi vida y la de los míos. Si queremos, podemos hacer todo eso, por supuesto. Lo que sucede es que habitualmente nos quedamos ahí, atrapados en los efectos manifestados, y no se nos ocurre ir a la causa. Para llegar a la causa tendríamos que hacer silencio de las consecuencias manifestadas. Porque si no acallamos lo aparente, nuestros propios efectos proyectados nos absorberán completamente, como bien sabemos, cada vez más. El pensamiento colectivo y privado nos está engañando.

Y en su afán de mantener su vida, su situación o su trabajo, unos arrastran a otros que también desean mejorar sus circunstancias, sus energías, su salud o adquirir tecnología más moderna. Y así se forma ese entramado del deseo de todos en el que parece que unos manipulan a otros. Pero tanto quienes están manipulando como quienes son manipulados permanecen en el nivel ilusorio de no darse cuenta de lo que está sucediendo. Todos participan del mismo juego: cuando te manipulan, también tú manipulas de otra manera; y cuando tú dominas, a la vez eres dominado. Es inevitable que así sea porque ambos comportamientos se encuentran en el mismo lugar. Aparentemente, hay unas cuantas personas que se aprovechan de las debilidades y del sufrimiento de la humanidad, los poderosos abusan de los débiles. Pero esa apariencia no es la verdad. Los mismos supuestos tiranos también están siendo autotiranizados como consecuencia de sus propios deseos. En sí mismo, el deseo siempre es falso y por tanto crea confusión y complicación. Siempre que albergue deseos, me engaño y engaño a otros, haga lo que haga.

Pero sigamos investigando las causas del deseo, porque los deseos, a su vez, son también efectos. ¿Por qué tengo deseos o miedos? Ambos desequilibrios son lo mismo. Si siento avidez o apego es porque también siento aversión, aunque la tape. Y viceversa; si vivo con rechazos es porque vivo con apetencias, aunque las esconda. Esta dinámica tendría que ser evidente porque es algo fundamental en el psiquismo humano. De modo que es indistinto que mencionemos los deseos o los miedos. Si me estoy moviendo a partir de ese mecanismo y los demás también se mueven a partir de eso, habrá un engaño colectivo que formará una red de falsedad: el ámbito de la mente pensante.

Lo que creo ser no lo soy

¿Cuál es la causa de mis deseos? Expresémoslo de una manera muy sencilla y simple: deseo conseguir algo porque creo que soy lo que no soy, porque pienso que soy esta persona limitada, que soy este cuerpo físico, que un buen día nací –lo celebro cada año–, que en algún momento moriré –tanto me aterra que no quiero ni pensarlo y me parece imposible–, porque me creo que estoy sumido en la temporalidad, que soy una creación de la ilusión del tiempo, una creación mental perecedera. Y aunque viva como si mi persona no fuera a acabarse nunca, de alguna manera intuyo que esta criatura también aparece y desaparece. Por ese motivo no puedo estar tranquila, tranquilo, no me puedo quedar en paz, por eso busco constantemente cambios y novedades, por eso no tengo en mi vida estabilidad y serenidad; me hace falta algo diferente, echo en falta una aventura, viajar más, ropa nueva, consumir más, conocer gente, mentes distintas, otra pareja, cualquier cosa.

¿Por qué necesito cambiar los objetos una y otra vez? Lo hago impulsado por un descontento interior, porque me creo que soy esa marioneta temporal que se ha formado sin que yo me diera cuenta; inconscientemente, de repente, apareció aquí esta persona y me explicaron: tú eres así, hombre o mujer, tienes estas características y estas relaciones, puedes estudiar tal carrera o trabajar en tal profesión, tú eres esto que aparece, me lo creí y denominé a todo eso «yo». Pero no es verdad, no lo soy. Y sólo algunos sabios que se han arriesgado a salir de ese nivel temporal han descubierto lo que el ser humano realmente es. Desde la Verdad, el ser humano no tiene limitaciones ni carencias y por lo tanto la vigencia del deseo no tiene sentido en él.

El problema no consiste en que sentir deseos sea algo inherente a la naturaleza humana, como se ha malentendido a veces. Actualmente está muy extendida toda una corriente de pensamiento que se circunscribe a ese nivel: aprendamos a tener la suficiente astucia como para conseguir nuestros deseos y así ya seremos felices. Pero este planteamiento no es cierto.

La insatisfacción del ser humano radica precisamente en sentir el deseo, no en cumplirlo o reprimirlo. Porque cuando se logra alcanzar un deseo inmediatamente aparecen otros nuevos, en ese nivel siempre hay una carencia interior latente. La tradición popular budista malinterpretó a menudo este hecho al proponer que la salvación del ser humano se basa en no albergar deseos. Aclaremos que la auténtica liberación o iluminación no consiste en tratar de ignorar los deseos, ya que tal pretensión resulta imposible cuando hay un error de base. Hay que ir al origen de la compulsión, hace falta salir del limitado ámbito personal. Hemos de preguntarnos con absoluta sinceridad: ¿qué creo ser?, y ¿qué soy en verdad?

Es posible no tener carencias, por muy increíble que parezca. Obviamente no será posible si me creo que soy una persona que nació en tal época, con tales características físicas de herencia, fruto de tal cultura, condicionada por determinados estudios o experiencias, etc. Ese nivel es algo restringido, ahí siempre nos faltará algo; solamente con el hecho de ser una mujer o un hombre ya me faltará la otra mitad, lo cual es una carencia considerable. Entonces buscaré fuera alguien que me complemente. ¡Vaya una tarea! Recordemos que yo no soy eso, que únicamente estoy interpretando ese papel en «el gran teatro del mundo», como decía el dramaturgo español. En esta obra de arte teatral —que por supuesto no existe sólo para entretenernos, es una obra inteligente— hago de hombre o de mujer, ejerzo una profesión, vivo en tal país, tengo unas peculiaridades concretas, me suceden algunas aventuras.

Pero ¿he de identificarme con el personaje de esta obra en la que participo? No necesariamente; ha habido seres humanos tan conscientes que han dedicado su vida –o sus vidas– a trascender esta ilusión sensorial que nos reduce al personaje que aparece en la obra. Y entonces ya no es necesario eliminar los deseos, ni las ambiciones, ni los miedos ni toda esa retahíla de inercias psicológicas que nos tienen dominados de por vida. Porque nunca poseo lo suficiente para cumplir mis deseos, aunque ahora lo tengo me lo pueden quitar, si no los otros, la muerte.

Para descubrir esta verdad no es suficiente con escucharla o entenderla intelectualmente. Sin embargo, si la intuyo, el camino ya estará abierto, aunque luego tendré que adentrarme por el incipiente sendero. La intuición solamente me abre la puerta: Adelante, por ahí es, ahora empieza a andar. Muchas veces nos conformamos con la intuición inicial y luego a la hora de dar los pasos necesarios nos excusamos: no puedo, es demasiado difícil para mí, los hábitos y la gente que tengo alrededor me arrastran, tengo miedo a deteriorar mi economía, temo estropear mi seguridad afectiva. En estos casos lo intuyo y vivo con esa intuición, se me está abriendo la puerta de cuál es el verdadero camino…, pero no me atrevo a adentrarme en él y a dar pasos concretos. Así sucede muchas veces, ¿verdad?

Por supuesto que en tales ocasiones el pensamiento nos «ayuda» a que no traspasemos el umbral, contribuye a mantenernos en lo ya conocido. En la parte de acá hay muchísimas distracciones y entretenimiento suficiente para ocupar toda la vida o vidas. No necesitas entrar en Aquello desconocido. Tranquilamente puedes vivir toda tu existencia preocupándote de tener más dinero, de no enfermarte o de curarte, de prestar ayuda a los demás y de recibirla. Incluso puedes dedicar tu tiempo a informarte de más y más temas que en realidad no te interesan; ya sabemos que existen múltiples maneras de evadirse sin salir del encierro en el mismo lugar. Quizá algunos asuntos coyunturales te interesen dentro de la función de teatro, pero lo que realmente importa cuando todavía no sabes quién eres, cuando crees que tu identidad se limita a un personaje temporal, es descubrir lo que de verdad eres. Y ¿qué sucede con lo demás? Una vez que veamos la urgencia de este camino, podríamos relativizar todo lo demás.

La Verdad intuida y contemplada

Debido a que tenemos una buena mente racional y lo hemos comprendido intelectualmente, a que lo hemos leído muchas veces incluso en distintas tradiciones y filosofías, algunos de nosotros podríamos pensar que ya conocemos muy bien este camino. Y puesto que imaginamos que es algo consabido, nos quedamos ahí estancados, aunque luego suceda que no lo vivimos, que no lo hemos integrado en nuestra vida cotidiana. Esta incoherencia nos debería revelar que no lo hemos asimilado de verdad. Entendimos una representación mental, sí, pero únicamente barajamos ideas acerca de ello: aún sin comprender la Realidad, tan sólo aceptando unas teorías sobre lo Real. No es lo mismo comprender algo con la mente racional que hacerlo vivencialmente. En algunos casos esto es lo que nos está sucediendo.

Tenemos que mirar bien, con gran cuidado, cuál es la diferencia entre manejar una idea y ser coherente con ella. Cuando, por inspiración, esa idea es un reflejo directo de la Verdad tiene mucho poder, incluso en la manifestación temporal. Posee fuerza suficiente para poder empezar a expresarse día a día en nuestra vida, y si eso lo estoy viviendo con integridad, actuará en todos los niveles psicofísicos de la persona acallando así las situaciones falsas que se habían creado al creer en ellas.

Como decíamos, la Verdad intuida ya es un primer paso puesto que abre una posibilidad en el camino de la sabiduría. Intuirla quiere decir que en mi interior hay una evidencia de ello, que no significa un mero «podría ser cierto». Además he de contemplarla y aprender a vivir en consonancia con ella. Participar en el gran teatro del mundo deseando tener un momento para poder contemplarla. Y permitir que lo Real vaya calando más y más en mi vida porque ya la mente se va haciendo una sola cosa con ella. Podríamos decir que cuando la Verdad atraviesa el instrumento mental, la propia mente se va haciendo más verdadera. Con el paso de la Luz, va iluminándose y se va percibiendo con la claridad de su resplandor. Lo que suelo llamar mente no es sino una expresión de la Luz de la Conciencia con distintos estratos de transparencia.

De acuerdo al subtítulo de este libro, diremos que cuando la Verdad nos ilumina va transformando todo lo que, en nosotros, encuentra a su paso. Para ello tendríamos que darle una oportunidad real más

31

allá del pensamiento: estas investigaciones me serenan, me ayudan, me inspiran, pero las dejo en un compartimento de la memoria, sin involucrarme demasiado. Podríamos dedicar todos los días unas horas a contemplar o meditar, salvaguardando otros intereses que aún no se han enterado de lo que está pasando allí. Esta escisión interior sucede porque todavía no hemos deshecho los grandes errores de creernos ser una persona que un buen día apareció en este mundo —no se sabe por qué— y algún otro día desaparecerá. Cuando me equivoco creyéndome ese argumento, todas las demás verdades que pueda ir viendo de forma racional tendrán poca fuerza. Porque ese error fundamental empañará mi visión, tanto como el gran error de reducir toda mi identidad al cuerpo psicofísico que habito —porque al nacer «yo», lo único que apareció en este plano es un cuerpo humano nuevo—. Consideremos qué sucedería si no estuviésemos limitados a un cuerpo determinado.

Esto es lo que ahora tengo que investigar en mi propia consciencia, sin ajustarme a alguna teoría religiosa o filosófica ni de mi tradición ni de alguna otra cultura. Porque las creencias —adaptarse a opiniones que provienen de fuera— únicamente sirven para adormecerme más. De hecho, absolutamente todas las creencias, tanto las modernas como las antiguas, son meros somníferos para el alma. No se trata por tanto de buscar cuál es la teoría más acertada, la mejor religión, el grupo que expresa las ideas más interesantes o que puede tal vez mejorar mi vida. Todo eso, aun cuando arregle alguno de los efectos circunstanciales, no va a terminar con la angustia de creerme ser lo que no soy y de anhelar, en lo profundo, mi verdadero Ser. Ese anhelo interior no se va a acallar con ideologías externas. Nada de lo que provenga de fuera aplaca la sed de plenitud. Tal y como se nos dijo hace ya veintiún siglos, el que bebe esa clase de agua vuelve a tener sed.

Entonces, ¿qué hacemos en una investigación como ésta? Aquí no estamos ofreciendo opiniones para que las aceptemos: no hay ninguna doctrina, ni ideología ni nada que realmente «nos salve». Si entendemos lo que se está expresando como una teoría más, no nos servirá para nada. Lo que verdaderamente estamos haciendo y proponiendo hacer es despertar en cada uno de nosotros esa zona que puede ver por sí misma, sabiendo que por supuesto ese despertar no se debe a quien expresa este mensaje; el impulso está pasando a través de nuestra consciencia, tanto de la autora como de los lectores. Recordemos siempre que lo importante no es lo que vemos y oímos fuera ni las palabras ni los conceptos. Lo relevante es la visión que en cada uno de nosotros se va despertando de la Verdad.

¿Esto significa que dentro de todo ser humano ya está la Verdad? Así es. ¿Supone entonces que es posible tomar contacto con Aquello en algunos momentos de investigación y de contemplación? Efectivamente, pero no es suficiente con encontrarnos de vez en cuando con la Verdad. Ese encuentro tendría que motivarnos a aprender para vivir desde ahí en todo momento. Y al vivir desde ahí descubriremos ese misterio que el pensamiento no puede entender: cuando contemplamos lo Real nos volvemos reales, nos hacemos verdaderos al contemplar la Verdad.

Ciertamente, la contemplación no es un mero añadido con el que adornamos nuestra vida personal. Aunque, en esta existencia de dormidos, estamos acostumbrados a creer que adquirir conocimientos más o menos interesantes supone un adorno especial para nuestra imagen personal. Habitualmente vivimos centrados en el mantenimiento del cuerpo, el logro de una economía suficiente para disponer de las comodidades que necesitamos y el cultivo de las relaciones interpersonales para no aburrirnos. Ese nivel es todo lo que suele importarnos aunque además, como un complemento, podemos manejar unos conocimientos interesantes filosóficos o psicológicos, como algo con lo que aderezar esa situación estrecha de miras.

Pero el camino de la sabiduría no consiste en ir perfeccionando nuestra persona a base de adquisiciones externas, tal pretensión sólo es uno de los engaños con los que nos entretenemos. La auténtica sabiduría no es un poco de brillo que se añada a lo concreto, a la *praxis,* como decían los griegos. La vida contemplativa o *bios theoreticos* es una transustanciación, requiere transformar sustancialmente el ser humano al despertar a lo que de verdad es. Entendamos bien que el contemplar no sirve para mejorar nuestra vida, no demos por hecho que la limitada existencia personal es la realidad. Por el contrario, el contemplar nos lleva a trasmutar absolutamente todas nuestras creencias, a ver que el nivel personal no es la Realidad suprema sino mera aventura temporal; y a vivir desde un nivel de consciencia más y más verdadero en el que todas aquellas actitudes que causan conflicto y sufrimiento pueden caer por sí solas.

Así van desmoronándose los deseos y miedos en los que queda incluida la toxicidad psicológica. Y puesto que todo está relacionado, los deseos también incluyen el compararme con los demás, la envidia, el miedo a no tener suficiente, el acaparar y la ambición de no perderme nada. Los psicólogos dirán que para acabar con la problemática personal es necesario hacer un tratamiento a base de terapias, una tras otra. Pero tales procesos terapéuticos son interminables. Quizá nunca se termina de hacer terapias porque éstas sólo mejoran superficialmente los efectos de nuestros errores de fondo: ahora me siento un poco más relajado, estoy algo mejor, puedo realizar mi trabajo más eficazmente, tengo una mejor imagen y los demás me valoran más porque se fijan sólo en lo aparente. El inconveniente de tratar de arreglar la persona o «madurar» es que al no ver más allá de ese ámbito, lo aceptamos como si de la realidad se tratase.

Sin embargo, todos tenemos la posibilidad de dar un giro a nuestra visión. Descubramos una colocación interior que deje de estar dormida mirando hacia los objetos de la consciencia, que deje de estar dominada por las cosas, incluyendo aquí a las personas, tal y como las vemos habitualmente. Desde una visión estrecha consideramos que una persona también es algo delimitado –como una piedra que, aunque no está separada del resto de la naturaleza, así lo parece–; la mente fragmenta lo natural y dice «esto sirve para tal propósito», pero esos fragmentos no son sino dibujos mentales con los que construimos la estructura de nuestro ilusorio mundo. Con las personas hacemos lo mismo al cosificarlas: este ser humano es esto –una abogada, un ingeniero, una madre o un niño– y es así –torpe, inteligente, muy atractiva, simpático o aburrido–. De esta manera vamos delimitando lo percibido con nuestras interpretaciones basadas en nuestras falsas creencias de lo que consideramos que somos y por ende consideramos que son los demás.

Pero cuando nos adentremos en la Conciencia se verá desde sus ojos nuevos que somos mucho más de lo que creíamos, y sabremos que en realidad no hay otros. Aunque existen entidades que permanecen incluso después de dejar la rueda de *samsara*, lo cierto es que no hay separación entre ellas. Sencillamente, aparece una identidad que va ha-

34

ciendo un camino luminoso para sí misma y para todos y que no está separada del resto de los seres, ni mucho menos se opone a otras o les imita o perjudica para conseguir algún beneficio.

Al atravesar la zona del pensamiento, esas tensiones creadas por sentirnos separados dejan de interferir. Desde una mirada lúcida se puede ver que toda diversidad existe en armonía con la totalidad, que cada identidad vive inmersa en el seno de la Unidad. Lo cual es muy distinto a creernos completamente separados –«yo» soy una realidad y «el otro» es otra realidad aparte–, a reducirnos a esta falsa visión. Descubramos nuestra verdadera identidad, nuestro verdadero Ser. Veamos lo que somos en otro plano de consciencia o, expresándolo en el lenguaje religioso, lo que de verdad somos en la mente de Dios. Descubramos que no somos esta persona que aparece.

¿Se nos abrirá entonces un nuevo camino luminoso? Sí, pero no especulemos ahora sobre esa nueva dimensión del existir. Cuando sea adecuado, se nos abrirá un camino que quizá en estos momentos nos resulte inconcebible. Ahora mismo, nuestra tarea inmediata es ir más allá de la encerrona en la que nos encontramos, atravesar la zona de la mente pensante, salir completamente del ámbito de la separatividad y asistir a la vida liberada. ¿Habrá luego otras liberaciones? Ciertamente, eso avanza hasta el infinito. No es cierto que unas personas estén ya liberadas o iluminadas y otras no, como si se tratara de sucesos en el tiempo que aquí empiezan y allí terminan. Lo que está más allá del tiempo es eterno e infinito, más allá del espacio limitado.

Es preferible que al contemplar no nos propongamos alcanzar ninguna meta; sin proponérnoslo nos adentraremos en un camino infinito –el Tao–, bello porque es verdadero y lo verdadero y lo bello coinciden. En ello no hay ninguna angustia porque allí no hay nadie que tenga que conseguir algo. La Luz, la sola Conciencia pura, va trazando ese camino creativo. Y si resulta que me he ido un poco lejos en divagaciones mentales, volveré a invocar el silencio.

No tengamos ninguna meta preestablecida en nuestro caminar. Porque si disponemos de un objetivo, tendremos deseos de alcanzarlo, lo que sería ya un obstáculo. Los pasos propuestos en este camino son, simplemente, que cuando veamos que en nuestro interior hay dolor, angustia, malestar, descontento o sensación de carencia de algo esencial, intentemos descubrir lo que sucede y no paremos de investigar hasta que el silencio deshaga los errores. Y si encontramos algo nuevo, sigamos investigando, no nos detengamos en ningún tramo del sendero.

Mi despertar a la Verdad despierta a la humanidad

Aunque de vez en cuando participemos en un retiro para contemplar o leamos algún libro de sabiduría, muchos de nosotros aún seguimos otorgando la máxima realidad a lo concreto que se nos plantea en la vida cotidiana, en la sociedad, en la interrelación con los demás, en el trabajo, etc. Si nos encontramos así debemos darnos cuenta de que no hemos contemplado de verdad. Habremos de seguir investigando sobre la verdad que vayamos descubriendo porque nuestra lucidez no es lo suficiente amplia, ya que no ha iluminado todos los rincones de esa consciencia humana. Recordemos: todo tiene que quedar completamente iluminado porque todo es Luz.

¿Qué síntomas aparecen cuando nuestra consciencia se va iluminando en totalidad? Lo principal es que ya no hay incoherencias en nuestra vida. Si vemos que hay algunas contradicciones, si actúo como todos a mi alrededor aunque tenga otro ideal interno, esas incoherencias serán una clara señal de que falta lucidez: necesitaré investigar y contemplar más hasta que se vayan iluminando todos los aspectos de la existencia.

También podría creerme muy inteligente, incluso sabio, sabia, e imaginar que ya comprendo todo perfectamente aunque los demás no me permiten manifestarlo. Ésa es otra de las fantasiosas historias que nos creemos: mi familia, el trabajo, mi jefe, la sociedad me tienen agobiado; si no fuera por ellos yo estaría perfectamente. Aunque resulte cierto que mi familia está apoyándose en mí y que el ambiente social puede resultar agobiante por estar cargado de errores, todas esas circunstancias son sólo verdades relativas a mi condición personal que tienen que ir barriéndose poco a poco, eso no es la Verdad. Tal situación me atrapa porque formo parte de ese grupo o de esa oleada pensante. Me identifico con esa onda de pensamiento y, por lo tanto, experimento las consecuencias correspondientes. Debo probar a salir del engranaje de pensamientos y ver como más allá brotan nuevas posibilidades, que antes no tenía de vivir una vida envuelta en armonía.

Aunque parece que nunca podré librarme del todo de las influencias de mi entorno debido a que el cuerpo físico siempre participa de lo externo; así por ejemplo, el supuesto «progreso» tecnológico ha hecho insalubre el ambiente contaminándolo con ondas electromagnéticas invisibles que estropean la salud y provocan que el sistema nervioso no funcione como debería. Ciertamente, el nivel de la corporalidad física queda vulnerable a los errores de nuestra civilización. Pero por muy buena voluntad que tengamos, tampoco tendría sentido dedicarse únicamente a resolver esa situación o a arreglar el cuerpo físico desde fuera. Ya sabemos que todo lo que aparece proviene de lo profundo; aunque también es cierto, visto desde otro lugar, que nuestro organismo forma parte de la naturaleza y la naturaleza se está desequilibrando debido a la ambición que se disfraza de progreso.

Si realmente quiero solucionar el problema de la humanidad o el mío como ser humano, inevitablemente tendré que encontrar mi verdadera realidad. Entendamos bien que no se trata de dejar que los demás se las arreglen como puedan. Porque cuando un ser humano tiene contacto con la Verdad Sagrada, de alguna manera, lo ha tocado toda la humanidad por su lado. Así, desde lo más profundo de mi Ser, se irán creando unas realidades nuevas, con mente nueva y un psiquismo nuevo. Y desde dentro la solución a los conflictos será siempre coherente, la transformación será auténtica porque esa comprensión interna creará fuera unas realidades relativas más armoniosas que influirán de unos a otros.

Pero si lo que pretendo es cambiar o mejorar el mundo, ya puedo armarme de paciencia porque esa tarea es imposible, los conflictos externos estarán una y otra vez desbaratando mis bienintencionados planes. Algo semejante ocurre con los niños pequeños cuando se les ordena la habitación y, al poco tiempo, ya tienen otra vez todos los juguetes revueltos; así sucede hasta que van aprendiendo que en el orden hay belleza. Pero mientras no lo hayan aprendido, has de ordenarles el cuarto pacientemente. De esta misma manera inmadura los adultos también continuamos sumidos en el desorden que abunda en la sociedad. Con un caos interno considerable sólo se nos ocurre ponernos a tratar de compensarlo por fuera. Admitamos que el intento no está mal, presupone una buena intención: vamos a establecer unas nuevas normas para implantarlas, una nueva máquina, organizar todo de otra manera para que las cosas vayan mejor. ¿Y qué sucede?

¡Menuda tarea! Sin ver que el desorden se está creando en cada momento como consecuencia de nuestro desequilibrio, queremos armonizar las situaciones imponiendo un orden artificial creado mentalmente. Tal como se ve, eso es lo que parece estar sucediendo dentro de la sociedad actual. ¿No vemos que partiendo de nuestro desorden no es posible armonizar nada? ¿No notamos ya que cuantas más condiciones externas artificiales se establecen para ordenar nuestra existencia, más desorden impera? Cada vez que se organizan más cosas para que estemos cómodos o vivamos mejor, más intranquilidad, estrés y problemas surgen. Estas situaciones ya las estamos viviendo todos. De modo que estaría bien prescindir de tanta organización.

Deberíamos hacer un alto en el camino y mirar a lo verdadero reencontrándonos, por ejemplo, con la naturaleza. Podíamos observar cómo la naturaleza tiene un orden espontáneo y bello que viene directamente de la Conciencia. Igualmente, si nosotros viviéramos desde un lugar más consciente, nuestra vida manifestaría un orden bello y una armonía espontánea, como lo tienen las montañas, los bosques, los cielos, los campos y la manifestación divina en su totalidad.

Pero lamentablemente, el ser humano, de tanto buscar un orden externo artificial, desorganiza más y más lo natural. Una distorsión que no sólo tiene lugar en el plano físico como seguramente ya hemos podido comprobar. Veamos también ahora cómo ocurre esto mismo en el nivel psicológico. Aplicando toda clase de teorías para arreglar el psiquismo, nunca se acaba de establecer ahí la armonía. Entre unas y otras personas no reina la paz porque tampoco habita dentro de ellas. La paz y armonía auténticas emergen de la Unidad. ¿Cómo esperamos que brote la armonía en nuestra vida si no hemos tocado la Unidad de Conciencia? ¿La vamos a organizar artificialmente, imponiéndola desde fuera? ¿Desde el desorden es posible llegar al orden? No, de la misma manera que desde el error no se puede ir a la Verdad.

Pero la Verdad, la Armonía y la Belleza están ya dentro de cada uno de nosotros. Viviendo desde ahí podemos contemplarla porque somos eso. Y entonces vendrá su expresión a nuestras vidas, justo al revés de lo que intentamos pensando. Cuando escucho cuántos problemas y conflictos hay alrededor en todos los ámbitos –en las relaciones políticas, en la sanidad, en las costumbres, en la educación, en la economía mundial–, comprendo que son consecuencias inevitables de la cantidad de errores con los que vivimos la humanidad. ¿Cómo queremos evitar ese desorden, esas injusticias y desviaciones de la belleza y la armonía, esa incomprensión de unos con otros? ¿Cómo podríamos evitarlo sin encaminarnos a la Verdad? Seamos entonces inteligentes y vayamos al origen, a la causa, veamos las distorsiones que hay en nuestra mente, que forma parte de la mente de la humanidad.

Disolver los errores enquistados requiere mucho más que una simple revisión de las ideas personales. Se trata de vaciarnos de las creencias firmemente establecidas con el apoyo de la emoción, vaciarnos del gran miedo a soltar lo conocido, lo que los demás piensan, lo que todos hacen. Pero aquí se forma, no casual sino inteligentemente, un círculo porque necesitamos la Verdad para salir de los errores. Pero ¿cómo vamos a llegar a la Verdad si no nos desprendemos de los errores? Tenemos que tener ya la Verdad antes de empezar a buscarla. ¿Qué entendemos al encontrarnos con esta paradoja?

Lo mismo sucede con la libertad. Sólo con la Libertad podemos ser libres, pero ¿podríamos ser la Libertad antes de empezar a ser libres?, ¿ser la Verdad antes de empezar a ser verdaderos? Aclaremos que ni razonando siguiendo los carriles conocidos algún día llegaremos a la Verdad ni viviendo de una forma prefijada llegaremos a ser libres en algún momento. Ocurre precisamente al revés: primero contempla la Verdad para serla y todo lo demás vendrá por añadidura, como se nos aconsejó en el Evangelio con la metáfora del Reino de los Cielos. Contemplemos en primer lugar también la Libertad, puesto que la Verdad va pareja a la Libertad. La Verdad nos hace libres al iluminar nuestro camino.

Volar por encima de la lógica

La Verdad es un estado interior, no la confundamos con una idea imaginaria. Para vivirla es necesario adentrarse en la consciencia silenciando el pensamiento, es necesario aprender a contemplar. No hay otra vía. Porque lo Real habita dentro, más allá de lo conocido. Aquello resulta desconocido para nuestra zona habitual de pensamiento, emoción y sensación en la que normalmente vivimos. Por eso hemos de pasar, en un vuelo, de lo conocido a lo desconocido. Y con razón encontramos dificultades al intentarlo porque desde lo conocido nunca se puede ir a lo desconocido. En este caso la lógica tiene su sentido. Sin embargo, es posible dar un salto no por la línea de la lógica mental, sino volando por encima de ella. Podemos dar ese salto porque ya somos la Verdad, porque Aquello no es algo ajeno que tengamos que conquistar. Casi siempre estamos sujetos a la idea de que la verdad es algo que hemos de adquirir y ahí aplicamos la lógica. Razonando concluimos que desde lo conocido no iremos nunca a lo desconocido, que desde el nivel falso nunca podremos acceder a lo Verdadero.

Pero como decíamos antes, ¿y si resulta que ya somos la Verdad y tan sólo nos hemos quedado dormidos? Entonces en cualquier momento podremos tomar consciencia de nuestro estado. Darnos cuenta de ello supone realizar un vuelo por encima de la lógica, más allá de lo establecido y del sentido común. Tal vuelo es considerado una locura por aquellos que no pueden o no quieren —es igual— salir de la cárcel de lo conocido, los que no se plantean trascender el pensamiento o no saben hacer ese silencio dirán que intentarlo es cosa de locos. Pero en esa locura consiste el despertar. Una vez que se ha descubierto esa posibilidad, se ve que la demencia es permanecer encerrado en la prisión de los razonamientos lógicos cuando podemos trascenderlos. Tengamos presente que el silencio del pensamiento nos puede llevar muy lejos, que no nos frene la aparente dificultad. Intentémoslo, siempre es posible despertar a la Verdad porque es nuestra verdadera morada.

Profundizar en mi consciencia es una redención de mi humanidad. Cuando en la consciencia de Jesús se dio esa profundidad luminosa, supuso una redención para la humanidad. Aunque los seres humanos sigamos cometiendo errores igual que antes y no se perciba la redención, desde dentro, ha sido una ráfaga de aire puro que ha pasado entre nosotros, y gracias a ella, muchos han encontrado su camino, lo mismo decimos del Budha de Śankara, de Krishna y tantos sabios más. Todo ser humano que toca Aquello está redimiendo, está abriendo una ventana para que entre el aire de la libertad a la humanidad. Luego cada uno se acerca a esa ventana o no se acerca. Eso es el movimiento de la Inteligencia en la manifestación. Se acerca en un momento, se desvía en otro momento, parece que se está aproximando, parece que llega, y no llega a ningún sitio, sino que reconoce lo que siempre ha sido y será, porque todo ser humano es un reflejo de Aquello sagrado. Un pequeño holograma en un gran holograma, que entra en otro más y más amplio hasta el infinito. Y ese infinito es sagrado, es lo que somos «en Espíritu y en Verdad».

Es posible descubrirlo y la humanidad lo está descubriendo; pero no globalmente, eso no es posible porque cada ser humano tiene que abrir su metafórico camino hacia la Conciencia unitotal. Pero ahora muchos seres humanos están despertando. Es una gracia, es un milagro, y se percibe con otros ojos. Ni la cantidad, ni el espacio ni el tiempo. Hemos de romper ese encierro y moviéndonos exteriormente no lo vamos a romper. Precisamente en quietud, en silencio, abrimos la visibilidad. No hay ningún derecho a ello para la humanidad, somos ya la Conciencia verdadera y aparecemos tapados en esta manifestación y eso sucede «para mayor gloria de Dios», es decir, porque existe un plan divino que escapa a nuestra mente y ese plan divino es gozoso.

Por contemplación, en contacto con Aquello, descubrimos ese gozo, notamos que todo está bien, y cuando algún sabio o santo dice: «Todo está bien», decimos que está loco. ¿Cómo puede afirmar tal cosa cuando hay gente cruel y personas sufriendo? Pues no obstante, todo está bien. Desde otro lugar, mirándolo con ojos más amplios, vemos que todo encaja, que el placer y el dolor, ambos, son alegría de ser, amor, felicidad. Y cuando lo degradamos, porque caemos en la ilusión, lo separamos en placer y en dolor, en alegría y tristeza, en amor y odio. Pero antes de hacer esta separación, cuando se encuentra en estado puro, como una gema cuando se le quita todo lo que la recubre, somos esa felicidad, esa Conciencia pura, lo somos en Espíritu. Nuestra alma lo comprende y a su manera lleva el mensaje a los universos, a los mundos del Espíritu para participar en esta aventura cósmica. Pero nuestra persona, movida por el pensamiento y por un yo hecho de pensamientos, no lo entiende, le parece que todo es injusto: ¿por qué nacemos para sufrir?, ¿por qué unos tienen mucho dinero y otros tan poco?, ¿por qué unas personas están enfermas y otras sanas?, ¿por qué parece que unos se divierten y son felices en la vida mientras otros parece que siempre tienen problemas? Parece que sufren, parece…

Cuando jugamos creemos que unos ganan y otros pierden, pero sabemos que es un juego, que nadie ha perdido ni ha ganado, que dejamos el juego y todo el mundo se queda en paz. No ha pasado nada. Todo sucede en la temporalidad, pero no por casualidad, por suerte ni por desgracia. Lo que sucede es perfectamente inteligente, es el juego de la Inteligencia divina, es el movimiento de la Conciencia cuando se proyecta en una pantalla virtual, ilusoria. No es necesario que demos a un botón en un aparato y aparezca una realidad en una pantalla para que digamos «Estoy viviendo en una realidad virtual». Desde los ojos desde los que miramos habitualmente, ya estamos viviendo una realidad virtual.

Encontremos la pantalla en nuestro interior, separémonos de ella. No nos podemos separar por esfuerzo de voluntad. Los intentos esforzados los hace el falso yo al querer conseguir algo. Sólo por lucidez, vigilando, silenciando lo que proviene de lo establecido, de lo conocido, de los hábitos, dejamos que la Luz que somos atraviese las sombras y las deshaga. Solamente la Luz va a disolver las sombras de lo falso; lo verdaderamente real disolverá esa realidad virtual en la que nos encontramos, donde parece que sufrimos, parece que somos felices, que somos buenos o malos. Si hemos mirado en silencio lo que pasa por nuestra mente, ya nos habremos dado cuenta de la poca realidad que tiene lo que estamos viviendo a través del pensamiento. Y si es así, insistamos en poner ahí nuestra atención.

Escuchemos desde la Conciencia luminosa, con unos ojos nuevos, no con los habituales. Si hemos descubierto de esa manera una verdad, ya tenemos el hilo para deshacer la trama de lo falso, porque las verdades son totalizadoras. La Verdad no es un pensamiento ni un concepto; no son verdades las interpretaciones que hacemos pensando, mientras que el contacto con una verdad es un hilo que deshace toda trama pensada. Y las deshace únicamente por contemplación.

¿Habrá muchas verdades al mirar con lucidez? Sólo hay una, a la que se llega por muchos caminos. Sólo un Dios aunque avanzamos a través de muchos dioses que consideramos distintas realidades, pero sólo hay Uno, sólo hay una Realidad.

Contemplemos la verdad que hemos descubierto, o lo que es lo mismo, mantengámonos en el lugar desde el que hemos contemplado lo verdadero y miremos todo desde allí. Pudiera ser que lo intentáramos muchas veces de una manera equivocada; sucede así porque la persona es un instrumento limitado. Lo cierto es que el ser humano es Libertad, infinita libertad, y eso es lo que está por descubrir en nuestro intento de vivir lo Verdadero, desde el Espíritu, desde lo que realmente somos.

Presencia de la Verdad

El camino de la sabiduría, la revolución silenciosa

En estas investigaciones nos estaremos dando cuenta de que lo verdadero no es un calificativo aplicable a las situaciones y los objetos que aparecen en nuestra vida exterior. El uso que aquí hacemos del concepto «verdad» desde el punto de vista de la sabiduría alude a un estado interior. Y cuando desde ese descubrimiento decimos que la Verdad ilumina nuestra vida, sabemos que la Verdad nos guía desde lo profundo de nosotros mismos, que nuestro camino de realización no consiste en buscar fuera unas u otras verdades. La Verdad va unida al Ser, es un resplandor del Ser que ilumina nuestra vida desde dentro. Comprenderlo es muy importante porque solemos hacerlo al revés: creemos que debemos iluminar nuestra existencia desde fuera, encontrar el sentido de nuestra vida, mejorarla, tener una vida más auténtica, cambiando los aspectos circunstanciales o rebuscando verdades entre teorías pensadas. Justo al revés de como la Verdad funciona. Y en este caso utilizamos la mayúscula para resaltar el sentido nuevo que damos a la palabra.

La persona que camina en la vía contemplativa actúa de una manera completamente diferente de la habitual. No busca la verdad fuera de sí, sino que trata de amoldarse a la Verdad que contempla en su interior. No intenta mejorar su vida a base de cambios en las circunstancias exteriores, aunque eso parezca de sentido común. Aquí no estamos hablando de lo que todo el mundo hace, lo común, sino que proponemos acercarnos desde lo profundo más y más a esa Verdad que intuimos y contemplamos, permitiendo que nos ilumine. De la misma manera que nos ponemos al sol para que caliente e ilumine nuestro cuerpo porque sabemos que de ahí surge la vida, nos colocaremos al alcance de nuestro sol interior, disponibles a nuestra luz íntima. Contemplar es situarse de cara al resplandor de la Verdad que puede iluminar nuestra existencia.

Así sucede que, aunque nos parezca extraño, todas las situaciones humanas que se presentan como irresolubles, las que no creemos poder resolver por fuera, esas problemáticas que creemos nos están estropeando nuestra vida, aquellas que nos impiden hacer lo que deseamos, todas ellas aparecen ahí justo para indicarnos la mala colocación que hay en nuestra mente con respecto a la Verdad interior que somos. Lo cual implica que podremos ir encontrando lo verdadero a partir de nuestra peculiar manera de ser y de ver, tal como nos encontremos en las circunstancias actuales. Así no tiene sentido rechazar lo que encuentre en mí porque vea otras posibilidades externas mejores ni imitar a otras personas que considero modélicas siguiendo los pasos ajenos, todo eso es absurdo. Aunque crea que estoy buscando y siguiendo la verdad, al actuar conforme a un ideal imaginario estoy haciendo teatro; si estoy tan volcado, inmerso en el espectáculo, nunca puedo encontrar lo que se oculta detrás. Hace falta partir de lo que vaya viendo por mí misma, por mí mismo, con mi peculiar manera de comprender las experiencias por las que haya pasado.

Los éxitos y los fracasos personales no tienen la menor importancia como hechos en sí, solamente valen en función del poso de sabiduría que hayan dejado a su paso. Y ese poso de sabiduría es aquel descubrimiento que hemos podido ver con ayuda de ciertas experiencias, debido a una enfermedad, como consecuencia de determinado problema o por aquella crisis: lo que cuentan son los aprendizajes mientras caminamos. Ésa será nuestra verdad en ese momento, la verdad que puede ir creciendo en nuestro interior por contemplación.

No nos dejemos guiar por verdades de otros, mera información que queda archivada en un compartimento de nuestra mente para luego poder repetirla y decir que efectivamente ya sabemos eso, aunque aquello no trasforme nuestra existencia. Por ese motivo, una persona podría ser un gran intelectual, memorizar fácilmente datos, informarse de gran cantidad de eventos y permanecer sin sabiduría. Todo ese trabajo mental solamente le habrá servido, si es que le ha servido para algo —ojalá—, para desengañarse del dominio del pensamiento.

Tengamos muy claro que lo Verdadero no se busca informándose, memorizando ni repitiendo teorías. No es en esa zona mecánica de la mente donde vamos a hallarlo. Hoy en día es muy fácil ver la similitud que existe entre nuestra mente y los aparatos tecnológicos disponibles: en un archivo del ordenador grabamos lo que nos interesa que permanezca registrado. Nuestro instrumento mental funciona de manera semejante. Pero si no queremos convertirnos en una máquina viviente, sino en un ser humano auténtico, entonces hemos de encontrar la salida de la máquina pensante. Nos referimos a nuestra propia salida no porque sea diferente en cada uno de nosotros, sino porque nos será válida sólo a partir del lugar donde la veamos, en el instante en que la veamos y de la manera en que la captemos con nuestra propia mirada. Y no nos servirá saber cómo la ven otros, cómo la han presentado según las costumbres de cada individuo o cada época.

El hecho de que muchos se identifiquen con un grupo y que esté en vigencia una tradición religiosa ya revela que no se está buscando lo Verdadero. Lo Real es único, no es algo sujeto a modas pasajeras, no se enmarca en una tradición —el cristianismo, el budismo, escuelas o técnicas—, ningún grupo puede atribuirse la Verdad. Si abandono una tradición e inmediatamente ingreso en otra porque la mía ya está pasada, me equivoco. El tantear distintos grupos para saber qué es lo que proponen unos y otros, probando todo lo que conozco, es un camino de ilusiones, aunque me considere un buscador de la Verdad. Y es que la Verdad no se busca, ella nos encuentra. Cuando hay suficiente demanda interior, lo Real se encuentra. Y si buscamos y buscamos sin encontrarlo, podríamos permanecer durante siglos en nuestro empeño porque esa búsqueda es una historia imaginaria —puesto que está inmersa en el tiempo—. Tal búsqueda es sólo una ocupación temporal, es la mente pensante egocentrada la que persigue sus metas.

Por muy extraño que nos parezca, recordemos que la Realidad no se busca hacia afuera, aflora en el interior, traspasando las barreras del pensamiento. Y la sed, la imperiosa necesidad de Verdad eterna, es el síntoma de que Aquello está cerca. Cuando ya no soporto vivir sin la Verdad, estoy encontrando lo Real. Cuando me mantengo bien sin ella, actuando como se me ha dicho y muy de vez en cuando recuerdo: sí, es interesante mejorar mi existencia, y me reúno con algunas personas que hablan de esos temas, estaré recorriendo un camino ilusorio; aún no habré encontrado en mí lo Real y se notará que mi vida no es expresión de Aquello.

Mi vida tendría que ser revolucionaria, pero no en el sentido convencional que forma parte de la obra de teatro —no se trata de ser una persona que moviliza a la gente o sale en los medios de comunicación, una celebridad que aparece en las pantallas como alguien que ha hecho algo relevante—. Mi vida no va a ser revolucionaria en ese sentido superficial; cuando la revolución es interna, mi vida será única y diferente. Tal vez, de vez en cuando, la gente en su sueño pensará: ¡qué comportamiento tan raro el de esta persona!, ¿por qué actúa así?, ¿por qué no hace lo que hay que hacer?, ¿y por qué se dedica a lo inútil? Pero la sorpresa no dura mucho, enseguida el sueño del mundo continúa impertérrito.

La revolución contemplativa permanece oculta mientras la semilla germina y la explosión de la Vida se expande. Desde lo profundo se va iluminando la vida; no se puede expresar en singular —«iluminar mi vida»— porque la Verdad nos ilumina a todos internamente.

Está muy bien que tengamos un intenso interés de ayudar a los demás, pero al tratar de echar una mano desde fuera, los efectos son mínimos: la persona que es ayudada se siente algo mejor porque parece que le han ayudado de verdad. Pero, realmente, en la vida cada uno va trazando su plan de aprendizaje, y aunque le den unos golpecitos en la espalda para animarle, esa persona seguirá a cuestas con su equipaje —su cruz— desde las fuerzas causales que ha puesto en movimiento al actuar. De modo que desde fuera poco podemos cambiar, independientemente de que desde el punto de vista humano sea adecuado intentarlo.

Ya sabemos que separar el mal y el bien es algo muy humano. La sabiduría comprende lo que está más allá de los pares de opuestos, aunque nos extrañe y no nos guste reconocerlo. Cuando descubrimos lo Real oculto, ya no cargamos con ideas preconcebidas de lo que es positivo y de lo que es negativo, de lo que se debe hacer y de lo que no, de lo que la gente premia y de lo que la gente menosprecia o castiga. Lo cierto es que para entrar en el camino de la sabiduría hay que ir desnudo, sin ningún ropaje ideológico ni preparación intelectual o social, sin experiencias acumuladas. Y si no se va despojado de todo, no se encontrará la Realidad. O mejor dicho, ella no te puede encontrar porque estarás parapetado entre sombras ilusorias. Y para que Aquello pueda encontrarte has de desaparecer del mundo de las sombras. Entonces la Verdad percibe una correspondencia: aquí no hay alguien, aquí hay algo verdadero. Y soy verdadero cuando han caído las ilusiones, las apariencias de lo que creía ser y las metas que me propuse, incluyendo la de ser «alguien».

En mi error creía que ser verdadero consistía en poseer más de lo que es valorado en el mercado de la vida y menos de lo que no se valora. Pero cuando contemplo lo verdadero me doy cuenta de que ante lo sagrado, soy aún menos que un recién nacido, todavía no he nacido. Antes de tener una forma determinada soy, no tengo que ser de esta manera o de la otra. Sencillamente no he de ser nada limitado. Y entonces lo que es ilimitado, esa Presencia sagrada, me reconoce como suyo. La Realidad está limpia, pero aparezco con tantas capas de impurezas, tanta suciedad de lo no comprendido, tantas «manías» que se me han adherido a lo largo del viaje existencial que estoy irreconocible, así la Verdad no me ve.

Como ya se ha dicho en todas las tradiciones, se requiere una purificación, una limpieza de lo que no somos. Mientras estamos en el tiempo es bueno pasar por una purificación física —nos ayuda porque equilibra las energías, nos sentimos más armonizados, los órganos funcionan mejor, las apariencias mejoran—, aunque la verdad directa es que la depuración biológica es insuficiente. También es adecuada una purificación emocional —un nivel incluso más profundo que la depuración física—; ése es el sentido que siempre tuvieron y tienen las oraciones y cánticos religiosos, o escuchar música bella. Este segundo nivel es bueno, pero todavía insuficiente. ¿Qué nivel de purificación necesitamos entonces para llegar a lo Real? En verdad sólo la Verdad puede purificarnos, con lo cual hay un círculo perfecto. Necesitamos ser puros para que la Verdad nos reconozca y sólo la Verdad nos purifica.

¿Qué significa este círculo? Lo primero que implica es que hemos de ir más allá de la mente lógica. También quiere decir que la Verdad no es consecuencia de un proceso de repetición de actos a base de los cuales accedemos a ella. No se trata de experimentar ni de probar una y otra vez, como nos sucede con los asuntos temporales de la vida. Por ejemplo, no sé conducir pero practico una y otra vez hasta que aprendo, empiezo a repetir una tarea difícil hasta que logro dominarla. No sucede así con la Verdad porque no está en el tiempo. Aquí no nos sirve la disciplina, no vale repetir un método. Aunque los seres humanos creemos que todo se consigue a base de esfuerzo y trabajo, la contemplación de lo verdadero no entra en esa dimensión. Lo que se consigue por repetición se lo lleva el viento porque reside en la temporalidad y se deshace con ella. Sin embargo, la Verdad pertenece a lo eterno y por tanto no se consigue mediante proceso temporal.

Recurriremos a una metáfora que nos ayude a captarlo con más nitidez: la Verdad es como un manantial que, a pesar de estar brotando permanentemente en nuestro interior, se mantiene escondido porque lo tapamos con diques. El manantial siempre está ahí. Contemplar es abrirnos a esa fuente inagotable. ¿Cómo nos abrimos? Sólo podemos hacerlo en el momento en que tomamos consciencia de la presencia de ese caudal. Cuando nuestra mente se hace contemplativa estamos abriéndonos a Aquello. En cada ser humano se origina de maneras peculiares y variadas. Que no nos entretengan las interpretaciones múltiples de lo verdadero –sí, tú lo ves así pero la otra persona, no–. La peculiar manera en la que la Verdad me ilumina será la iluminación adecuada para mí, ése será mi camino. Y me distraeré una y mil veces si sigo pensando que hay otras maneras, comparándome con otros. No hay otras maneras mejores. Me abro camino al profundizar en mí mismo y mi apertura es un océano de plenitud donde nada ni nadie queda fuera.

No es verdad que sólo soy una persona

Estamos habituados a vivir pendientes de lo exterior. Podría decirse que esta civilización se ha especializado en ser extrovertida, hasta tal punto que incluso nos extraña la recomendación de adentrarse en uno mismo –recogimiento se llamó en otra época–. Pareciera que dentro no hay nada interesante. Pareciera que lo que nos importa está fuera, todo es una exposición, un mercado y todo se vende. Nos resulta extraño que haya que girar la cabeza hacia la nada; por eso parece también rara una vida contemplativa, la existencia dedicada a la contemplación de la Verdad.

No tomemos en cuenta estas interpretaciones condicionadas, las opiniones de la época, de la cultura en la que nos encontramos, los pensamientos ajenos o los propios (ambos son iguales), desoigamos lo que siempre se piensa. Lo que parece sensato y habitual no sirve en el camino de la sabiduría, sólo sirve para ir viviendo, o malviviendo, a partir de una persona aparente. La sensatez, el raciocinio y la razón son útiles para mantener al cuerpo en condiciones: si hace frío hay que coger leña y hacer un fuego –ahí empezó todo– o encender la calefacción. Ya sabemos que mantener a la persona viva es muy poco para los seres humanos que escuchamos una llamada desde lo invisible. Podría decirse que aunque la conservación del instrumento psicofísico permanece en un nivel muy limitado, demanda mucha energía. En esta época hay muchas posibilidades y gran rebuscamiento para mantener la persona: comida sofisticada, ropa sofisticada, casa y hábitat sofisticado, variedad de distracciones y maneras de pasar el tiempo inconscientemente, múltiples formas de trabajo y de vacaciones. Todo eso apunta hacia el mismo objetivo: sustentar a la persona con la esperanza de ser feliz.

Tendríamos que plantearnos si queremos dedicar nuestra vida tan sólo a atender ese nivel. Seguro que todos los que estamos interesados en la Verdad tendremos claro que eso no basta. Lo siguiente que nos podíamos plantear entonces es: ¿y cómo es que en nuestro vivir parece que es ese nivel superficial lo que más nos absorbe?, ¿es eso a lo que dedicamos más tiempo y en lo que ponemos más energía; nuestra gran preocupación consiste en la preparación de un futuro para ser felices? Es decir, nos hacemos desgraciados para llegar a ser felices. ¿Cómo puede ser que alberguemos tal incoherencia? Hemos de quedarnos a solas, aquí y ahora, y verlo.

La Verdad que nos ilumina debería expresarse también en nuestra forma de vivir este instante. ¿Hasta qué extremo? Pues hasta el extremo de que con contemplarla ya tendríamos suficiente. Las mentes van a replicar: ¡qué exageración! Sin embargo, efectivamente, la contemplación es la totalidad. Se puede vivir así, doy fe de ello. Todo lo demás le sucede a la persona: se enferma, tiene que curarse, hoy es lunes y ha de acudir a la oficina, ahora es verano y se va de vacaciones, los hijos no se portan como debieran, los padres son mayores y no nos comprenden ni los comprendemos o cualquier otra cosa de las miles que nos suceden o creemos que nos suceden. Todos esos eventos únicamente le están ocurriendo a la persona. ¿Acaso le suceden al Ser, al Espíritu que soy?

Pero en el interior vive esa Presencia sagrada. Contemplarla mientras vivimos es suficiente para vivir en plenitud. Podría replicar: pero ¿no deseas disfrutar de unas vacaciones? Pues tanto como desearlo, no. Pero si vienen, bienvenidas sean. ¿No deseas que los demás te quieran, te gustaría que todo el mundo te menospreciase? Si me aman me alegro, pero si no me aprecian la Presencia real es amor permanente, a Aquello no le falta nada. Y a una persona que vive en contemplación, en esa Presencia, ¿no le alegra que las cosas le salgan bien, que en el trabajo no haya problemas, que la familia esté contenta, tener salud, etc.? A la persona sí le alegra, pero a esa identidad que está unificada ya con la Presencia verdadera no le puede alegrar nada porque ya es Alegría. Y a esa persona contemplativa, ¿no le entristece, no le hace sufrir ni le desespera que las cosas vayan mal para ella y para los demás, que los otros sufran o que haya problemas mundiales? Desde luego que a la persona no le agrada eso, pero la verdadera identidad del ser humano no es la persona.

Y en esa Presencia en la que el ser humano se encuentra cara a cara con la Verdad que es, con la Inteligencia divina que todo lo mueve, no le afectan esas situaciones porque son circunstancias temporales que forman parte de la historia existencial. Lo cual no significa que la persona se vuelva insensible, que le dé igual una cosa que otra. Precisamente quien se ha adentrado en sí mismo llega a ser muy sensible, pero no está identificado con esas situaciones espacio-temporales que ve pasar. En nuestra ilusión de permanencia no vemos bien que todo está «pasando de largo», queremos hacer como si fuera realidad lo que no es; obtenemos un triunfo y nos parece inmutable, no nos damos cuenta de que es algo transitorio, en unos días nadie se acordará de eso, padecemos un fracaso y nos angustiamos terriblemente porque no nos percatamos de que todo se presenta «de paso».

Cuanta más realidad otorgamos a lo que es ilusorio, más complicada y problemática se vuelve nuestra vida. E incluso a veces llegamos a pensar que no tiene solución. Cuando lo cierto es que la existencia fluye de una inesperada y bella manera y como todo se está moviendo, en poco tiempo lo que se planteaba como tragedia ya no se plantea. Pero no nos damos cuenta porque no lo vemos con la suficiente separación, nos encontramos ya identificados, no lo miramos con la perspectiva adecuada. En resumen: no vemos que no somos el personaje que aparece en el escenario. Y no lo somos porque lo que somos es eterno, lo que realmente somos permanece. Y el ilusorio actor está apareciendo y desapareciendo, una y otra vez en esta vida, una y otra vez en las distintas vidas.

Es por esto y como expresión exacta de la Verdad que ilumina la vida, por lo que los sabios han expresado verdades tan extrañas: el que salva su vida la pierde y el que la pierde la gana, enseñó Jesús, el Cristo. Y hace poco tiempo, Krishnamurti, afirmaba que si aprendemos a morir de instante en instante entonces no hay muerte para nosotros. Exactamente, si somos capaces de morir a lo que aparentemente somos en este instante atemporal –no esperando al momento de la muerte física para por fin darme cuenta de que no soy el cuerpo–, entonces descubro la Vida que no puede morir. Pero mientras esté identificado con mi personaje me mantendré en semejante ilusión. Todo consiste en darse cuenta de que no soy eso que creo ser.

Para darme cuenta de una verdad tan revolucionaria tengo que estar utilizando al máximo la consciencia que soy desde la Luz que soy. Utilizar esa Luz con tal potencia que funda los aparatos rudos que se han instalado para poder ver en la vida diaria, los mecanismos personales se tienen que disolver. Entonces descubro que lo que permanece por detrás de las sombras es la luz del día. No necesito esos mecanismos que se han ido erigiendo en la oscuridad por falta de verdad, los que la humanidad ha ido acumulando y se han ido transmitiendo a través de la educación y del ejemplo de la mayoría; por ellos, los seres humanos nacemos y morimos en una ilusión consensuada.

La Verdad que somos más allá de la red de ilusión

Hay una gran alegría en el despertar a la Verdad. Esa Presencia es liberadora a todos los niveles. ¿Diremos entonces que sirve para resolver un problema o una situación concreta de mi vida? Desde luego que no; se trata de una libertad total, no es para librarme de algo concreto. De hecho, nunca me voy a librar de este problema como creo, porque aunque parece que efectivamente me he librado de algo, como todo está entrelazado, luego aparecerán nuevos enredos –puesto que todos los conflictos tienen una misma causa, «una ignorancia fundamental» como dicen en la tradición vedanta–. Todos los problemas tienen la misma raíz equivocada, es una tela de ilusión que se ha ido tejiendo y aunque saque un hilo que parece que estorba, detrás de ese hilo vienen otros y otros, y solucionar aquello supone una tarea inacabable. No se trata de resolver un problema aislado, no hay hebras separadas de la totalidad. Aunque por supuesto podría entretenerme todo el tiempo que quisiera en arreglar determinados problemas, entretenerme hasta desengañarme. ¿Veré que cuando saco un hilo a la luz me puedo llevar la urdimbre entera? He de deshacer el tejido completo de las apariencias, lo que no estaba bien iluminado.

Por eso atender a un cabo del hilo de la Verdad, es peligroso para la persona que creía que ese tejido ilusorio era la realidad, para quien estaba durmiendo y tratando de mejorar su sueño fenoménico. Tengamos cuidado: si se empieza a tocar la Verdad todo el montaje se va a desmoronar. Por eso habitualmente la persona no quiere abrir los ojos, claro. Por ese motivo suele decirse: «No, a mí déjame de complicaciones, yo no creo en esas cosas».

Sólo los valientes se atreven. Decía Jesús según el Evangelio que el Reino de los Cielos es para los intrépidos. Pero ¿quién nos otorga el valor?, ¿cómo lo podemos distribuir? La valentía no se infunde desde fuera, sino que la aporta la Luz misma. La contemplación de la Verdad hace libre y la libertad es valentía. Cuanto más contemples la Verdad, más libre serás para actuar y más oportunidades tendrás de contemplarla.

Cuando la Luz atraviesa la persona, se va expresando en todos los niveles manifestados —lo cual no quiere decir que esa persona vaya a actuar o ser exactamente como un sabio o un iluminado, eso es fantasía, la persona siempre es limitada y no puede dejar de serlo—. ¿La persona está hecha de la Luz verdadera? Así es porque no hay nada más que esa Luz, pero por sí misma no es nada real sino aparente. De modo que no tiene sentido querer entrar en lo Real equipados con todo el bagaje personal, no queramos salvaguardar lo impermanente, dejemos que la persona —una criatura de Aquello— se quede en su limitado lugar. Y abrámonos desde lo profundo a esa Presencia totalizadora que es nuestra naturaleza aunque aún no la hayamos reconocido del todo. Permitamos que nuestra alma se acerque más y más a lo divino hasta unirse a ello de manera inseparable.

Reconozcamos lo que somos de verdad. Según la tradición tibetana, en el momento de la muerte parece que todo el éxito del tránsito al abandonar el cuerpo se cifra en un reconocimiento. Si ves una luz pero no la reconoces como tu propia naturaleza, entonces te asustas, te alejas y quieres buscar entre las sombras alguna forma adecuada para esconderte de esa luz. El libro del *Bardo Thodol* explica el proceso con un lenguaje antiguo que resulta muy críptico para nosotros, aunque el mensaje podemos recibirlo. Esencialmente consiste en que solamente cuando hemos muerto a las apariencias y hemos despertado a la luz que somos, reconocemos la Luz. Fuera y dentro son diferentes por la limitada percepción de nuestra consciencia, ya que son dimensiones de nuestra mente dual. Es lo mismo reconocerlo en el interior que hacerlo en el exterior, porque como todo está en la consciencia no hay fuera ni dentro. Y el reconocimiento de lo verdadero significa que la Luz ya está iluminando en nosotros.

Cuando nos asusta la Verdad —no sólo en el momento crucial de la muerte—, salimos corriendo y nos evadimos con cualquier cosa, como niños pequeños que no quieren asistir al colegio y se entretienen con algún juguete. Pero la Verdad está siempre presente, está ahí esperando hasta el momento que tengamos el arrojo de decir: «Te reconozco, no eres algo ajeno a mí, todo esto que creía que era mío no lo es, lo que creía que era "yo" no es mi identidad, estaba viviendo una aventura provisional y la consideraba real. Tú (Padre) y yo (Hijo) somos uno». Este reconocimiento se realiza al contemplar. Y lo que hayamos reconocido al contemplar será reconocido también al dejar el cuerpo y al encontrarnos en otras situaciones que ahora no podemos ni imaginar. El ámbito que en esos momentos de transición encontraremos estará en consonancia con lo que hayamos descubierto aquí de la Verdad.

Tenemos miedo a que algo externo nos perjudique, nos destruya o nos estropee. Pero esos posibles riesgos solamente afectan a nuestro cuerpo físico en la dimensión que le es propia. Hemos confundido nuestra identidad con lo que le ocurre a nuestra constitución material: en otras épocas se tenía miedo de que una fiera nos devorase, y actualmente tememos sufrir un accidente en avión o infectarnos con algún microbio que pueda destrozar la armonía del organismo. Afortunadamente, hay mecanismos para que la persona se vaya manteniendo en condiciones más o menos adecuadas durante todo el tiempo que dura su aventura, mientras suceden tantas cosas. No trasladenos, por tanto, nuestra identidad a esos niveles sensoriales, si no queremos tener al miedo como compañero inseparable de nuestro viaje existencial.

No hay peligro de algo externo que nos pueda destruir, no pensemos que somos una insignificante mota en el universo. Eso es lo que le ocurre a esta criatura, a esta creación de la mente cósmica. Nuestra verdadera identidad no puede ser atacada ni destruida. Puesto que lo esencial no tiene forma, no corre ningún peligro en el mundo de las formas.

¿Vemos como la verdad es liberadora? Nos libera de ese temor que asimilamos como si fuera propio. Miedo de esta persona, de esta construcción en el tiempo que empieza, se desarrolla y termina; no es miedo de mi identidad, que es pura Conciencia. Y respecto a todo lo que me ha sucedido –todo el mundo podría enumerar una lista de calamidades y otra de acontecimientos agradables–, veré que en realidad no me ha sucedido nada. Eso sólo le ha sucedido a esta persona y ha servido para que me vaya desengañando, abandonando creencias y despejando errores, abriéndome más a la Presencia real. Si es así, ¿podré soltar ya todo el pasado, todas mis experiencias, todo lo que me hicieron, lo que me dijeron? ¡Por supuesto! Cuanto antes soltemos ese lastre, mejor.

En el momento en que vayamos aprendiendo a contemplar lo verdadero, el síntoma inequívoco de esa Presencia que está ya ahí iluminando de una manera o de otra es la disolución creciente de mi historia pensada –lo malo que me ha sucedido, lo bueno que me han hecho, todo lo que tengo que demostrar a los demás para que por fin me reconozcan y valoren–. Todo ello se deshace en la Verdad.

Si me desprendo de ese bagaje, puede parecer que mi vida va a ser aburrida porque entonces ya no tendré cosas por las que preocuparme ni sobre las que rumiar: ¿por qué aquella persona me hizo esto, por qué el otro dijo tal? Se me acaba todo ese entretenimiento, algo comparable a una televisión permanentemente encendida con los programas más tontos y absurdos que puedan imaginarse. Efectivamente, se me acaba la película; lo cual es una liberación, tal y como siempre se ha llamado. Entonces brota aquello que siempre estuvo en nuestra naturaleza, lo que es nuestra esencia; la simple alegría de Ser. Sin pasado, sin historia y sin la carga tremenda de estar demostrando a los demás la parte buena de nuestra historia, lo geniales que somos porque aprobamos todos aquellos exámenes incluso con buena nota y lo especiales que somos porque aquella persona nos dijo: ¡eres extraordinaria!, e incluso se enamoró de nosotros. Se acabó el tener que mantener esa imagen. ¡Qué bien! ¿No? Es una liberación. La Verdad al iluminarnos nos libera.

Si contemplamos la Verdad, la amaremos porque la contemplación es una visión amorosa. No es posible contemplar –como parece– solamente mirando. Se trata de una mirada amorosa. Y ese amor a la Verdad no podemos dejarlo para algunos momentos especiales, sino que formará parte de todo en nuestra vida. Entonces barrerá todo lo que no sea verdadero. ¿En cuánto tiempo?, pregunta la pesada mente pensante; sin tiempo, es la única respuesta.

Se nos dijo: «Descubriréis la Verdad y la Verdad os hará libres». ¿Y cómo es que teniendo en nuestra tradición esas palabras de sabiduría, los creyentes se han quedado en esos niveles rutinarios de seguir unas creencias? La Verdad solamente se ve desde la Verdad. Cuando no estoy centrado en lo Verdadero, por más que aquello pase –está pasando todo el tiempo, por delante, por detrás y en todas las direcciones–, no lo veré. Hasta que no lo contemple con la verdad misma, hasta que no tenga ojos verdaderos no veré la Verdad.

A eso se ha denominado mente pura en la tradición de la India. ¿Qué es una mente pura? La que no está cargada de teorías y creencias. Una mente limpia en la cual se puede reflejar la luminosidad del Ser. Cuando la mente se depura no doy realidad a los pensamientos y éstos se diluyen sigilosamente. Los pensamientos que no se atienden, no permanecen en el psiquismo. Y si aparecen, lo hacen como una nube efímera, no se la tiene en cuenta, no afecta a la inmensidad de la Conciencia. El aferrarse a un pensamiento –«Pero es que han dicho tal»– de los que pasan por mi mente y por todas las mentes –que son los mismos, repetitivos– es un nivel mecánico. Y el mantenerme en esa vibración densa me impide vivir desde la Verdad. Si ni siquiera la puedo ver, menos podré contemplarla y vivirla.

¡Vigilad, investigad!

Es esencial estar vigilante en el nivel mental, saber lo que está atravesando nuestra mente. Es curioso que a los seres humanos se nos tenga que aconsejar eso: entérate de lo que está sucediendo en tu mente. Lo cierto es que habitualmente no solemos ser conscientes de ello. Es como si a alguien le dijeran: oye, date cuenta de lo que está ocurriendo en tu casa, en tu empresa, en tu familia. Reconozcamos que pocas veces nos percatamos de lo que está pasando en nuestra mente. Los pensamientos nos atrapan, nos manipulan de aquí para allá y nosotros como si tal cosa, ni nos enteramos, nos parece normal toda esa dinámica. Escuchemos entonces el consejo que ya Jesús nos dio hace siglos –¡Vigilad!– y siguen dándolo los sabios de todas las tradiciones: manteneos atentos, despertad, sed conscientes.

A lo mejor creemos que ser conscientes y estar atentos consiste en enterarnos de todo lo que sucede alrededor. Pero eso equivale a seguir dormido. Vigilar consiste en saber lo que pasa por nuestra mente, eso es estar consciente, eso es darse cuenta. Seguramente ya habremos notado –pero hemos de ir constatándolo más y más– que conforme vamos descubriendo la Verdad, nuestra vida también se va iluminando. Hay más libertad que no es libertad para hacer cosas, es Libertad de ser, que es infinitamente más profunda, no se puede comparar: la libertad de la actuación exterior no es libertad en absoluto porque crees que gozas de libertad para hacer algo cuando esas mismas cosas te esclavizan.

Libertad es ser lo que somos, una sinceridad interior que luego se expresará de la manera adecuada. Ya no estoy interesado, interesada, en cómo se exprese. Lo prioritario es sólo mantenerme libre, que desde la Verdad se abra el camino al infinito. No me preocupo por las consecuencias, éstas van a venir solas. Porque si –tal como suele hacerse– me centro en mejorar los efectos y controlar lo que va sucediendo en mi vida, entonces no estoy dedicando este tiempo existencial que se me ha dado para abrirme a lo Real y contemplarlo. En vez de eso, vivo pendiente de lo que acontece en este espectáculo exterior, de lo que pasa a través de mentes dormidas.

A aquellos que tenemos una demanda de realización interior, en esta vida se nos plantean básicamente dos posibilidades. Una de ellas es equivocada y la otra verdadera. La que parece más atractiva, la inmediata que gana más partidarios, es la equivocada: perfeccionar mi vida, arreglar esto, mejorar lo otro, enterarme de aquello, hacer miles de cosas con mi situación, moverme de aquí para allá, ir de un sitio a otro en mi búsqueda externa. Ésa es la posibilidad errónea que se nos ofrece. Y como todos sabemos, hay muchísimo movimiento en este sentido. Cada vez van surgiendo más posibilidades, más tendencias para liberarse, más anuncios de que vas a conseguirlo todo si practicas un ejercicio, si te tomas tal pócima o si asistes habitualmente a cierto tipo de ceremonias o reuniones.

Hemos de mirarlo bien, lo cual no significa que no podamos recorrer ese camino. Siempre vamos a actuar de acuerdo a nuestra comprensión. Si nos parece que algo puede solucionar nuestro problema o nuestra vida, lo intentaremos. Sería una tontería aconsejar que no obremos así. Ya se sabe que cada ser humano actúa según su visión. Hagamos entonces todo lo que nos parezca adecuado. Y sepamos al actuar de esta manera que aquello lo está haciendo la persona para mejorar o arreglar su ilusoria vida. Lo sabremos si investigamos, si estamos vigilando a ver para quién hago esto. ¿Yo soy esto? Vigilemos, investiguemos –como estamos haciendo ahora juntos– en cada uno de nosotros también cuando nos encontremos en el lugar donde la Vida inteligente nos haya colocado, siempre adecuadamente.

Sigamos investigando sin fatigarnos para que nos acompañe la paz. Entonces recorreremos la otra vía, la vía directa de contemplar la Verdad que es vía liberadora. Nunca podré ser libre y feliz debido a mi astucia ni como consecuencia de estar mejor informado que otros o practicando regularmente ciertos ejercicios. No es así como el «yo» astuto se derrumba; será necesario soltar la aparente pertenencia a él. De hecho no existe, tan sólo existe como pensamiento.

Tomemos la vía directa, descubramos cómo funciona la mente para que la Verdad pueda iluminar nuestro vivir. Y esto, efectivamente, no nos prohíbe hacer nada. Podemos acometer todo lo que se nos ocurra y de hecho así lo haremos según nuestra comprensión. Esta vía tampoco nos obliga a hacer algo obligatoriamente puesto que hemos de actuar de acuerdo a nuestra propia visión. No sería verdadero de no ser así. Aquí no tenemos ni prohibiciones ni imposiciones. Eso es nuevo ya que habitualmente creemos que la vida siempre está cargada de normas –debería actuar así, no debería comportarme así–. En este camino, sin embargo, puedo hacer cualquier cosa y no tengo que hacer nada en particular. Ahora que si soy inteligente, si amo la verdad por encima de todo, vigilaré lo que está pasando, estaré atenta, atento, para no sumergirme en un sueño proyectado por la mente pensante.

Avanzar por un camino sin fin

Vivir con más atención

Cuando se vislumbra el camino directo, cuando se tiene una evidencia de que la Realidad nos espera, resulta inevitable enamorarnos de esa verdad. No se puede dejar de presentir la sagrada senda que lo incluye todo en la Luz.

Sin embargo, no basta con enamorarse del camino; en la existencia diaria se presentarán momentos de desánimo, de incomprensión y de dudas en los que se pensará: este planteamiento no tiene cabida en mi vida cotidiana; si tengo que vivir aquí, ¿cómo voy a poder abrirme a la lucidez? De modo que después de que algo de nosotros –por cierto, lo más auténtico, lo mejor de cada uno–, se ha enamorado de Aquello, aparecen lugares en el psiquismo que insinúan: desapegarse de todo, ¿acaso hay alguien alrededor que lo lleve a cabo? Asoman las dudas de si esto es o no posible. Sé que esto sucede casi en el cien por cien de los casos: en algún momento hay desánimo, ya no quiero seguir tratando de mantenerme consciente, me distraigo y digo: «Bueno, la vida es así, ¡qué voy a hacer!».

Investiguemos sobre las aparentes barreras que interfieren en el camino. Para ello, hemos de tener en cuenta que la mente siempre acostumbra mirar lo último que imagina –sabiduría total, completa iluminación en el discernimiento o desapego absoluto– como un concepto. Por eso, en comparación con la limitada percepción de esos momentos puntuales, vemos la lucidez como algo muy lejano. En aquellas ocasiones de nuestra vida en las que surja la duda acerca de la inaccesible iluminación, recordemos que cualquier paso en esta dirección ya resulta extraordinario y perfecto con relación a lo anterior. Es suficiente con vivir de instante en instante, dándonos cuenta un poco más, despertando algo más, comprendiendo mejor. Y algo se irá instalando ahí de la lucidez que soy más allá de la aparente secuencia temporal. Necesariamente va a suceder porque cuando se pone en marcha la contemplación, no conoce freno. El pensamiento que afirma «no estoy iluminado» acierta, aunque no deberíamos olvidar que nuestro verdadero Ser no se reconoce en esa oscura situación.

La iluminación total es una idea en la mente. Lo que sí puedo saber es cuál es la situación en la que se encuentra mi mente en este momento; y con eso me corresponde vivir y estar presente a ello. Tal vez ya me he dado cuenta de que la impronta en la que se halla mi mente es mecánica, condicionada y depende de diversos factores como pueden ser mis experiencias pasadas o lo que me dicen otros. Se trata de una posición que podría ser transformada aquí y ahora; en un momento dado podría entrar algo de luz ahí que trasmutara la «realidad» en Realidad. Puede ocurrir en cada instante.

No tiene ningún sentido el que me proponga una meta lejana o el que me imagine que se trata de un logro remoto, no adecuado para mis circunstancias personales. El tipo de vida que yo lleve no tiene nada que ver con mantenerme despierto en ella: da igual la profesión que ejerza, no importa la edad que tenga o las condiciones ambientales, ni siquiera la salud física –aunque hay que tener cuidado con la salud, porque un buen fundamento de energía vital facilita la atención–, ya que ninguna de las situaciones aparentes en las que me encuentro son relevantes en este camino sin meta.

¿Qué sucede? Las condiciones podrían ser pésimas, por ejemplo en mi familia hay problemas por todos los lados, en el trabajo encuentro conflictos, no tengo empleo, el que tengo me agobia, estoy desarrollando una labor que no me gusta realizar, no puedo llegar a los objetivos que me había propuesto. Y el hecho de que todos esos factores estén incidiendo en desorganizar las energías repercute en la salud; cuando las relaciones familiares son problemáticas, cuando incluso estoy callando las emociones para que nadie se enfade o cuando en el trabajo estoy haciendo las tareas de cualquier manera para salir del paso, ahí estoy creando un cúmulo de tensiones aparentemente invisibles que tarde o temprano salen a flote somatizadas. Todas esas presiones psicológicas ocasionadas por el mal funcionamiento de la mente, las desplazo al cuerpo físico; es como una bolsa de basura que se llena hasta estallar. Luego, nos sorprendemos cuando de repente explota y decimos: «Ya no puedo contemplar porque, mira, ahora no estoy bien de salud». Pero quizá se ha llegado a esa situación por no estar vigilante, por no comprender lo que está pasando, por estar dormida o atolondrado, quizá, y las posibilidades de que algo se desarmonice son múltiples mientras la armonía es reflejo de lo Uno ajeno a todas ellas.

Entonces hay que echar marcha atrás, no servirá excusarse: «No, en estas condiciones no puedo hacer nada; antes quiero curarme». Veamos cómo hemos llegado a algunos extremos patológicos –no comer suficiente o comer demasiado por ejemplo– por algún motivo psicológico, causado por alguna idea equivocada. De nada sirve buscar alguna especie de cura mágica, sin investigar la causa: el verdadero origen fue mi inatención. Por mucho que recurra a un remedio externo u otro, aunque parezca que puntualmente estoy algo mejor, antes o después vendrá una recaída, máxime si pruebo con la química dura, alguna droga que deja el organismo deteriorado. Todo será inútil si no asumo la responsabilidad de mi inatención.

Cuando no estoy internamente atento debo comprender que todo lo demás que interpreto como frenos o barreras en mi vida son únicamente llamadas de atención. Y cuando vea un problema fuera, no debería asustarme. Probablemente cuando estaba, por ejemplo, comiendo pensaba que lo importante era la satisfacción sensorial gustativa, y no importaba que tuviera unos ingredientes u otros. Así, inevitablemente aparecerá la lección del malestar, me asusto y de inmediato quiero huir de lo desagradable buscando remedios en paliativos externos, aunque sospecho que puede ser la consecuencia de un error. Lo inteligente no es salir del malestar, de lo que tengo que escapar rápidamente es de mi actitud inconsciente. Despierto, despierta, me daré cuenta de cuál es la alimentación más adecuada para mí; no la de todos, ni tampoco la que aprendo en las teorías de actualidad. Estar un poco más lúcido, más despierto es posible; ponerse una meta a plazo fijo para despertar al estado búdico o crístico es mera fantasía.

El planteamiento no consiste en separar por un lado la iluminación y por otro mi vida. La propia vida me está mostrando todo lo que me falta por ver, me equivoco si lo que quiero es resolver los problemas que los errores han ocasionado. Hemos mencionado el tema de la alimentación, pero podrían exponerse miles de ejemplos. Igual sucede con lo psicológico, con las relaciones entre personas: no estoy atenta o atento a lo que sucede, no me doy cuenta de por qué esa persona ha dicho algo, no me percato de qué está pasando. No nos enteramos de por qué de repente surge agresividad y, por ejemplo, quiero matar a mi pareja –se están dando casos de personas que no solamente lo piensan, sino que incluso llegan a la acción–. La causa es que ha habido una inatención total a lo que estaba surgiendo ahí, a las necesidades insatisfechas, a las faltas de respeto y demás. Completa inatención acumulada una encima de la otra hasta que llega un momento en que, por ejemplo, aquella mujer o aquel hombre resulta insoportable para mí –por todo lo que le he malinterpretado; y viceversa, claro– y ya no hay solución. Si soy algo racional, me separo, y si no soy racional, la mato o le mato física o psicológicamente.

Este tipo de situaciones están sucediendo entre nosotros. Pero sólo nos asustamos cuando llegan los efectos desconcertantes, hasta entonces seguimos durmiendo sin rechistar. Por supuesto que podemos hacer terapias, retiros o leer múltiples textos; hay miles de opciones para bandear los efectos, para dejar de lado de momento lo que se nos atraviesa en el camino. Sin embargo, si queremos ir al origen –única manera de que nuestra vida sea auténtica–, si queremos sentir la dignidad de ser lo que somos, ya que a veces nos perdemos la inmensa belleza de la vida al mantenernos atolondrados imitando a otros o buscando placer o poder, entonces hemos de armarnos de paciencia y poner atención, sólo serena atención, para detectar los errores de la mente.

Al tomar contacto con la sabiduría, las cosas pueden cambiar; quizá inmediatamente se oyen voces dentro de nuestra mente: «Entonces con esta teoría voy a resolver el problema que tengo». Pero el camino de la sabiduría no se recorre para deshacer problemas, sino que se transita para deshacer la capacidad de crear las dificultades que los crean. ¿Vemos la gran diferencia? Cuando estamos en el sendero de la lucidez, de la comprensión, cuando intentamos darnos cuenta de lo que está ahí, momento a momento, cada vez más, lo que sobreviene no es una varita mágica para resolver conflictos: esto está mal, le doy un toque y se convierte en bien, aunque eso es lo que la humanidad suele buscar y se equivoca. Lo que ocurre al despertar es que voy situándome en aquel lugar de la consciencia donde ya no se propagan los problemas como en tierra descuidada las malas hierbas. Es muy distinto.

Serena vida sencilla

Empezará a fluir mi vida de manera más natural, más sencilla, más verdadera cuando no me adapte a una ideología, a una institución religiosa, a una filosofía, una época o una sociedad. Seré rebelde porque sólo encontraré la Verdad ahondando en esa profunda caverna desconocida, el ámbito infinito de la consciencia, y lo haré sumergiéndome en mi interior. En un principio parecerá que todo está en tinieblas, pero es necesario seguir penetrando hasta que se vaya abriendo paso la Luz. Cuanta más Luz, más oscuridad parece a los ojos que están tomando las sombras como si fueran realidades. Sin embargo, poco a poco esa mirada se va purificando permitiendo vislumbrar lo Real a través de las apariencias, y así el caer dependiente de objetos y personas –sombras– ya no se presenta.

En esta época en la que disponemos de cuantiosa información y en la que existe un elevado número de población, podemos darnos cuenta hasta dónde puede llegar el problema de las dependencias. Ponemos nombre al error –«dependencia»– como si de una enfermedad se tratara; de ese modo creamos un enemigo más en la vida. Pero aquella tendencia distorsionada en realidad no es algo con entidad propia, simplemente se trata de la actitud errónea que tenemos ante los deseos: nos esclavizan porque no vivimos despiertos. Desconocemos de dónde proviene el deseo y lo que es; no distinguimos cuando se trata de una energía natural en ciertos niveles superficiales –físicos y emocionales–, como cuando nos agrada pasear por la naturaleza, contemplar cosas bellas, escuchar música o conversar con amigos. Ciertamente, en todos nosotros hay deseos naturales, se trata de necesidades que pertenecen a los vehículos físicos, emocionales o mentales y que no están desproporcionados; si se limitan a su lugar, no nos esclavizan. Pero esas «necesidades» son de un talante tal que no nos apremian y no sentimos necesitarlas. Con sencilla armonía aparecen y desaparecen en nuestro caminar por la vida. Nadie las reclama, pero se viven con alegría. No es el caso de los llamados «apegos».

¿Cuándo están esos «deseos» en el lugar que les corresponde? Cuando mi identidad se sitúa en su sitio. Si permanece atrapada por las sensaciones, busco el placer sensorial, y puesto que éste nunca puede llenarme completamente, siempre querré más y más satisfacciones sensoriales. Incluso podría llegar a deteriorar el instrumento, enfermar y continuar preso del deseo. Lo mismo sucede en el terreno afectivo; si mi identidad está reducida a los sentimientos, perseguiré cierta excitación emocional y haré todo lo posible para conseguir que las personas dependan de mí y yo, de ellas, tendré que estar constantemente con «gente» a mi lado.

Sin embargo, cuando mi identidad se sitúa en un lugar sereno y lúcido, dándome cuenta de lo que ocurre, los instrumentos siguen presentando sus reclamaciones –es la hora de comer, este vestido me gusta, preferiría tener un coche nuevo–, en los niveles fenoménicos siguen presentándose los deseos desde fuera, pero mi identidad ya no está ahí y por lo tanto no me esclavizo a hacer eso y lo otro ni deterioro mi organismo o caigo en dependencias hasta darme cuenta de que me estoy encerrado en una cárcel.

Por querer ser libre en la dirección equivocada –volcado al exterior–, me he esclavizado. Cuando, por encima de todo, quiero estar cómodo, cómoda, si no cejo en mi empeño, acabo irónicamente viviendo de una manera muy incómoda, pierdo el patrón sencillo de mi adecuado «estar en el mundo». Intentando no perderme ninguna experiencia, ninguna sensación agradable conocida, termino deteriorando mi existencia natural. Por ejemplo: deseando ser amado, siento que nadie me quiere; justo lo contrario a mis vanas pretensiones. Como no estoy bien centrado en el interior, habitualmente me encuentro en ese lugar alienado, en la zona del pensamiento-emoción en donde cualquier apariencia me ciega, cualquier situación me arrastra, cualquier astuta consigna de propaganda me atrapa.

La causa de dichas agresiones a la natural vida sencilla es que las personas están realmente vacías –no lo digo en un sentido metafórico, sino literal–: ahí no está presente nadie, ahí no hay vigilancia alguna y por lo tanto, en términos generales, no brilla la dignidad de ser. Dignidad significa respeto a las formas manifestadas –personas, seres vivientes o aparentemente inertes–, más lejos de lo que tradicionalmente se ha entendido por moral. Por tanto, cuando no hay nadie ahí, esa morada –forma personal– está abandonada y resulta normal que empiece a tener goteras, que todo se llene de polvo, que se estropeen las cañerías y nadie las arregle. Y cuantos más problemas aparezcan, más quejas y más angustia se generará, más querrán evadirse los aparentes habitantes. ¡Pero si es que ahí no vive nadie! Ahí no hay nada más que unas energías en movimiento que ni se sabe de dónde vienen. No hay atención, no hay vigilancia, por eso la conducta no es digna, no es luminosa, no es.

El problema no consiste en el hecho de que alguien padezca una enfermedad o que sufra estrés, la cuestión es ver por qué se ha llegado a tal situación: ésa es la investigación que nos incumbe. Normalmente nos preocupamos: a ver qué enfermedad padezco, a ver cómo se resuelve este desequilibrio, pero sería más sabio investigar cómo he llegado hasta ahí, para poder así desandar el camino, ¿qué ha desembocado en estrés? y no ¿cómo se quita el estrés: con pastillas, ejercicios, meditación incluso o lo que sea? Encontremos el camino de vuelta. ¿Qué pasos he ido dando inconscientemente para, ahora que he tomado consciencia de a dónde me han llevado, empezar a dar pasos más conscientes? El camino de ida hasta una situación insostenible ha sido inconsciente; el camino opuesto tiene por tanto que ser consciente, tengo que darme cuenta de lo que ha ido acumulando mi mente para, soltándolo, poder regresar a mi Ser. Lo mismo que ocurre a mi persona está sucediendo en la sociedad, en la cultura actual, en el mundo que estamos creando.

Muchas veces creemos que se trata de darme cuenta de lo que ocurre fuera, como si fuésemos cronistas que registran lo que está sucediendo desde la percepción estrecha que nos caracteriza. No obstante, la misión del ser humano no consiste en ser una especie de periodista y constatar lo que pasa alrededor. El ser consciente empieza por encender una luz en la mente y ver lo que está ocurriendo ahí, porque de lo que pase en mi mente dependerá lo que suceda fuera. Aunque habitualmente lo estoy viendo al revés: sin darme cuenta interpreto que todo lo que pasa en el exterior es el origen de mi mal o bienestar. No es así, tengo que mirarlo con sumo cuidado, mantener esa luz encendida en la mente hasta que me dé cuenta de qué concesiones estoy haciendo a lo falso. Al final, todos los extravíos se reducen a percibir lo aparente como real.

La vida a la luz del discernimiento

¿Puedo distinguir lo verdadero de lo falso? ¿Me dejo llevar de las apariencias porque no me he dado cuenta de que son falsas? El discernimiento es una capacidad natural que debería estar manifiesta en el ser humano, pero ha sido tapada. La capacidad de diferenciar lo que es verdadero entre las falsas imitaciones es tan natural como darse cuenta de si el cuerpo tiene sueño o hambre; si la mente estuviera en el lugar de equilibrio –donde debe estar, recibiendo la Inteligencia de su origen y no volcada completamente hacia las formas exteriores–, distinguiría la verdad de la falsedad. Pero como ya nos hemos habituado a la posición de vivir alienados mirando hacia lo que el pensamiento proyecta fuera, dándole realidad, creemos que no existe esa innata capacidad de contemplar la Verdad. De modo que tenemos que buscar donde creemos que está la realidad a ver si hay alguien que nos diga cómo actuar en cada situación concreta. Nos dedicamos a perseguir las fugaces apariencias externas para ver qué tipo de relaciones, de situaciones, nos convienen.

Estemos seguros de que la Luz del discernimiento está siempre ahí. No lo olvidemos ni dudemos de ello. Esa Luz ha sido tapada por actitudes inconscientes, por inatención, por actitudes emocionales al escondernos tras un deseo o un miedo. Por eso, poco a poco, se va ocultando esa capacidad con la que debe venir todo ser humano al mundo. No se manifiesta el ser humano acompañado de su luz, de la Luz que es. Aclaremos que no se trata de que un ser humano esté compuesto de cuerpo, emociones y además posea una lucecita. Así es como se ve cuando ya estamos perdidos en las tinieblas exteriores «una luz que brilla en las tinieblas», aunque hay quien ni siquiera la ve. La verdad es precisamente lo opuesto: somos esa Luz y estamos acompañados de unos instrumentos psicofísicos –hechos también de luz porque no hay otra sustancia en la Realidad–, pero con distintos matices, densidades o envolturas de aparentes tinieblas.

Somos la Luz recubierta de ciertas formas que a su vez son reflejos de esa misma Luz. Pero cuando miramos los reflejos no los captamos como dibujos de la Luz, no los estamos reconociendo como lo que son, les damos una vida separada, considerándolos realidades independientes y enfrentadas. Sin embargo, no existen tales realidades independientes: la Realidad es Una e indivisible, no se puede hacer fragmentos con ella cuando se es la Realidad. No obstante, si se interpreta a través de un instrumento mental, aparece diversificada. Pues bien, los reflejos múltiples nos hipnotizan, consideramos que esos efímeros dibujos son la realidad. En nuestra interpretación, los vemos ya como si fueran la realidad misma. Ahí empiezan las distorsiones, la cadena de desatinos con la que nos atamos, la ceguera con la que nos aislamos: el ver como realidad los opuestos, los últimos reflejos, lo que no es más que efímeras sombras de Aquello. Consecuentemente, toda nuestra vida está montada del revés, y así como un guante dado la vuelta ya no entra bien en la mano, la posición que ocupamos en el mundo no encaja en nuestra identidad.

Si la existencia se presenta así, del revés, hay que volverla del derecho con mucha paciencia. La paciente tarea consiste en volver a encontrar esa Luz que está en nosotros tal como lo estamos mirando ahora mismo. Veamos desde dónde recibo la inspiración de esa luminosidad. Más adelante, cuando ese brillo nos acompañe siempre, nos iremos dando cuenta, poco a poco, de que Aquello es lo que verdaderamente somos y no las apariencias de las formas que caen en el tiempo, se pierden en lo temporal y desaparecerán como si se sumieran en un abismo. Las formas que dependen de la temporalidad son meros reflejos, no la realidad que somos.

Lo Real no puede aparecer y desaparecer; es lo sagrado, es lo divino. ¿Cómo podría tener esa falta de dignidad al presentarse y luego desaparecer? Metafísicamente hablando, eso no tiene ningún sentido. Lo Real es lo que Es; y lo que Es, no depende de la percepción que en el tiempo se encoge y desfigura. La dimensión temporal se añade sólo al mirar desde la mente humana. Cuando se intuye la realidad metafísica –es decir, encontrándonos más allá de lo físico y lo psíquico–, notamos que lo que vive en el tiempo no es real, se dispersa reflejado en el estrecho recinto de la mente individual.

Lo aquí expuesto puede parecer una teoría extraña, aunque es algo que podemos comprobar por nosotros mismos si vamos colocando la mente de manera contemplativa. Con la mente centrada, todo lo que interpretábamos con anterioridad lo vemos ya como meras conjeturas: extrañas teorías que nos hipnotizan, pensamientos que producen miedo y angustia.

De repente acumulo cosas y luego las pierdo, primero me quieren y después ya ni me aprecian, al principio soy joven y tengo fuerza o belleza y más tarde soy anciano, anciana, y no dispongo de energía, ni atractivo ni salud, de pronto es inminente que abandono el cuerpo; todos esos cambios son sorprendentes y angustiosos para una mente que está viendo la vida al revés, volcada en las formas. El hecho de que sean numerosas las mentes que se sitúen ahí, por supuesto, no significa que estén en la verdad. Aunque muchas mentes se encuentren confundidas, el que haya una mayoría en el error ni justifica el extravío ni lo hace más veraz.

Una vez que hemos tomado contacto internamente con el conocimiento de sabiduría —el cual no se asemeja a los demás conocimientos de información que se acumulan en la memoria para repetirlos al establecer con ellos conexiones para obtener ciertos resultados, tal como hacen los ordenadores—, accedemos a otro ámbito: una fuente que está brotando constante, un reencuentro con lo infinito que fluye sin límites. Solíamos ser inconscientes de ello, lo estábamos olvidando.

Cuando tomamos consciencia de Aquello, su luz nos va a acompañar; podemos olvidarlo por momentos, días, horas, años, pero estará siempre allí, es lo que podríamos denominar con propiedad «la voz de la consciencia». En cualquier momento, de repente, me acuerdo: «Estoy dando realidad a lo que no la tiene, me estoy distrayendo, dejándome llevar de impulsos instintivos, de deseos, actuando como estoy acostumbrado, sin darme cuenta, sin vigilar, a oscuras, ¿qué está pasando?». En nuestra vida esto se presentará una y otra vez, es inevitable que así sea en el peregrinaje de la existencia, en ese más o menos lúcido caminar hacia ninguna parte.

Vivir con sabiduría

No se toma contacto con la Verdad sin consecuencias; una vez que se ha conectado con Ella como sabiduría comienza el amanecer de lo eterno, una senda en la que no se acumulan conocimientos, una vía que consiste únicamente en más y más consciencia. De modo que hemos decidido establecer este contacto. Para algunos de nosotros, esa conexión ya es la vida entera porque sabemos que sin ella no tiene sentido la existencia personal, pero otros simplemente hemos establecido un toque puntual con algo verdadero, pero más tarde la mente ha resbalado de allí y no sabemos por dónde ir. No obstante, con ese contacto nos va a acompañar ya una visión nueva. ¿Pero volveré a hacer todo igual?

Observaré si realmente todo es como antes; no puede ser así. A lo mejor nos levantamos por la mañana y hacemos las mismas cosas y es posible que diga la misma frase a la persona con la que me encuentro, ¿se repite lo mismo que el otro día?, tal vez acudimos al trabajo y aparentemente hacemos todo como siempre, pero algo está ahí acompañando los movimientos conocidos, hay una consciencia nueva. De repente, frases que antes oías como naturales no lo son. Cierto tipo de propuestas ya no suenan igual, empiezan a percibirse de otra manera: esto implica falta de atención, aquí hay que tomar una decisión consciente, ¿verdaderamente yo quiero hacer esto?, ¿qué parte de mí quiere obrar así? Quizá la zona despistada, que no ha hecho más que seguir y asumir lo que le han dicho, que se ha dejado llevar de la inercia, que ha permitido ser arrastrada por viejas y apolilladas energías instintivas, ha descontrolado mi paso por el mundo hasta semejarlo al galope de un caballo desbocado.

¿Qué es lo que sucede? Ya no tendré la indecisión de empezar a buscar: ¿qué hago?, ¿por qué me está pasando esto si yo hacía lo mismo que todo el mundo? No hay posibilidad de confusión: cualquier reto con el que me encuentre, cualquier efecto —sea más o menos grave— muestra que tengo que volver sobre mis pasos con mayor consciencia, dándome cuenta del camino que había seguido para desandarlo. Primero he de ver en dónde reside el error. Si para mí «todos los gatos son pardos», no podré hacer nada, pero cuando empiezo a descifrar lo que significa una actitud o un comportamiento inspirado en la Verdad a diferencia de una acción movida por el sueño, por las energías del hábito, entonces ya comienzo a distinguir claramente y despejo espacios por donde entra la luz.

No me entretendré más en cambiar la vida, no planearé. Los cambios están viniendo constantemente, –eso no hay quien lo detenga–, no se trata de que yo modifique nada, la misma vida se encarga de los movimientos siempre inteligentes del acontecer. Lo inteligente se descubre al mirar de una manera consciente, no estar ciego o ciega ante lo que se manifiesta cada día. Y en ese darme cuenta florece una vida nueva, sin intervención de planes mentales, como el reverdecer de la primavera va a surgir un nuevo mundo alrededor que suele tener, en general, las características de ser más sencillo, más creativo, más bello, más libre... Una existencia que presentará peculiaridades distintas en cada ser humano –aunque con ciertas abstracciones generales– y por lo tanto no podrá planificarse con el pensamiento.

El pensamiento es tan astuto que en el momento en que le dicen que hay un camino de iluminación, empieza a diseñar un plan de actuación: veamos qué hacen las personas iluminadas, cómo se comportan, ¿los considerados sabios suelen vivir en la naturaleza? Pues entonces me iré al campo y luego resulta que allí me aburro. No, no es así. Tal vez me proponga conseguir dinero para construir una casa campestre pero cuando por fin llego al ambiente rural el agotamiento no me permite disfrutar del canto de los pájaros ni ver cómo el viento mece las hojas de los árboles. La belleza de la naturaleza sólo se desvela a quien se siente en serena comunión con ella. Y la serenidad siempre acompaña la sencilla claridad de la mente vacía.

No hemos de dejarnos llevar por los imaginarios deseos personales; los deseos pertenecen a esta zona fenoménica y «fenómeno» es todo aquello que aparece en el tiempo, mientras que nuestra identidad está más allá. Las demandas razonables de las personas las va proporcionando la Inteligencia de la vida; no se requieren planes mentales para forzar la situación existencial, aunque hayas creído que tus circunstancias ideales son otras, esas supuestas vidas ideales son imaginarias. La vida real llega desde la inspiración de la Luz y después pasa por la mente vistiéndose con las características de una personalidad específica. Sólo lo hará bien la propia Inteligencia que soy, no lo lograré con el pensamiento. La vida adecuada para mí fluirá de la Inteligencia Total, no necesito pensarla.

Por tanto, no tenemos que cambiar absolutamente nada. Los seres humanos –especialmente los occidentales– tenemos tendencia a enfrascarnos en la acción.

Con cualquier atisbo de idea que descubramos, enseguida nos volcamos a hacer algo. ¡No demos prioridad a lo aparente! Lo importante no es hacer, sino ver; la acción brotará espontánea y será hija de la visión. Ya sé que no nos lo creemos y por eso planificamos: «Puesto que ya he estudiado como lo hacen otros, ahora voy a organizar algo, voy a crear instituciones para cambiar las cosas o para que todo el mundo se entere». Después de investigar con discernimiento sabemos que ése no es el camino de la sabiduría. No obstante, se harán organizaciones con unos fines u otros, muchas serán una ayuda para desengañarnos de las posiciones adquiridas.

El camino de la sabiduría propone que no hay nada que cambiar, todo se hace espontáneamente a partir de nuestra comprensión. Lo cual no significa «voy a cruzarme de brazos»; la vida nunca va a dejarte los brazos cruzados, te los colocará donde tengan que estar. Somos expresión de la Inteligencia profunda: nuestros niveles humanos físicos, afectivos, mentales son expresión de la Inteligencia Total. No hay que partir de lo que haya interpretado desde una visión limitada. Si ha habido intuiciones, el pensamiento tiende a recoger algunas migajas de Aquello, malentendidas, malinterpretadas, y con eso quiere realizar grandes hazañas. Así es como se despilfarra la energía vital que nos ha sido dada: esa energía que malgastamos podría ser una ayuda para mantenernos despiertos.

Debemos poner la energía vital al servicio de la Verdad que hemos descubierto, al servicio de la sabiduría, de lo real y no de las ilusiones. Cuando lo hacemos así, nuestra potencialidad no se queda ahí acobardada, encogida, sino que se expande porque ya no se está utilizando de una manera egocentrada que deteriora las formas y el instrumento psicofísico. Y esa energía vital expandida es una buena base para la mente contemplativa, para mantenerse despierto. Sepamos por tanto que nunca llegaremos a agotar las reservas de energía; físicamente podré cansarme si hago más de lo que me corresponde por mi situación, pero en armonía con el plan divino, desde la inspiración de lo Real, no llegaré al agotamiento, sino a la paz.

La acción no es lo más real, como solemos creer. Y si repito lo que otros hacen, aunque sean buenas obras, estoy durmiendo. Lo que cuenta es no perderme la inspiración, no dejar que se apague la Luz en mi interior. Y cuando esté atento a eso con toda mi energía vital, veré que ya no necesito planear qué he de hacer –cosa sorprendente–, porque habitualmente estamos planeando la acción. Pero si no estoy atento, si en algún momento me planteo: tengo dudas, no sé dónde ir en esta coyuntura de mi vida, ¿voy por aquí o por allá?, lo mejor es no seguir consejos ni sopesar los pros y los contras; lo acertado es hacer un alto en el camino. Detener la rueda del pensamiento y permitir así que la consciencia aflore, porque cuando hay suficiente lucidez, la conducta brota espontánea y es la adecuada, tal y como puedo constatar.

Si ante todo busco hacer las cosas bien, ¿cómo voy a conseguirlo cuando parto de una mente mal situada? Fundamentado como estoy en creencias erróneas, quiero hacer todo bien. ¡Qué decisión sin sentido! Sabemos que la conducta expresa cómo está situada la mente. Así por ejemplo, ¿cómo pretendo disfrutar de una existencia inteligente si estoy movido por emociones? Si vivo a merced de los vaivenes afectivos necesariamente viviré atolondrada, aturdido: habrá contradicciones, incoherencias por doquier, falta de integridad.

A veces no queremos salir de nuestras emociones, algunos seres humanos están tan atrapados en lo sentimental que les parece que ellos mismos son esas energías: «Yo soy mis emociones, ¿cómo me van a quitar la afectividad?» Entonces me quedo sin nada que me defina. En ocasiones he oído que alguien alegaba: «¡Pero en este camino se pierden hasta las emociones! ¡Eso ya es perder la identidad!» A pesar de estar identificado con mi mundo emocional –que obviamente es cambiante, viene de aquí y de allá y ni se sabe por dónde anda–, no obstante pretendo hacer todo bien: llevar una existencia armónica, ayudar a los demás, que la vida sea perfecta…, algo imposible puesto que no estoy en conexión con la fuente. Si una lámpara no está enchufada, por mucho que la manipule, no va a alumbrar; se me ha olvidado lo esencial: introducir el enchufe para conectarla con la red eléctrica. Está bien que la lámpara se encuentre preparada, en buenas condiciones para funcionar, pero mientras no me dé cuenta de que lo esencial es conectarla a la electricidad, puedo pasarme toda la vida arreglando la lámpara: tratando de mejorar, procurando ser más comprensivo, más amable. Antes que nada he de tocar la sabiduría. Sabiduría es escuchar la melodía de la Vida Única, siempre inteligente; al escucharla, contemplarla, y contemplándola, serla.

Caminar en contemplación

Después de esta investigación que compartimos, vemos cuán importante es vivir despierto. Despertar no es algo espectacular y lejano. Despertar es tan sencillo como darme cuenta. Es estar presente cuando haya una emoción, cuando aparezca un sufrimiento en las relaciones humanas, estar ahí cuando sienta un dolor físico o psicológico, cuando crezca un apego, cuando empuje un deseo: ahí está la distorsión pero aquí estoy presente. Y veremos lo que sucede cuando empiezo a vivenciarlo. He de intentarlo una y otra vez, hasta que aprenda a estar consciente sin dar vueltas a la cabeza, sin pensar, sin agobiarme por la situación representada en el escenario de la existencia. Iré poco a poco, hasta aprender, y llegará un momento en que se revelará una acción transformadora que se producirá sólo con mi presencia consciente. Una revolución imperceptible ya se está poniendo en marcha. No la planeo, no la fabrico ni la pienso; surge. El camino es siempre creativo y el asombro es mi compañero en la aventura.

La revolución en la consciencia lúcida es gozosa, una felicidad desconocida hasta entonces; suelo llamarla plenitud para no confundirla con la felicidad que aplicamos a placeres sensoriales o a satisfacciones afectivas. Cuando probamos la plenitud llamada antes bienaventuranza ya no nos conformamos con las gratificaciones momentáneas y pasajeras de los vehículos psicofísicos, satisfacciones excitantes que se repiten hasta aburrir. Cuando saboreo esa plenitud creativa, nueva en cada instante, descubro que ésa es mi verdadera naturaleza, ¿qué más buscaré? Es así como los deseos ya no me esclavizarán y no necesitaré reprimirlos ni buscar alguna teoría para reivindicarlos.

Realmente la angustia existencial en la que solemos vivir, la sed que se expresa en miedo, en ambición y en toda clase de búsquedas, la insatisfacción constante, tiene su origen precisamente aquí: no conectamos con la plenitud de nuestro verdadero Ser. Y ese estado de plenitud que incluye gran libertad, serenidad, claridad y amor puro…, ese estado no se puede alcanzar mediante fórmulas, métodos astutos de la mente pensante. Es necesario trascender la mirada mental conocida, imprescindible ser conscientes de nuestro caminar en contemplación. Como nos hemos engañado tanto, tendremos que ir paso a paso, siendo cada momento un poco más conscientes. Éste es el camino de la sabiduría, el único inteligente. Un paisaje ilimitado, y por ende misterioso, que sólo descubrimos al adentrarnos en su belleza desconocida.

La puerta a la Verdad desconocida

El misterio ✳

Tratamos constantemente con lo conocido. Pero lo conocido es lo interpretado, lo que ha sido creado por la mente. Pensando, interpretando sensaciones y emociones, analizándolas, colocándolas en un lugar o en otro, hemos ido configurando la realidad conocida.

Y aunque esta supuesta realidad no responde a nuestro anhelo de Ser, nos cuesta mucho trabajo hacernos a la idea de que tenemos que prescindir de lo que hemos considerado siempre la realidad y abrirnos a algo desconocido. Evadimos aceptar lo que no se encuentra en nuestra memoria ancestral. Para descubrir la Verdad no va a valernos nada de lo que ya está interpretado, no podemos mantener ningún tesoro que, inconscientes, hemos estado protegiendo entre lo conocido. La apertura a lo desconocido ha de ser total si nuestro encuentro con la Verdad ✳ es lo que nuestro Ser íntimo, nuestro espíritu, nos reclama.

Al investigar sobre lo verdadero, lo primordial es el reconocimiento de que nada es como parece ser, mientras estamos viviendo una realidad inventada. Sin eso no hay nada real en el ser humano, lo pensemos como lo pensemos. Ni siquiera el pensador mismo es real. Muchas veces, somos capaces de llegar a aceptar que la realidad es ilusoria, intuimos algo, pero interpretamos que se trata de algo falso para la persona, pero la persona puede llegar a otra realidad más verdadera. A la persona no le satisface esta realidad, porque es ilusoria, y buscará otra mejor. No es así.

Veamos que el misterio reside en la raíz misma de nuestra interpretación. La persona ya forma parte de la ilusión. Esto nos desarma, y quedamos desnudos ante lo desconocido. No se trata de que algo o alguien me esté engañando y en un momento dado lo descubra. No; eso que considero ser (la persona engañada), también forma parte del engaño. Cuando lo vemos de esta manera ya no tenemos por donde abordar lo conocido. No hay nada que salvar del naufragio de la interpretación que hemos hecho con el pensamiento, no hay nada que conservar. Y es entonces cuando tenemos que jugárnoslo todo por amor a la Verdad. Lo que parece nada es todo y lo que parece todo es nada. De modo que con gran penetración de lucidez hemos de arriesgar lo conocido. Por supuesto que ya sabemos cuán difícil nos resulta, sin duda porque el amor a la Verdad todavía no es total y porque desconfiamos de que aquella Verdad desconocida incluya todo y queremos quedarnos con algo, por si acaso nos falla. La confianza en la Inteligencia sagrada –que incluye la totalidad– ha de ser también total.

Queremos mantener algo que nos proporcione cierta seguridad. Hay quienes dicen que lo único que mantienen ya son sus relaciones familiares, y para otras personas queda, al menos, la pareja o se afianzan en su profesión porque ahí es donde los valoran. ¿Estamos diciendo que hemos de dejar de hacer lo que hacemos? Eso no tiene importancia, sería muy fácil. Las personas que lo entienden mal están haciendo un simulacro al llevar a cabo sacrificios y abandonar la familia o el trabajo o al irse a vivir con plena austeridad. Están jugando a que se están abriendo a la realidad para llegar a ser espirituales. Pero sólo seremos espirituales viviendo lo que se presente en cada momento de la existencia desde el Espíritu. Lo que tan heroico nos parece –cambiar de vida y prescindir del dinero, la familia, etc.– resulta pueril a los ojos de la Verdad. El desapego es más profundo. Al fin y al cabo la persona obra así para convertirse en alguien con virtudes excepcionales. Mientras lo que importa al despertar de la ilusión de lo conocido es deshacer esa persona, no hacerla virtuosa o heroica, para lo cual no hay que buscar ningún tipo de vida en concreto o indagar en cuál es el tipo de vida ejemplar que ha llevado algún ser humano para imitarlo, no consiste en poner la atención en qué hacía tal maestro espiritual, cómo se comporta un monje y repetirlo igual. Eso se queda en lo conocido: un sueño virtuoso, un sueño religioso o un sueño de héroe. Un sueño, al fin y al cabo.

Cuando proclamo que voy a dedicar mi vida a ayudar a la humanidad, que no me importa nada más que conseguir que los otros vivan mejor o dispongan de más alimentos, ese gesto solo es positivo porque mejora el sueño. Reconozcamos que está bien mejorar el sueño, no se puede decir que esté mal; es preferible ayudar a que el sueño sea bueno que contribuir a que sea malo. Un terrorista fomenta que el sueño sea horroroso mientras que alguien que trabaja para los demás ayuda a que el sueño sea mejor. Sin embargo, esos valores relativos todavía forman parte de lo conocido antes de despertar. No lo olvidemos si es que somos aspirantes a descubrir la Verdad absoluta. Si esto nos asusta y creemos que es demasiado difícil, podemos dar media vuelta y seguir tratando de mejorar lo que vemos, pero sepamos que lo mantendremos «por un tiempo», que será relativo.

Si continúa la insatisfacción interior, si persiste una llamada interior a algo más allá de la moral aprendida y recordada, deberíamos escuchar esa voz. La respuesta que demos a esa invitación interior será la llave para abrir la puerta a lo desconocido. Una llave que no se puede fabricar con metal alguno conocido, no hay fórmulas experimentadas ni astucia para conseguirla, no la descubren los eruditos, los que indagan en el pasado y leen manuscritos antiguos ni los que exploran una isla perdida con un cofre lleno de moho, no es ése el tipo de aventuras que habremos de recorrer para hallar esa misteriosa clave.

¿Dónde se encuentra la llave?

La respuesta de cada ser humano a esa llamada de lo desconocido es única y se crea en el instante presente. Aparentemente estamos investigando varios seres humanos a la vez. A simple vista, aquí hay un grupo de personas investigando, incluso podemos contar sus integrantes, por supuesto; las apariencias siempre se pueden enumerar, medir, analizar y clasificar. Las personas se pueden comparar y emprender sobre ellas toda clase de estudios sin salir de lo aparente. No obstante, la verdad es que cada ser humano está realizando su propia investigación y se encuentra en una búsqueda diferente para encontrar su llave única. Debido a que no existe la misma experiencia para todos, la aventura resulta muy interesante y creativa, aunque en absoluto responde a la costumbre actual de las estadísticas, de lo que se hace en grupo, de lo que vale para todos. Con lo cual, es fácil darse cuenta de que la actitud de seguir a otro además de no resultar útil, supone un sinsentido.

Mi existir no reconoce modelos de existencia. Por otra parte, ¿a quién voy a imitar? No hay nadie, lo único que hay es lo verdadero y lo único real. Aquél al que sigo lo estoy interpretando, no es real, es un mero dibujo en el tiempo, una apariencia transitoria de Aquello desconocido o quizá un altavoz para que aquella Verdad se escuche. Sin embargo, Jesús proclamó: «Yo soy la Verdad», y lo dijo con verdad. Pero la interpretación que hemos hecho de sus palabras es nefasta, porque él no se refería a su persona. ¿Qué soy realmente? Debo buscar la Verdad que soy. La Verdad la soy, no me viene de fuera, aquello que dijo Jesús es cierto, pero si digo: «Jesús es la Verdad», entonces trato de seguir a Jesús, ya no estoy diciendo lo mismo que dijo, por lo que no estoy realizando un acto de autenticidad. Diré como él: «Soy la Verdad», cuando descubra que es lo que soy.

Un acto de seguimiento es un acto de inautenticidad. Se podría decir lo mismo de cualquier otro Maestro, aquí hemos mencionado a Jesús porque precisamente dijo: «Yo soy el Camino, la Verdad y la Vida». También el Buda afirmó que no se encuentra la Verdad ni en las sagradas escrituras, ni en las religiones, ni en los maestros ni en nada externo, sólo en nosotros mismos, y animaba a que en esa aventura fuéramos una luz para nosotros mismos. Muchos proyectan ese anhelo de encontrar la llave hacia lo desconocido sagrado en una forma humana externa y adoran una persona como si fuera lo sagrado. Los seres humanos practicamos muchas maneras de equivocarnos y sólo hay una de acertar: el encontrar la llave desconocida para abrir aquella puerta única.

En todos los caminos equivocados –cuando seguimos algo de fuera o adoramos algún reflejo de ese anhelo interior–, siempre hay ciertas satisfacciones. Tanto peor para nosotros porque justamente cualquier contento de nuestra persona nos hace creer que aquello es el verdadero camino. De alguna manera, depositamos ahí algo de nuestra voluntad de buscar la realidad y la verdad. Así, esa intención da algunos frutos dentro del mundo relativo y entonces decimos: «Ya está, esto es». Es preciso vigilar lo que está sucediendo, darnos cuenta de hasta qué punto por una emoción agradable estamos perdiéndonos el descubrir lo Real. Veamos eso en nuestra vida porque se presenta habitualmente cuando algo nos hace sentir bien y vamos de aquí para allá, nos reunimos en un lugar, nos comprometemos con una situación, hacemos ciertas cosas, porque así nos sentimos mejor al notar algún movimiento en la energía vital o afectiva. Por todo ello nos quedamos dormidos y siguiendo unas consignas u otras olvidamos la búsqueda de nuestra llave interior.

Nos parecería más cómodo si dentro de la obra de teatro que se está representando, hubiera alguien que nos comunicase: «Te inicio en la verdad y te entrego esta llave solemnemente». Semejante gesto nos halagaría, porque sin salir de nuestra historia personal, tendríamos resuelto nuestro anhelo de realidad. Pero no es así por mucho que tantísimas personas hayan intentado que así sea. Lo mismo que se armaba a alguien caballero con un golpe de espalda, se le cuelga una medalla o se le hace besar un anillo, podríamos iniciarnos y a partir de ese momento estaríamos en la Verdad. Mirémoslo bien, ¿la persona que ha pasado por una ceremonia así ha encontrado la llave en su interior –la llave que abre su propia puerta a la realidad– aunque haya sido condecorada o le hayan otorgado títulos para dirigir comunidades?

A la Verdad no se le puede seguir los pasos. Ser verdadero no consiste en obedecer, no se puede copiar ni aprender, estudiar y luego repetir, no es nada que encaje en la rueda de causas y efectos del mundo mecánico, no pertenece a lo que se puede guardar en un ordenador, tampoco se concluye como deducción lógica de un razonamiento. Ni se entrega ni se pasa de unos a otros ni se hereda, no se ofrece con mucho cariño: «Toma, aquí la tienes, ahora tú eres mi continuador en la Verdad». Escapa a todos los juegos del pensamiento. Es algo creativo y por tanto desconocido. Aquello es lo siempre nuevo, no cabe en ningún cuadro de clasificaciones, el pasado no lo toca, por lo que siempre se ha de hacer presente en lo atemporal.

La Verdad se estrena en cada instante; en cada momento, es impoluta. No vale una verdad que haya sido utilizada por otra persona. Tampoco se puede conseguir lo verdadero a base de fuerza de voluntad, no se conquista con energía o esfuerzo. Sólo la lucidez en el silencio de la Conciencia la descubre.

¿Y qué hacemos entonces con las energías personales? Si tengo más o menos, si están organizadas o desorganizadas, si se armonizan o no…, ¿importan, en un previo trabajo inevitable? Cuando vamos descubriendo la Verdad, las energías se van adecuando de una manera natural, cada nivel que es iluminado va formando parte de la armonía de ese conjunto que se llama ser humano. Esa armonía ha de hacerse sola si ha de ser verdadera. Si la manipulo con mi aparente voluntad, movilizando una cosa de aquí para allá, de ahí no puede nacer nada verdadero. Lo mismo sucede con la salud: no es muy buena señal si tengo que estropear un órgano para arreglar otro, si tengo que desequilibrar un aspecto para potenciar otro… Tiene que brotar la armonía del conjunto ya que siempre surge de la Unidad del Espíritu.

Para encontrar la salud, ¿habré de encontrar el modo de armonizar todas las energías? Con este tipo de análisis racional no lo conseguiría nunca. Pero en una actitud auténtica, desde la confianza en la Vida, a lo mejor fluyen las energías de una manera natural y el equilibrio milagroso de la salud se produce. Algo semejante sucede en el nivel mental, ¿quién es capaz de arreglar el caos que hay en el psiquismo? Seguramente muchos de nosotros ya hemos visto las contradicciones de la razón humana, los pensamientos que surgen para tapar otros, cómo nos engañamos y disfrazamos las incoherencias que pueblan nuestra mente. Muy poco habremos visto si aún nos parece que podemos poner las cosas en orden desde ese mismo nivel psicofísico.

Nos consideramos cuerdos, sensatos e inteligentes, pero al observar bien, vemos que albergamos pensamientos contradictorios por doquier. ¿Cómo podría ordenarse tanta incoherencia? Lo intento así: A la derecha los pensamientos buenos; a la izquierda los malos; los que sirven para esto los guardo mientras elimino los que no valen… ¿Podré instaurar la verdadera armonía de esta manera? Constantemente están surgiendo del inconsciente pensamientos absurdos que no tienen sentido alguno y que ni sabría dónde colocar en una clasificación lógica. Si lo observo, descubriré todo lo que hay ahí. Lo mismo sucede con el cuerpo, en ese nivel biológico hay demasiadas energías en funcionamiento como para poder ponerlas todas en orden analizándolas.

Será necesaria una apertura a un nivel que trascienda la mente, para que la armonía se establezca espontánea y creativamente desde un ámbito totalizador e inclusivo. Que pasen los pensamientos de largo y que ello no me afecte, que no me quede atrapado en alguna interpretación imaginaria, cuando lo esencial me está llamando en un momento dado. Que mantenga la atención en su lugar. Esto no se hace mediante técnicas para lograrlo. Las disciplinas incluso podrían desordenar el trabajo de la mente aún más. Con ninguna técnica se llegará a la paz y armonía mental; mientras con la Verdad que inunda de amor y belleza lo manifestado sucederá en un vuelo trascendente.

La mente está desordenada porque hay una identificación con los pensamientos. La causa radica en el error de creerme que soy ese conglomerado del «yo» provisional. Hasta que me haya dado cuenta de que no hay tal, ese centro pensante, por su naturaleza desorganiza y siembra errores en la conducta porque necesita unas cosas para conseguir otras. Predomina el egocentrismo, cuando en realidad ningún «yo» puede mantenerse separado de lo demás, ya que todas las energías están interpenetradas. Mientras la interrelación es total, el individuo pensante quiere separarse, hacer que una entidad crezca a costa de otras. Y como esto es antinatural resulta normal que se produzcan más y más conflictos mentales que dan realidad a mundos confusos.

Si no supero el nivel de lo pensado, permanezco sumido en el caos. Y quizá considere que la condición humana es ésa y que no queda nada más que hacer que soportarla así o distraerse inventando historias sobrepuestas; creyendo por ejemplo que con alguna novedosa teoría podrá resolverse un problema tras otro y quizá llegar hasta la inmortalidad de la persona. Cualquiera que sea la teoría con la que pueda entretenerme durante un tiempo, tarde o temprano encontraré el sinsentido que hay en mi mente. ¿Soportaré entonces esa sinrazón hasta que llegue la enfermedad o caeré en una depresión por no poderlo soportar? También podría intentar salir de él, mediante una tarea que se efectúa desde fuera, como confiar mi mente a alguien —aquí la tiene, por favor, arréglemela—, como si se tratase de un traje que llevo a la tintorería a que me lo limpien o tiñan.

Aunque muchos seres humanos eludan su responsabilidad, no es posible pedir a algún experto o autoridad que armonice mi mente, desentenderme y recogerla cuando ya esté lista. Ante todo, es necesario que yo mismo me responsabilice de esa búsqueda interior de sentido, es necesario que descubra la clave hacia lo desconocido que dará belleza a mi vivir. Por tanto, es una labor inalienable, no se puede evadir, necesito urgentemente abrirme a lo sagrado, entregarme al Espíritu desconocido, lo que no puedo manejar con mis herramientas personales.

El ser humano ha llamado sagrado o divino a lo que no puede controlar ni medir mediante máquinas, a lo que no manipula ni puede imitar. Necesito abrirme a esa Conciencia espiritual, y como la misma apertura de esa puerta es ya creativa, necesito moverme de una manera libre y creativa también. Con lucidez, porque la Luz es lo único veraz, el darme cuenta es lo único que hay verdadero en el caos en que me encuentro. Puedo pensar que como ser humano albergo cosas tanto buenas como malas, y es cierto que tengo ambas dentro de la proyección, pero las buenas se van a transformar algún día y las malas pueden transformarse también, estarán cambiando incesantemente.

Al final, mi bagaje personal son sólo formas que se van a desgastar: las formas que tanto apreciaba y valoraba —aunque sean las formas de personas—, van a ir cambiando, las que eran bellas llegan a deteriorarse, lo que previamente movilizaba energía vital llega a ser decaimiento y fatiga, lo que originaba tristeza puede llegar a ser fuente de alegría y viceversa. El mundo de las formas está en total transformación o cambio de formas. No puedo quedarme con ninguna. En el tiempo, ¿dónde me apoyaré?

¿Dónde apoyarme?

«El hijo del hombre» —la persona— no tiene dónde apoyar la cabeza, tal como decía el Maestro Jesús. Y así era y será aunque nadie lo crea hasta descubrir lo que está detrás del «hijo del hombre». ¿Quién es el hijo del hombre? El que ha nacido, el que cree que ha empezado a ser a partir de la relación entre un hombre y una mujer. ¿Y quién es el hijo de Dios? El que no ha nacido, sino que Es desde toda la eternidad. Lo que nace del Espíritu es espíritu, se nos dijo. En cuanto nos creemos que somos el hijo del hombre –esto es, una forma biológica que nació hace años y ahora tiene una historia en el tiempo–, no tenemos dónde apoyarnos. Así se nos ha dicho, y con verdad, porque todo cambia. Lo mismo afirma la tradición budista, según la cual nada permanece.

Pero quien descubre que es hijo de Dios, es decir, quien se ha abierto a la inspiración del espíritu, de lo sagrado, de Aquello desconocido, no necesita ningún apoyo porque «es en sí» y «por sí». La consciencia «de algo» necesita depender, estar en relación; es relativa. Cuando somos algo de alguien, hijo de tal y de cual y poseemos tal título, edad, sexo, trabajo y circunstancias, entonces estamos dependiendo todo el tiempo de aquello que creemos ser, de aquello que seguimos y de aquello que –imaginamos– nos identifica. En lo relativo estamos siempre en dependencia, la persona vive a merced de lo externo. Pero ¿hay algo libre en el ser humano? En la persona no hay nada libre, sin embargo, más allá, existe la Libertad, y con ella el Amor que no puede ser relacional, relativo porque es único, absoluto.

Estamos diciendo que contemplamos para ser libres; no obstante, la persona nunca es libre, siempre es dependiente. ¿Cómo entonces es posible contemplar para ser libres? La persona no va a contemplar, la persona va a disminuir para que Aquello que la trasciende aumente, va a dejar espacio para que la Luz penetre y entonces aparecerá la Libertad. No es que «yo» me vaya a liberar, sino que seré la Libertad que siempre fui. Fijémonos bien en la diferencia que hay entre descubrir que lo único que soy es esa libertad que es desconocida para la persona y estar engañado creyendo que la persona va a ser libre. Comprendamos qué diferencia tan enorme media entre ser o no ser libertad, es la misma que discurre entre apoyarme en algo o ser independiente como espíritu.

Pienso que voy a ser libre de esto, libre de lo otro, libre políticamente, socialmente, religiosamente, libre de cualquier manera, un liberado... Pero la persona siempre depende porque está llena de limitaciones, está hecha con formas, con retazos de realidad virtual, no es la Realidad en sí misma, es mera apariencia de realidad. Esto puede entenderse mejor cuando vemos cómo son los sueños. Debemos observar cómo se fabrican los sueños y hasta qué punto les damos realidad, porque la mente crea sueños todo el tiempo. La mente individual y la mente cósmica están siempre proyectando imágenes.

Silencio e iluminación

Consideramos que una mesa es un objeto muy real porque puedo tocarla, me resulta claramente palpable, pero ello es así porque por el sentido del tacto respondo a la sensación de dureza que interpreto a partir de un conjunto de energías. Sin embargo, desde otro punto de vista y con otros sentidos u otros instrumentos –a través de un microscopio por ejemplo–, no se vería más que una danza de partículas o movimiento de átomos. Esas energías se estarían creando por una consciencia que está manifestándose externamente y apareciendo en formas durante un tiempo. Cuando estoy soñando en la cama, también podría considerar que toco el mundo onírico, que veo y oigo sus objetos. ¿De otra manera tal vez, de manera mental? De la misma manera, la única diferencia es que durante la vigilia se añaden los sentidos corporales a la mente, mientras que en el sueño nocturno el cuerpo está descansando. Pero si prescindimos del trabajo tanto del pensamiento como de los sentidos, nos quedamos en silencio. Y en silencio, cuando se termina la ideación de la novela pensada, podemos tener una apertura a la realidad desconocida. A esa apertura silenciosa estamos llamando contemplar.

Es necesario silenciar el esfuerzo psicofísico, hace falta soltar la identificación con el elemento biológico y mental –cuerpo-mente– para poder recibir la inspiración de un lugar verdadero. En la medida en la que estoy identificado con lo externo, no me entero de que pueda existir una dimensión detrás. No es que la niegue o debata sobre su existencia, me lo crea o no me lo crea, todo eso es trivial. Mientras viva identificado con las formas no existirá para mí ninguna dimensión más allá de la convencional. Y solamente cuando ya surge la respuesta a la llamada, cuando hay una aceptación, cuando brota desde lo profundo un *fiat* –hágase–, empiezo a escuchar esa voz interior y comienzo a abrirme a aquella dimensión nueva que se ha llamado por siglos en la humanidad «lo sagrado». Y por esa confianza interior mi vida va construyéndose misteriosamente desde la Verdad última que se mueve en el Amor. Ya no se actúa hacia fuera, sino que se vive para Aquello sagrado desconocido para la persona.

La persona, con todas sus limitaciones, tiene que irse adaptando –y lo hace– a ser mero instrumento. Veamos hasta qué punto nos incumbe y es nuestra única, ineludible responsabilidad, descubrir esa entrada interior a la dimensión sagrada. Está ahí nuestra libertad, está ahí la Libertad. Digo «nuestra» porque la identidad verdadera es ésa, no porque pertenezca a algunas personas, no me estoy refiriendo a personas concretas. La Libertad que somos en última instancia, de verdad, está ahí cuando nuestra identidad se ha desengañado de lo que creía ser entre las formas.

El proceso que incluye el desprendimiento de lo falso y la apertura a lo verdadero va produciéndose simultáneamente. En una mayor apertura a lo que Es, la mente se va haciendo contemplativa de manera natural, hay un desprendimiento de lo que no es, y ese mismo desprendimiento crea un espacio donde libremente puede pasar la Luz. Aumenta la inspiración, y eso implica que aumenta la verdadera sabiduría –a veces se llama sabio al que tiene muchos conocimientos, aunque eso no es verdadera sabiduría.

La sabiduría –el distinguir las apariencias de la realidad o lo verdadero de lo falso–, sobreviene como una gracia tal y como tradicionalmente se nos ha dicho. No llega a consecuencia de lo que alguien haga o deje de hacer. No se debe a factores exteriores, sino a un movimiento de respuesta a la llamada silenciosa que escucho en mi interior en un giro de mi mente. De estar volcada hacia fuera y vivir dependiendo de lo externo, mi mente gira hacia dentro y se torna contemplativa. Y entonces empieza a reflejarse la Luz allí; no antes, cuando estaba limitada a «lo conocido», creando ilusiones y más ilusiones. Al comenzar el giro, la mente va haciéndose contemplativa.

Y entonces, ¿esa persona se convierte en un ser iluminado? Pensar así crea tantas ilusiones… No, la persona queda como instrumento de aquella inspiración que recibe. En vez de ser un esclavo de los impulsos, de las pasiones biológicas, de los deseos de poder, en lugar de ser un

87

seguidor de la opinión pública, de las exigencias de la sociedad, de la familia, del trabajo, en vez de ser un engendro de lo que aparece, empieza a ser serena y gozosa expresión de lo que Es, más allá de lo aparente.

Recordemos que la persona siempre es dependiente. La Luz no la recibe para ella misma, no descubrimos la Verdad para beneficio de la persona, no descubrimos lo Real para luego mejorar lo falso, aunque es lo que inútilmente intentamos: queremos descubrir la Verdad para, aplicándola a lo falso, mejorarlo. Pero hemos de soltar lo que aparece y abrirnos a lo verdadero. La Verdad nos hará libres de esa manera; no mejorará la obra de teatro, sino que sencillamente iluminará y la función se verá como mera representación temporal.

¿Se puede conocer lo desconocido?

Habitualmente vivimos en lo conocido y creemos que no podemos salir de ahí, también nos enquistamos en esa creencia porque tenemos miedo a lo desconocido, así lo conocido nos parece la realidad o le damos ese título para tranquilizarnos. Hacemos esa demarcación, instalamos la valla bien clara de hasta dónde abarca lo conocido y ésa es la realidad para nosotros. Pero cuando un ser humano busca la Realidad al ir haciendo la mente contemplativa, le sucede algo inesperado: se da cuenta de que la Realidad está precisamente en lo desconocido. Y se queda perplejo al mirar alrededor y ver cómo todo el mundo vive en lo conocido, intercambia cosas manidas, se instala en lo consabido, presume de tener muchos conocimientos dentro de la valla bien marcada y pelea, disfruta, sufre a partir de lo conocido.

Para que la mente se haga contemplativa tiene que haber riesgo de pérdida de lo conocido. Cuando le hemos dado realidad absoluta a ese territorio, nos asusta su abandono. Pero cuando por sabiduría, por comprensión, se va deshaciendo esa pequeña realidad que habíamos delimitado —lo cual quiere decir que ya no nos la creemos—, no vivimos pendientes de ella, no le otorgamos plena autoridad.

Lo conocido reside en la mente pensante, concreta, sensorial, incluso en la mente que calcula y mide, la mente que se ocupa de la cantidad. Hay muchas ciencias a partir de lo cuantificable, hoy en día ésas son las ciencias que más autoridad poseen y las más valoradas. Por ejemplo, la cantidad es muy importante en el ámbito de las esferas empresariales, el intercambio de monedas, tantas unidades por tantas manzanas; o en las estadísticas, saber cuántas personas actúan de tal manera para deducir lo que conviene hacer para manejar las tendencias. Se trata a los seres humanos como si fueran cifras.

Aunque la cantidad constituye una abstracción a partir de los datos sensoriales, no sale de ese nivel. Para trascender de verdad lo sensorial hace falta una abstracción mayor que la numérica. Y entonces ya empieza a perder importancia la cantidad en aras de la calidad. Actualmente se habla mucho de la calidad de vida, pero no se entiende lo que es calidad, se cree erróneamente que deriva de la cantidad de dinero, la cantidad de vacaciones, el número de países que conozco, el número de gente con la que trato, la suma de influencias o poderes que puedo manejar.

Ese ámbito es perfectamente conocido. Quizá intuimos en algún momento: he de ir más allá de lo conocido, salir de las apariencias, de lo que todo el mundo sabe, del lugar donde sin darme cuenta resbalo como en un tobogán, de la inercia inconsciente de los hábitos de la humanidad, de las costumbres imperantes. Cuando vislumbro que puede haber algo más, siento que he de descubrirlo por los medios habituales; creyendo que lo desconocido es asimismo algo concreto. De la misma manera que antes usaba las cosas conocidas, me valía de ellas, las manipulaba y controlaba a mi antojo, de esa misma manera ahora pretendo acceder a lo desconocido.

¿Será posible conocer lo desconocido? Obviamente, no. Porque lo desconocido no es un conocimiento que todavía no he adquirido; tal y como indica la partícula «des», se trata de lo que no es conocimiento. Estoy equivocándome entonces cuando, en el camino espiritual o en la contemplación, creo que voy a acumular algún conocimiento insólito, misterioso, que voy a lograr determinada experiencia novedosa para añadir al cúmulo de cosas que he hecho bien, a mis experiencias, a mis costumbres.

Lo desconocido afecta a todo, incluso a aquel que conoce. Aquel que quiere llegar a lo insondable como si fuera un conocimiento más, pertenece también al ámbito de lo conocido y de lo pensado. Es un mero pensamiento. De modo que el propio «yo» que quiere llegar a lo desconocido es ya conocido. De ahí se deduce claramente que esa entidad no puede acceder nunca a lo desconocido. Aquel supuesto personaje que quiere librarse de los pensamientos no es sino un cúmulo de pensamientos, un objeto pensado. ¿Podemos ver esto? Sin embargo, la lluvia de lo desconocido va impregnando al sujeto que siente de un anhelo sincero por descubrirlo.

Intentamos que la mente contacte con zonas que normalmente no se tocan. Ahí estamos abriendo la puerta a lo desconocido, ésa es la entrada. Habitualmente se transitan las zonas manidas –calcular, prever, acumular informaciones y repetirlas, intercambiar opiniones–, pero no suele llegarse a ese territorio en el que se deshace todo el mundo conocido. ¡Cuidado! Es ahí donde se desdibuja el mundo. ¿Hemos observado ya suficientemente lo que es el mundo que conocemos? Si no lo hemos observado todavía en profundidad, no hay nada que hacer. Nos quedan muchas experiencias por pasar, muchos desengaños pendientes. Hemos de darnos cuenta, observar bien, hasta que llegue un momento en el que digamos: ya está bien, esto no es la Realidad. No basta con leerlo en un libro y pensar que esta teoría de que el mundo es irreal parece interesante. Eso no sirve, por la sencilla razón de que quien está afirmando que el mundo es ilusorio y que hay una realidad superior es igualmente irreal. Ahí está el punto clave.

Entonces, ¿qué hacer? Surge la actitud de inquietud de la mente pensante. La respuesta verdadera es que no se puede hacer nada desde el mismo lugar en que me encuentro al dudar. Para llegar a aquello desconocido, hay que estar ya en esa frecuencia, no se puede hacer nada pensando. Y ¿quién está ya en aquel ámbito? No lo que yo creo ser. Por lo tanto, expresándolo en otro lenguaje, ¿cómo podré llegar a lo sagrado? Nunca lo haré sintiéndome separado de la divinidad, creyéndome una parte insignificante de la creación, una criatura entre miles y millones, innumerables entidades. Así nunca será posible unirse a lo divino. La misma ofuscación de mi percepción limitada me impedirá descubrirlo. Cuando me doy cuenta de lo que es Real, cuando constato por Conciencia directa, cuando contemplo y veo directamente lo que es Dios, es cuando ya lo soy. Cuando descubro lo infinito, lo insondable, es cuando ya soy Eso.

Voluntad

Ya sabemos que se han inventado múltiples estrategias a base de disciplinas, de voluntad, de seguir a otros, de acatar un método para liberarse del mundo conocido. Pero esas técnicas son muy resbaladizas; muchas veces el «yo» aumenta mientras tratamos de eliminarlo, porque es muy sutil. Al esforzarnos en llevar a cabo austeridades, ejercicios establecidos, en vez de conseguir que se disuelva ese «yo» del que han hablado los sabios, lo que se logra en algunas ocasiones es tener un tipo diferente de «yo»: un «yo» que se cree espiritual, un «yo» que se considera que tiene una voluntad extraordinaria, alguien superior que ha conseguido determinados logros. La autora nunca ha podido seguir un camino de voluntad; principalmente porque nunca ha creído en la voluntad humana, siempre contempló que no hay más voluntad que la divina, ¿qué hacer entonces con esa voluntad humana que es mera apariencia?

En otras ocasiones hemos abordado el tema del libre albedrío. ¿Qué es esa voluntad personal que se fundamenta en la falsedad de creer que soy libre de escoger cómo actuar? Hago esto porque quiero, y para conseguir lo que me he propuesto, tengo varias opciones y elijo ésta: es fácil observar hasta qué punto aquello que se disfraza como libre albedrío —escojo libremente, ejercito «mi» voluntad y lo consigo—, realmente es una relación de causas y efectos predeterminados. La Vida se mueve sola, las energías se movilizan arrastrando a todas las aparentes entidades que están en ese nivel, entidades condicionadas que actúan de acuerdo a ciertas energías y no de otra manera.

Expresémoslo de otra manera un poco más concreta y esclarecedora: por ejemplo, considero que con voluntad he conseguido algo o que tal decisión es fruto de mi libre albedrío, pero no me he dado cuenta de que todas las experiencias por las que he pasado irremediablemente me han conducido a obrar así. No me he percatado de aquello que me han dicho, no soy consciente de lo que me han enseñado, de cómo se ha efectuado la formación o deformación de mi mente aceptando lo que otros han establecido… y de repente digo: elijo hacer esto. Sin embargo, tal elección es consecuencia de todo ese condicionamiento de mi mente, mi psiquismo ha sido moldeado en esa dirección, no muy diferente de muchas otras. En la misma cultura puede haber bastantes analogías porque las educaciones son similares. Pero como varían las experiencias en unas vidas y en otras —pues cada uno tiene una carga determinada de experiencias, con los miedos que le ha ocasionado— ahora hace esto a partir de lo que sucedió en el pasado con todo ese cúmulo de causas. Así es como «libremente» escojo lo que inevitablemente tendría que escoger. No tengo más opción porque todas las causas inconscientes me están abocando ahí, porque ya estoy inducido, aunque no me haya dado cuenta de cómo me estaba programando en el tiempo.

Y hay áreas de la humanidad que están constantemente bombardeadas por programaciones. Los seres humanos no se están enterando, parece natural creer que ésa es la vida. Hemos llegado a tener tal cúmulo de automatismos que nos parece normal no ser creativos. Por supuesto que en otras épocas había otro tipo de programaciones, pero miremos las nuestras. La ilusión imperante de que nos hemos liberado, de que hacemos lo que deseamos, no es más que otra consigna. Ahí no cabe ninguna libertad: cuando lo miramos bien, vemos que los seres humanos, según el lugar donde se encuentren, van inevitablemente a donde tienen que ir. Permitidme que pinte oscuro el panorama para que se sacudan bien las mentes de todos sus condicionamientos y vayan cayéndose los errores. Como cuando se desprende el polvo al sacudir un trapo. Sacudamos la mente hasta que vaya despojándose de ese lastre condicionado de lo conocido.

Vamos a ver la salida; una salida inesperada para el «yo» fabricado de pensamientos. La salida consiste en prescindir de lo que creo ser. Cuando voy más allá de lo que creo ser, de repente la Inteligencia empieza a ver por sí misma, como ya hemos observado en estas investigaciones. La consciencia testigo empieza a ver de manera contemplativa. ¿Y cómo abandonamos nuestra propia prisión? No hay una técnica estándar que valga para todo el mundo, porque se trata de algo muy sutil que cada ser humano ha de encontrar en su interior. Digamos que cada cual tiene que hallar su propia llave, no vale la misma para todo el mundo. Por tanto, no se puede afirmar: si queréis libraros del ego, levantaos temprano por la mañana y haced esto todos los días, que con la repetición de actos llegará un momento en que consigáis libraros. Mediante la repetición solamente se consigue el condicionamiento mecánico. Salir de él es encontrarnos súbitamente en lo desconocido, la Voluntad sagrada, que no reconoce el «libre albedrío» ya que pertenece al ámbito de lo ilusorio.

La Verdad no es relativa

Pero si la Verdad sagrada que buscamos no es conocida, ¿qué es? Sólo conocemos los mecanismos automáticos. Lo conocido obedece a las leyes de causa y efecto. Pero resulta que lo dependiente de causas y efectos es relativo. Los físicos, manipulando la materia, se han dado cuenta de que en el nivel que perciben todo es relativo, hemos aceptado esa teoría como otras tantas sin darnos cuenta de lo que significa ser relativo.

Ser ilusorio es lo mismo que ser relativo. Como advierte la tradición de la India, todo es ilusorio, todo es *māyā*. Creemos que ser relativo es algo más suave, pero es exactamente igual. Lo cierto es que no sabemos lo que implica ser relativo: algo relativo conlleva que una cosa está apoyada en la otra y ésta a su vez en la anterior, y la otra en la siguiente y así sucesivamente. Todo depende de algo más, con lo cual es interdependiente y se anula en conjunto. Nada se mantiene por sí mismo, nada es real, todo es un montaje, todo está hecho de relaciones, acumulación de datos sobre datos, todo son cifras, como dicen los físicos. De ahí que nuestra aparente voluntad o libertad es relativa, pero la Verdad no lo es.

¿Y los sentidos? También son datos relativos a otros datos. Todo está apoyado en otra cosa. El mundo que se proyecta a partir de ahí es relativo porque se produce desde un nivel de mente relativa, una manera limitada de percibir. De modo que cuando se vive desde esa mente se vive de una manera limitada. No es de extrañar, por tanto, que toda la realidad que brote de ahí sea aparente, ilusoria. Se trata de apariencias, tal y como afirmaba la filosofía tradicional griega. Y en la ciencia moderna se expresa como relatividad. No nos quedemos encerrados en las palabras ni en la interpretación que se le ha dado a esas palabras. Veamos todo lo que cae en nuestra mente por nosotros mismos, con la Luz que somos. Podremos así adentrarnos en el ámbito de la Verdad, que es el ámbito de lo desconocido.

Uno de los condicionamientos que nos limitan es pensar que no somos capaces de descubrir la Verdad, que nuestra mente es limitada, que nos faltan muchos datos, que no hemos estudiado bastante. Todas esas creencias carecen de valor. Se puede contemplar la Verdad sin haber estudiado y se puede estudiar durante toda la vida y no contemplar la Verdad. Así sucede. En nuestra tradición se expresa de una manera poética: «Te damos gracias, Señor, porque has comunicado la Verdad a los inocentes, a las mentes puras, y no a los eruditos, a los que creen saberla», o también: «Bienaventurados los puros de corazón porque ellos verán a Dios». Ver a Dios no significa encontrarse con un personaje muy importante; ver a Dios es no tener limitaciones porque en eso consiste la plenitud de Ser, es un nivel de consciencia donde no falta nada. Alude a los puros de corazón y mente, no a los que han acumulado experiencias en el corazón —emociones— o en la mente —pensamientos o teorías.

Pero no concluyamos equivocadamente: no hay que estudiar nada más, porque eso no es relevante. La persona no puede tomar decisiones lúcidas porque están tomadas desde un «yo» que no sabe lo que es la lucidez. Cuando creo que estoy eligiendo, no estoy decidiendo libremente, estoy obrando como reacción a mis miedos o a mi ambición. Detente ahí mismo y date cuenta. Estudiarás lo que tengas que estudiar y no harás lo que no te corresponda hacer. La voluntad de Dios, la Providencia, el plan divino es lo que va a imperar. Entonces, ¿qué decisiones estoy tomando? ¿Desde dónde las tomo?

La Inteligencia divina —que no está en el tiempo— ya ha tomado las decisiones por mí. No se van viendo las cosas poco a poco, sino que la decisión ya está tomada. De modo que cuando el plan divino se vaya desenvolviendo en el tiempo, tendré que ir aprendiendo esto y lo otro, y para ello la vida me presentará las tareas adecuadas. Estudiaré de acuerdo a lo que tenga que descubrir en cada momento y no lo que no necesite saber, aunque me hagan propaganda de ello por los medios de comunicación. Me enteraré, de una manera o de otra, de lo que me tenga que enterar. No importa de qué forma; la Inteligencia divina sabe cómo hacerlo. Y en cuanto a lo que no me incumba, ni me enteraré ni tendré por qué estar estresado o angustiada por no saberlo.

En nuestra sociedad, por ejemplo, hay una tendencia generalizada a interesarse por la vida de otros seres humanos. Las historias ajenas son justamente el modelo de lo que no me incumbe, porque mi vida no tiene nada que ver con la vida de los demás. El eje de mi existencia he de encontrarlo desde dentro, por inspiración. Enterarme de las peripecias de otros es un entretenimiento de lo conocido que frena mi libertad desconocida, lo que de verdad soy. Al reflexionar sobre el motivo de esa actitud parece que debe ser una evasión para no estar atento a la propia vida, ya que mientras estás mirando las andanzas de otros no estás atento a tu propia andadura; mientras estás juzgando a los otros no estás dándote cuenta de lo que está sucediendo en tu mente.

Solamente con la Luz se disuelve el cúmulo de las programaciones del pasado, eso que está ya adherido a nuestro «yo», aquello que se ha asumido y cuando aflora pienso que soy «yo». No, tan sólo he conformado mi «yo» con todos esos ingredientes. Es una falsa identidad con la que vivo. Pero así preparo una vida de sueño. Para despertar he de vaciarme de todo eso. ¿Puedo deshacerlo yo mismo? El problema es precisamente el «yo» que no puede zafarse del condicionamiento porque está construido de ese mismo material.

Previamente hemos de pasar por una purificación, algo así como si me colocase bajo un manantial y me bañase en una cascada de agua fresca para limpiarme totalmente del pasado. Y de esa manera, desnudo, nueva, me pondré en la presencia de Dios. Es entonces cuando empezaré a notar –hagamos una concesión al tiempo–, poco a poco, lentamente, como cae el agua de lluvia, Aquello divino que viene de las alturas, lo que de verdad conforma mi identidad, lo que soy; más allá de aquellas formas que se están limpiando, que se están purificando, que están desprendiéndose. Lo expreso de manera progresiva para que comprendamos cómo sucede, porque así es como lo vamos viviendo. Pero en cada instante hay una limpieza plena. En cada instante hay una muerte del «yo» y un abrir los ojos nuevos, aunque se nos escapa y nos parece que trascurre en el tiempo.

La temporalidad va ralentizando así la purificación. Luego sobreviene otro instante en el que otra vez hay una apertura y una muerte del «yo», pero apenas es un parpadeo. No puedo constatarlo. Porque creo que constatar significa mantenerlo en la memoria mecánica, y no es eso. Para que Aquello vaya calando y se vaya haciendo permanente, la entrega ha de ser total; estar completamente entregado a esa agua que proviene de las alturas y que va limpiándonos de lo falso. Utilizamos la metáfora que se ha utilizado siempre en las tradiciones religiosas: el manantial, el origen de donde brota la vida pura y luego se va impurificando conforme pasa por los distintos lugares.

Lo podemos ver incluso físicamente, cuando el agua material va descendiendo del manantial de lo más elevado de la montaña y después los seres humanos van utilizándola y contaminándola. Por desgracia, estamos viendo ya con bastante claridad cómo en el planeta Tierra el agua se contamina con elementos tóxicos. El problema de la contaminación es un asunto grave. Llega un momento en las ciudades, cuando va manipulándose el agua, que ya es irreconocible su origen puro. Observemos como ocurre eso mismo en nuestra vida espiritual; así se ha entendido este símbolo en las tradiciones esotéricas de la humanidad. Hemos de estar en las alturas, allí de donde proviene la vida pura directa, la vida que Dios está enviando para todos los seres humanos. Irá frenando su pureza y su resplandor la experiencia de mantenernos en las charcas donde el agua aparece estancada. El agua inmóvil de las charcas simboliza a la perfección lo conocido. Y el manantial que brota de la tierra alta y cae de arriba sería lo que recibimos por contemplación, aquella inspiración desconocida.

Vivir recibiendo el alimento del Espíritu equivale a abrirnos a la vida verdadera. Es desconocido para quien vive conforme en las «charcas» y niega otra posibilidad de vida. Pero vivir de esa manera no puede sustituir lo Real. Cuando ya el ser humano se ha identificado con el origen, le afectará menos el barro de los charcos, quizás afecte algo a su cuerpo físico todavía, pero no lo hará a los últimos y más sutiles estratos manifestados. Los niveles «búdicos» –luminosos– están constantemente recibiendo la Luz directa del manantial.

¿Dónde estamos? ¿En qué lugar nos encontramos? ¿De dónde recibimos la vida? Podemos tener una vida biológica que se nos ha dado con el cuerpo, una existencia que dura un tiempo y que tiene sus altibajos, y sin embargo no albergar Vida interior, no contactar con los estratos más profundos. Nos falta porque estamos viviendo en las zonas bajas, sin salir de las estancias de lo conocido. Sin embargo, cuando alentamos una vida interior, cuando recibimos el agua fresca de las alturas, los efectos son claros: alegría, paz y libertad siempre nuevas.

¿Qué simboliza la contaminación? Esa contaminación es el error. Un error se expresa de muchas maneras. Podemos empezar a analizar todos los elementos tóxicos químicos que nos acechan: el agua, los alimentos, el aire, etc. Incluso podríamos elaborar una lista de lo contaminado, de todos esos elementos tóxicos con los que el ser humano no puede construir un cuerpo puro, limpio y digno que sea vehículo o templo de lo divino. Todo ello se sintetiza en una sola palabra: error. La impureza es error. Y el error supone una falta de visión. De modo que no busquemos ya más el agua pura en esos charcos contaminados. No busquemos en ellos la solución a nuestras vidas. Abramos nuestra mente y corazón a los ámbitos desconocidos para el pensamiento. Contemplemos. Salgamos de ese reducto estancado y vivamos la Vida divina.

La vida siempre nueva

Lo que se denomina vida espiritual no consiste en hacer determinadas prácticas ni en seguir algunas teorías. De hecho, depender de otros, imitar lo que hacen los demás, obedecer es síntoma de falta de vida interior o profunda. Esto incluye todos los niveles, desde la alimentación –adoptar regímenes según dicte la moda en ese momento– hasta las teorías ideológicas que están en vigencia en una época determinada. Bien sabemos que las personas nos entretenemos mucho perteneciendo a grupos o siguiendo teorías y así se cree llevar una vida espiritual.

La vida espiritual se construye desde el Espíritu y se encuentra allí, en el origen desconocido. No se trata de repetir consignas; aunque nos resulte raro, la Verdad no se puede repetir. Ha de ser nueva en cada instante, por eso no es conocida, no se almacena en el desván del pasado: «Eso ya lo sé». La Verdad nunca la sé. No la puedo repetir, tampoco se la puedo dar a otro ni la puedo difundir, cosa curiosa. La Verdad nace en cada instante nuevo, es un estado interno de consciencia. No se comunica de la manera en que estamos acostumbrados a transmitir los conocimientos: yo tengo esto en mi haber y luego se lo repito a otros. Más bien se trata de un reconocimiento interior y un estar en un lugar nuevo, un lugar elevado de consciencia. Y si no habitamos ese lugar puro, no contactaremos con la Verdad. Mientras esté elucubrando en mi mente, imaginaré que unos pensamientos son verdaderos y otros falsos. Pero tales referencias solamente valen para lo mecánico, para lo convencional. Por ejemplo, al afirmar «estas flores son naranjas y las hojas son verdes», manejo un lenguaje convencional, denominamos verde a esta vibración, etc. Pero esos conceptos no sirven para definir el Espíritu, nuevo en cada instante.

No lo confundamos con ese tipo de verdades relativas, en las que hablamos de «la verdad» como una correspondencia con el objeto material. ¿Con qué objeto? Convencionalmente, si digo que esta mesa mide un metro, y se comprueba que efectivamente tal es su medida, entonces hay correspondencia con el objeto aludido. Sin embargo, ese objeto concreto ya es inventado –incluso la física actual lo ha reconocido– y por tanto «la correspondencia con él», el enunciado completo, es asimismo ilusorio. Porque lo único que hay ahí es un aparente conjunto de átomos en movimiento, más aún, energías desconocidas que vibran de una manera que no percibo. Y así ocurre siempre con los objetos tangibles. Se nos está escapando lo esencial, lo desconocido es lo esencial, la Conciencia en la que todas las apariencias se mueven.

En el lenguaje habitual humano se puede afirmar: sí, esto es cierto, aquello es mentira. Pero cualquier animal se mueve en ese mismo nivel, como las hormigas por ejemplo, que se organizan muy bien; tienen sus convenciones y las repiten, sin salir nunca de lo que tienen programado en su cerebro biológico. Ellas no sospechan todo lo que hay fuera de su hormiguero, más allá de las necesidades propias de su especie: traer alimento y demás. Muchas veces el comportamiento de los seres humanos se parece mucho al de los animales. He escogido a las hormigas como podía haber elegido cualquier otra criatura: las ranas, los gusanitos, los pájaros. Cada una dentro de sus necesidades, ya sabe cuál es «su verdad», lo que le conviene, porque con eso se puede alimentar, los animales saben lo que han de hacer. Pongamos atención porque muchos seres humanos estamos viviendo sin darnos cuenta de esa manera tan primaria y a eso denominamos «la vida». No es la verdadera Vida, es nuestra herencia animal, la que asumimos al aceptar un cuerpo físico como nuestra identidad.

Aunque no nos lo parezca, resulta verdaderamente grave creer que lo conocido, los condicionamientos del pasado, son la Realidad. Y es grave porque cegados por tal creencia se nos está escapando la Realidad todo el tiempo. Sin embargo, tenemos en nuestro interior la capacidad de abrirnos a ella. Por tanto, hay que invertir el camino: creíamos que se trataba de avanzar hacia fuera y resulta que consiste en recogernos hacia el interior –hablamos metafóricamente, porque dentro y fuera son categorías de nuestra mente y es así como pensamos para separar la percepción externa a nuestro cuerpo.

La Verdad no se encuentra de la mente hacia abajo, sino de la mente hacia arriba. Esto aquilata el camino un poquito más. Para descubrir la Verdad y la Realidad –ambas son lo mismo–, no tenemos que aventurarnos de la mente hacia abajo, por muy potente que sea nuestro instrumento mental para manipular cosas, para calcular o acumular experiencias y luego repetirlas. Independientemente de lo hábil que se haya hecho la mente pensante, resulta inútil para descubrir la Verdad-Realidad, inútil, por lo tanto, para llegar a Dios. El sendero se expande de la mente hacia arriba.

Por eso mismo, el camino del corazón por sí solo no llega a Dios aunque resulte relativamente mejor colaborar para que el sueño compartido sea más armonioso. Si no puedes comprender, por lo menos suaviza un poco el sufrimiento del sueño de la humanidad. La acción solidaria está bien, pero no es el camino directo hacia Dios. Te estás entreteniendo. Si ya tienes vocación de descubrir lo Real, no deberías entretenerte haciendo arreglos superficiales. Los que participamos en esta investigación ya tenemos esa vocación. De no ser así, la Inteligencia de la vida no nos habría presentado esta oportunidad. Cada uno a su manera, pero en todos nosotros palpita esa vocación por la Verdad.

¿Queremos hacer las dos cosas, como dice el refrán, «a Dios rogando y con el mazo dando»? Muy bien, hagámoslo siempre que tengamos claro qué es lo esencial. Porque también tenemos que cuidar el cuerpo, limpiar la casa, desplazarnos de un sitio a otro para trabajar, etc. Hagamos lo que hagamos en el exterior, sepamos siempre qué es lo esencial, cuidemos nuestra vida interior. Es decir, que simultáneamente a la vida física de este cuerpo en este planeta, cultivemos la Vida del Espíritu. Podemos llevar a cabo todas las obras que surjan espontáneas de nuestra condición, está bien, pero si nos falta el aliento de la Vida divina, esos bienintencionados gestos se los llevará el viento, todo caerá «en el abismo sin fondo» tal y como decía el Buda. Hay que elevarse por encima, tener vida verdadera. Esa vida que permanece oculta, desconocida.

Hemos de abrir la puerta a lo desconocido y tener el arrojo de vivir desde allí. Porque a veces encontramos la llave, titubeando la introducimos en la cerradura de lo desconocido y cuando ya empieza a abrirse la puerta, aquello nos aterra. ¡Cuidado! Si necesitamos algo más de tiempo, vayamos poco a poco con paciencia. Tal vez haga falta intentarlo ocho o cien veces, hasta que llegue el momento en que ya no temblará tanto la mano. Ésas son las experiencias espirituales. Cuando hemos entreabierto la puerta y algo de Luz ha pasado por allí, aunque luego hayamos dado la vuelta asustados, por supuesto que Aquello permanecerá, esa Luz que hemos recibido no nos dejará ya dormir del todo. Nunca más.

Cuando se despierta, el despertar es irreversible. Puede ser que haya zonas en la consciencia que todavía no se han enterado del todo, es posible que queden unos miedos ancestrales que frenan el camino desde lo aparente y sintamos que no podemos vivirlo sino a intervalos, quizás aún nos dejemos arrastrar por esos lastres que ha acumulado el ser humano a lo largo de los siglos: miedos, deseos, sentirse insignificante y todos los pensamientos que le han caído encima desde la inconsciencia.

Permitidme ahora que me adentre en la parte más bella; vamos a abandonar las tinieblas exteriores. Vivir desde lo desconocido es lo más bello que pueda concebir un ser humano. Usamos aquí la palabra «bello» integrando todos los valores en la Belleza. Porque los grandes valores están todos entrelazados, todos ellos brotan de la Unidad y traen la Unidad consigo: en la Belleza está todo, en el Amor está todo, en la Libertad está todo, en la Bondad está todo. Cuando vivo desde Aquello desconocido, cuando he encontrado la llave para abrir esa puerta y ya no me asusto sino que voy viviendo desde ahí más y más… –no lo pondré como una meta definitiva–, se despliega un camino infinito.

Lo infinito desconocido

Al ser humano le corresponde un amplio camino, tan amplio que la única palabra que puede definirlo es el infinito. Y esa apertura nunca tiene carencias, por lo tanto allí no hay deseos. Tanto los deseos como las ambiciones son consecuencia de las carencias. Interpreto que necesito alguna cosa más, envidio al otro porque lo posee o siento rencor porque imagino que me lo han quitado. El sendero del infinito transcurre sin ninguna limitación, sin carencia alguna. En cada punto del infinito se siente la plenitud. Esa vida auténtica equivale por tanto a plenitud de vida. Vivir desde lo desconocido significa vivir desde un estado de plenitud que no puede compararse con las satisfacciones exteriores. Aunque a veces utilicemos la misma palabra, no se pueden comparar ambas vivencias. Por ejemplo, en ocasiones lo describimos diciendo que hay una alegría interior, pero no se trata de la alegría que sentimos al cumplir un deseo o porque alguien te haya dicho que eres una persona magnífica; no consiste en una alegría causal —alegría por algo concreto—, sino que se trata de un gozo sin causa ni motivo. Es la alegría de nuestra naturaleza, la alegría que somos, una expansión que no requiere añadidos. Nuestro Ser no necesita nada para disfrutar de esa expansión. Somos alegría.

Mencionamos la alegría, aunque bien pudiéramos aplicarlo a lo que denominamos amor. No se trata del amor personal de alguien para alguien, una moneda de cambio que doy y recibo, no se trata de ofrecer amor a quien se ha portado bien o se lo merece, no se debe a algo concreto. El Amor es la expresión de mi verdadera naturaleza; está ahí, como algo intrínseco no puede abandonarme. Ya sabemos de qué manera puede abandonar el amor humano. No se trata, por tanto, de entregar amor a alguien que pueda corresponderme. De hecho, el verdadero Amor no lo doy ni lo recibo, lo soy.

El verdadero Amor es sutil. De hecho, los seres humanos entretenidos en aquello que hemos llamado la charca de los condicionamientos, de lo que esperan recibir de unos y otros, muchas veces ni se enteran de que está ahí. A veces apenas notan algo, y ya que no hay necesidad de demostrar nada en su Presencia, es sereno y a simple vista puede pasar desapercibido. Sin embargo, no le pasará desapercibido a quien está en ese mismo lugar: aquel que es Amor nota cuando una persona es Amor. Pero casi resulta inadvertido para quien está en otro lugar porque no se hacen actos grandilocuentes para llamar la atención; la persona simplemente se expresa según su naturaleza.

Recuerdo haber encontrado sabiduría y un gran amor en Krishna-murti cuando le conocí, pero también recuerdo haber oído a algunas personas decir que en ese Maestro no había amor. Les resultaba demasiado sereno, demasiado limpio de manifestaciones emocionales, demasiado sencillo y natural; no estaba manifestándose de la manera que los demás esperaban. Sin embargo, ¡con qué amor transmitía la Verdad! Todo su ser era Amor. Sirva este ejemplo para ilustrar simplemente lo que sucede con el verdadero Amor. Por cierto, en el caso de Ramana Maharshi, se dice que en su presencia todo el mundo notaba un gran amor. Él tenía otra personalidad con otra manera de vivir la vida espiritual. Todos los seres son Amor y lo manifiestan de distinta manera.

Con la libertad también sucede otro tanto. Cuando vemos a una persona moverse de aquí para allá, sin parar, si en un momento dado hace lo que le parece y en otro obra de manera diferente, decimos que esa persona es libre. En esta época muchas personas se consideran libres por actuar así. Pero no lo son. Quien se mueve de un lado a otro es porque no puede evitarlo, porque no puede estar tranquilo, por eso ha de estar yendo y viniendo, entreteniéndose sin descanso. No actúa por libertad, sino desde la falta de libertad. Es curioso: cuando una persona descubre qué es Libertad ya no tiene necesidad de buscarla en la acción, ni demostrar a los demás que es libre. Simplemente obra conforme al plan divino para ella. Cuando hay Libertad verdadera, hay paz, serenidad y sencillez. Para ser libre no hay que acumular muchos logros ni saber cantidad de cosas ni conocer numerosos países. La Libertad es un estado de Ser, una expansión, una consciencia abierta. Es posible –aunque no necesario– vivir la Libertad sin moverte de una habitación.

Descubriremos los valores que se viven desde la Verdad desconocida: Belleza, Alegría, Amor, Libertad. Y una vez que se descubre Aquello, vivir desde ahí va manifestándose en un proceso de integración de campos o de energías. En el ser humano existen muchos niveles, porque estamos recubiertos de diversas capas de distinta vibración, en la existencia tiene que ir integrándose y armonizándose todo el abanico, para que esa entidad personal recorra el camino al que ha sido destinada desde el plan de Dios. Y ese plan divino no está limitado, no consiste en que se le encomiende un trabajo y lo cumpla; sino que justamente cuando ha llegado a cierta purificación de los vehículos, a cierta apertura a los niveles luminosos, surge la apertura a un nuevo camino. La expansión y la plenitud es cada vez mayor. Y al mismo tiempo, es perfecta en cada instante, lo cual parece extraño desde el punto de vista de la lógica. Aunque es erróneo decir que una persona ha alcanzado un determinado nivel –porque ninguna persona llega a meta alguna–, desde la perspectiva humana parece que cuando se han descubierto esos niveles y se puede vivir desde algo más elevado, se tendrán deseos o inquietud de alcanzar otros niveles superiores. Pero semejante planteamiento ya no funciona ahí porque se trata de un estado de plenitud en sí mismo. Esa plenitud permite la posibilidad de un estado de consciencia más y más luminoso. Y el camino, la aventura o el plan divino a seguir se va abriendo a horizontes insospechados.

De momento, nosotros tenemos que recorrer nuestra vía de purificación y de iluminación. La depuración no consiste solamente en la limpieza externa del organismo –que no viene mal–, sino en la purificación sobre todo de la mente. No hay nada que obtener al purificarnos, lo único que hemos de hacer es ser lo que somos. Cuando la mente está todavía entretenida en defender sus intereses, va impurificándose sin darse cuenta. Debido a ese error fundamental de desear llegar a ser alguien especial, de pretender perfeccionar su persona, de querer apuntalar su vida, le van cayendo muchos errores secundarios; la mente personal se angustia, no tiene suficiente serenidad y paz para abrirse a los horizontes más amplios, se identifica con desarreglos o problemas que pueda haber en alguno de los vehículos y le parece que no puede trascender lo inmediato.

Necesitamos gran sed espiritual, gran demanda interior de luz y con ella a pesar de los obstáculos en el camino, en un momento dado despertaremos en una nueva morada. Estas investigaciones avivan esa sed, ese no quedarse conforme en los lugares ya corrompidos por el error. Cuando tengamos suficiente valor para salir de la situación que damos por sabida, se nos irá presentando el próximo paso, y luego el siguiente. Empezará a sobrevenir más y más luz. Sin abandonar lo conocido, no podemos vivir en paz, tener una vida de plenitud.

En un momento inesperado, tras haber drenado el espacio de las sombras, la luz de la Verdad atraviesa las tinieblas. Expresándolo en un lenguaje religioso, hemos de ofrecer a Dios un corazón y una mente vacíos. Si le ofrecemos un corazón repleto de emociones y una mente atiborrada de pensamientos, eso caerá hacia abajo por su propio peso, no podrá elevarse hacia Dios. Lo mismo sucede en la vida diaria con los objetos muy densos, que no pueden flotar en el espacio. Para ascender hay que soltar el lastre, como se hacía con los globos aerostáticos. A veces parece que resulta muy difícil limpiar el corazón y la mente para poder ofrecérselos a Dios, pero podría ocurrir en un instante. La intensidad del amor a Dios es la que marca la diferencia entre ir poco a poco o rápido.

Añadiremos que los aparentes obstáculos, aquello de lo que tanto nos quejamos, no son casuales: «Me gustaría hacer esta oración contemplativa, anhelo abrirme a lo desconocido pero no obstante me olvido, sé que tendría que estar haciéndolo constantemente para poder vivir desde allí, pero luego no me acuerdo, me entretengo con otras cosas». En estos casos, conviene recordar que ni me entretengo ni me distraigo por casualidad. No existe la casualidad, todo es muy inteligente. Me olvido de Aquello elevado porque de alguna manera sigo otorgando mucha realidad a lo de abajo. He de mirarlo bien y no simplemente quejarme. ¿Por qué me extravío?

No es inevitable, ha habido seres humanos que no lo olvidaban, que estaban haciendo una oración contemplativa momento a momento. Tal vez nos parezca una exageración. Pero ellos no eran exagerados, simplemente habían visto que Eso era lo único que les importaba en la vida, se habían dado cuenta de que ahí estaba lo Real, lo verdadero. Lo demás no tenía valor ante Aquello. Pero si, desde nuestra mirada, lo demás todavía conserva su fuerza hipnótica, hay que observar, reflexionar, mirar bien. Investigar —tal y como estamos haciendo ahora— para que todas las cosas se vayan poniendo en su verdadero lugar y viendo con claridad qué es real y qué es aparente, surgirá la contemplación de lo infinito.

La sabiduría desconocida, herencia sagrada de la humanidad

¿Qué es lo que necesitan las tinieblas en las que habitamos? Se nos ha hablado en nuestra tradición religiosa de las «tinieblas exteriores», una expresión muy adecuada. Lo único que necesitan las tinieblas es iluminación. Cuando en un lugar hay oscuridad y viene la luz, ¿qué sucede con ellas? No están. No es que las tinieblas mejoren, sino que desaparecen. Ante la Luz de lo real no hay realidades que haya que cambiar. No, sólo Aquello es. Sólo Dios es. Como tantas veces se ha oído y se ha malinterpretado.

Nuestra tradición afirma que sólo Dios es, sólo un Dios, sólo uno; un mensaje que se ha interpretado como sólo mi dios, el que me han enseñado, el que está en el templo donde yo voy, no el de otro grupo, no el de los gentiles ni el de los herejes, etc., sólo vale el que está en mi cultura. ¿Qué sentido tiene esa estrecha interpretación? Sin embargo, la verdad: sólo hay un Dios, sólo Dios basta, sólo Dios es, soy el –único– que soy, se revela cuando lo vemos a la luz de una mente iluminada. No es difícil darse cuenta de cómo se ha tergiversado todo: filosofías, religiones y toda clase de doctrinas están interpretadas desde el fundamento falso de que la realidad es lo exterior. De esa manera, hasta las frases de sabiduría que pronunció quien vivió desde la Luz, una vez que se entienden a partir de la creencia de que lo que aparece es verdad, se distorsionan completamente dando lugar a toda clase de extravíos.

Una interpretación característica de la sociedad actual es desvalorizar las religiones argumentando que contienen gran cantidad de contradicciones y errores o que no han hecho más que desunir a las personas enfrentándolas en luchas. En esta sociedad se propone vivir sin religión, atento únicamente a lo sensorial. Ésa es la interpretación que predomina en muchos seres humanos de nuestra época, aunque se ha dado en menor número en todas las culturas. Desde esta postura miope, no se entienden aquellas frases de sabiduría que nos legaron los «pocos sabios que en el mundo han sido». Los llamados escépticos, progresistas o materialistas no las han comprendido, pero la mayoría de los llamados religiosos oficiales tampoco.

Entonces, ¿quién las entiende?, ¿quién comprende la sabiduría? Sólo el que está abierto a la dimensión que trasciende lo conocido sensorial o racional puede hacerlo. Y en la medida en que hay apertura a esa otra dimensión, surge la inspiración y se entiende todo lo que se ha pronunciado desde ahí. Mientras si estoy cerrado a la trascendencia no entiendo nada. Aunque posea un buen ordenador pensante en mi cabeza y recopile datos, conozca todas las citas, compare unas informaciones con otras de esta época o antiguas, con fechas exactas de cuándo y cómo se dijeron y quién las comunicó, aun con una memoria exacta y con unas clasificaciones impecables, con eso no adquiero un ápice de sabiduría. Aunque disponga de las informaciones conocidas hasta el día de hoy y lea bibliotecas enteras de papel o electrónicas, aun si escribo sobre temas de mi tradición o de todas las tradiciones espirituales de la humanidad, la sabiduría se me estará escapando.

Solamente se comprende la palabra verdadera cuando hay una apertura a la Verdad. Y esa apertura interior a esa Verdad desconocida que a veces estamos llamando lo sagrado puede realizarse en cualquier momento, en cualquier instante en el que haya vocación suficiente, no requiere preparación especial. Veo que hoy en día se valoran o se menosprecian las personas según el ordenador mental del que dispongan. Por ejemplo, en las empresas escogen a las personas por su eficiencia. Para el mundo fenoménico quizá sea relevante el tipo de instrumento mental que tenga cada uno, relevante para el movimiento de esas energías que se han creado artificialmente, para manejar los parámetros de la sociedad. Podemos asegurar que para el descubrimiento de la dimensión de sabiduría es irrelevante el papel del pensamiento, su rapidez, memoria o acumulación de datos adquiridos. Por eso cuando hablamos de inteligencia tenemos que distinguir a qué nos estamos refiriendo. La inteligencia instrumental puede ser astuta y hasta cruel. La verdadera inteligencia reflejo siempre de la Inteligencia divina es lúcida y amorosa, sencilla y bella.

Lo que cuenta es la lucidez que llegará por inspiración a partir del receptáculo mental puro. Luego no tendrá importancia que se exprese en un lenguaje antiguo o moderno, más o menos sofisticado; lo que importará es que se trasmita la Verdad viva. Aquel que está abierto a la sabiduría descubre el mismo mensaje universal, la herencia sagrada de la humanidad, aun expresado con lenguajes muy diferentes.

Son distintos lenguajes los de, por ejemplo, un indio americano, un taoísta, un hindú, un cristiano o budista. También se diferencian individualmente el de un filósofo, el de un monje sencillo que cuida la huerta, el de una mujer de vida humilde que no salió de su pueblo o el de una persona culta que viajaba o que ostentaba títulos en muchas universidades. La forma de comunicarlo puede cambiar, pero si la transmisión tiene su origen en un lugar iluminado desde la Conciencia única será revelación de la Verdad viva. Aquel que está abierto a la sabiduría se da cuenta y la reconoce; «el que tiene ojos para ver, ve» y eso no sucede únicamente con los ojos físicos ni los ojos de la mente racional, hay otro ojo, el ojo del discernimiento, que no es doble sino único.

El rayo de luz del discernimiento capta dónde está la Verdad y dónde no. El discernimiento no se adquiere con ninguna titulación, no se consigue mediante ninguna experiencia, ni con viajes, ni con las energías de la juventud, ni con la madurez de los años ni con nada. Es una apertura a la inspiración, una apertura a la Luz desconocida hasta ser descubierta la propia identidad. Cuando siento ya la necesidad de contemplar la Verdad última, he de aprender a vivir con la puerta de mi mente abierta a lo desconocido, a partir del más elevado lugar de mente y, corazón, la *budhi* –mente iluminada.

Inteligencia imperceptible

Ampliando los límites de una percepción estrecha

La Inteligencia no es un aspecto más entre los muchos que nos ofrece la existencia. No reconocerla es grave porque estamos hechos de inteligencia, lo que realmente somos es Inteligencia en estado puro y, al no percibirlo, obviamente, no sabemos quiénes somos; estamos alienados en un mundo de ilusiones y de fantasías ajenos a la Realidad.

Por ejemplo, clasificamos a los seres naturales en más o menos inteligentes según expresen ciertas habilidades, los dividimos en animados o inanimados, como si hubiera algo que no tuviese alma. El que todo sea inteligente significa que no existe nada sin alma, que detrás de las apariencias percibidas, tras lo conocido con los sentidos, hay otros planos más originarios y que el alma de cada ser, su esencia, habita en alguno de ellos. Así ocurre en todos los seres: minerales, animales, vegetales, humanos, angélicos y demás, también en seres que nos rodean y no percibimos, como los misteriosos habitantes de los bosques, de las aguas, del fuego o del aire de los que nos hablan las leyendas, criaturas que no vemos pero que tienen distintos cuerpos —«envolturas», dirían en la tradición de la India— en los planos etéricos, esos planos inmediatos al físico que en condiciones especiales algunas personas pueden percibir y de los que ya se empieza a hablar en los círculos de vanguardia.

Innumerables entidades constantemente están creándose con la energía originaria. La mente cósmica y todas las mentes en su movimiento están creando inteligentemente. Incluso los pensamientos tienen cierta capacidad –limitada– de consciencia y se mueven, actúan e influyen unidos a otros pensamientos afines y así crean situaciones, fuerzas de vida. Nos sorprendemos con sus consecuencias porque nos pasa desapercibido el hecho de que estamos creando las circunstancias externas con el pensamiento que transmitimos de unos a otros –no con «mis» pensamientos particulares, es una ilusión creer que me pertenecen–; y de este modo se generan situaciones más o menos inteligentes o alejadas de la Conciencia originaria. Es de suma importancia que lo veamos así, en abstracto: alejarse de la Inteligencia equivale a estrecharse, hacerse mezquino. Por el contrario, abrirse a la Conciencia siempre inteligente supone expandirse, sin encontrar límites, entregarse al infinito. La Inteligencia lo abarca todo ya que es la sustancia con la que todo se está creando en la temporalidad.

La Inteligencia incluye todos los planos y puede explicar lo más elevado a partir de lo más simple y viceversa ya que todo está en todo –la realidad es holística, según el término que ha utilizado la ciencia física para este fenómeno–. Sé que en la Conciencia se dibujan todas las formas, todos los mundos: por tanto, desde allí todo puede ser explicado, puede partir de esa Luz. No verlo así evidencia falta de comprensión; también podríamos decir que ésta se ha recluido en un rincón. Obviamente, la mayoría de los seres humanos –por los condicionamientos y hábitos– viven recluidos en la opinión pública.

La unidad está presente en cada punto del universo que enfocamos con la mirada y se expresa de manera inteligente, es decir, sin prescindir de todo lo demás. La Inteligencia es así; un concepto que se le aproxima es la expresión de lo holístico que han descubierto los científicos, el holograma: en lo más pequeño reside lo más grande, en la parte se revela el todo como en la repetición de los fractales que apunta a la unidad. Así es la Inteligencia: atraviesa todas las capas de apariencia y puede explicar algo insignificante como expresión directa de lo absoluto.

Lo que valoriza lo abstracto es que desde ahí se puede abarcar todo lo concreto y no al revés: desde lo concreto nunca se podrá llegar a lo abstracto si no lo percibes en simultaneidad. No nos identifiquemos con lo particular, elevemos nuestra capacidad de comprender, subamos más y más alto. No nos preocupemos, al subir no vamos a perder nada, al bajar sí perderemos mucho porque al concentrarnos, iremos encerrándonos y dejando «realidades» fuera. Y las verdades ignoradas son limitaciones que claman por ser comprendidas y nos llenan de angustia. No ocurre así al subir hacia la Conciencia que somos, al elevarnos subiendo la escala que la Inteligencia nos coloca, allí todo queda incluido.

Intuitivamente lo vemos, pero se trata de haberlo comprendido íntegramente, con toda nuestra alma, de lo contrario habrá lagunas. No nos hemos dado cuenta de lo que implica el que todo esté en todo, pero supone ampliar la consciencia y elevar nuestro psiquismo hasta que se consuman en los fuegos de la Inteligencia los errores que implican separación, ilusión, *māyā*, interpretaciones al fin del pensamiento. Se podría acuñar en una sola consigna mística: ascendamos hasta lo divino, «sólo Dios basta».

Para que brille la Inteligencia que somos se ha de purificar el psiquismo. Pero ¿qué significa pureza en la mente?, ¿tendremos que limpiarla con algún jabón especial? Sólo hay un detergente válido: la Luz, los demás no son eficaces. La pureza de la mente llega cuando la Luz ilumina. La Luz se manifiesta a veces como un fuego –en el antiguo testamento se decía «nuestro Dios es un fuego abrasador»–, es cierto porque es pura Inteligencia que consume incesante los errores.

¡Cuidado! Si se quema todo al acercarnos a la Inteligencia, nos vamos a quedar con las cenizas, ¿habrá que ir con prudencia, habrá que avanzar sólo hasta cierto punto? Se produce un incendio, pero es un extraordinario y maravilloso incendio en el que se deshace todo lo que creemos ser, lo que mal percibido nos parecía real. Pero fijémonos bien que eso que imaginamos en nuestra percepción ilusoria, es justo lo que nos encierra, lo que nos angustia, y sin embargo no nos atrevemos a soltarlo.

¿Por qué es así? Porque la Inteligencia de fondo resulta imperceptible, porque no captamos lo que realmente es. Si captásemos lo que es —la consciencia de todo en todo—, sentiríamos tal amor por esa Inteligencia divina que no nos quedaría nada de energía para dudas o cálculos. Nos sobra energía para calcular e interpretar, pero nos falta contemplación de la Inteligencia sagrada, por lo que hemos de contemplarla más y más, ver hasta qué punto es el origen de todo, es el sol de vida para nuestro Espíritu, para lo que en verdad somos.

Estamos hechos de esa misma Luz, sin la que nada puede existir. Y todo lo demás también está hecho de Luz, por lo que amando a las criaturas estamos amando al creador, reconociendo la Inteligencia en cada uno de los reflejos estamos contemplando la Conciencia creadora que se expresa en cada creación de una manera única. Aunque suene ilógico por completo —porque la realidad sobrepasa la lógica—, cuando parece que la Inteligencia se limita al entrar en el ámbito de algo en particular, no se ha limitado, está ahí latente; y así podemos adorar a Dios en lo manifestado como se nos aconsejó en otros tiempos. Adorar es mantenerse en una oración silenciosa, contemplativa.

¿Seremos idólatras? La mayoría de las tradiciones religiosas han adorado al Sol como origen de la vida sobre la Tierra, o veneran a los animales. Si vemos en todo la Inteligencia imperceptible no seremos idólatras. Ser idólatra significa fabricar entidades separadas, adorar una forma ilusoria en su relatividad. Pero cuando percibimos en todas las formas la manifestación de lo sin forma, al reconocer la Luz expresándose en la diversidad, vemos la Conciencia brillar a partir de cada uno de los seres —aparentemente separados—, más o menos manifiestos a nuestra percepción restringida.

Contemplando cada ser se descubre lo sagrado de cada elemento de este universo; aun lo que vemos como más pequeño, un grano de arena, la hoja de un árbol y más pequeño todavía, una célula, un átomo. Y esa contemplación nos llevaría a un estado interior de apertura total. Así es la Inteligencia; si la reconoces en lo pequeño como infinita es porque la contemplas con una consciencia expandida.

Podríamos estrechar la mirada a partir de interpretaciones pensadas, teorías, doctrinas, opiniones y entonces sucedería lo contrario: al escindir algo en particular de la Unidad que lo contiene, se escaparía el brillo de la Inteligencia total. Entonces es cuando se cometen errores. Por tanto, la idolatría se está cometiendo en cada momento, no es una práctica de otras culturas: consiste simplemente en apegarse a las formas, adorar lo aparente. Y se practica así: al encontrarse la persona perdida entre los objetos concentra la mente en uno y lo adora si no como dios, como la realidad. A esto se denomina entre nosotros dependencia a personas, cosas, situaciones, instituciones, teorías.

En esto, como en todo lo esencial, los modernos no parecen estar por encima de los antiguos: en nuestra época no se ha superado la veneración por los ídolos, por las formas, porque no se percibe Aquello a lo que hay que adorar y contemplar, sólo se perciben objetos. Estamos encerrados en el universo sensorial de los cinco sentidos, prevalece la misma actitud; aunque haya cambiado la manera de practicarla, nada relevante cambió. Sólo modificaciones superficiales conforman ese «progreso» del que se habla, ¿dónde está el supuesto progreso? Mientras no captemos lo esencial, la Inteligencia de la que todo está hecho, la Luz que ilumina creando universos y dimensiones sin limitación, mientras no avancemos por el camino correcto hacia arriba, hacia la Luz o hacia lo profundo de nosotros mismos –puesto que nuestra esencia es Luz–, no habrá verdadera evolución en el tiempo que responda a la Presencia de lo Eterno.

El encuentro de la propia esencia con la esencia absoluta ha sido expresado en la tradición *vedānta advaita* de la India con la sencilla fórmula de «*ātman* igual a *Brahman*», nuestro Ser –el real, el de verdad– es igual al Ser absoluto. Indaga en tu verdadero interior hasta descubrir qué eres más allá de lo cambiante, de esto que aparece y desaparece –sensaciones, emociones, pensamientos que se reciben de aquí y de allá, energías que empujan para actuar de una manera u otra–. Más allá de aquello en lo que nos habíamos entretenido, al notar –siquiera intuitivamente en la lejanía– que nuestro ser está más allá de todo lo percibido sensorial y mentalmente, entonces hay un ensanchamiento, una ampliación que desemboca en lo infinito, mi ser coincide con el Ser absoluto, mi luz no es sino la Luz.

No existen separaciones limitativas en la Luz, la realidad es holística como decíamos, en la parte está el todo. Vayamos con cuidado si no lo sabemos ver: yo no puedo ver eso; claro, nuestra mente concreta está adaptada a lo sensorial, es una visión estrecha que interpreta basándose en los datos sensoriales –que *natura* nos prestó por un tiempo– a partir de las categorías de espacio y tiempo. Lo relativo es sólo lo Absoluto *(Brahman)* visto a través de una percepción restringida.

Atravesemos esa mente sensorial adaptada, esa mente que se mueve en los parámetros que marcan espacios y tiempos; atravesemos esa barrera proyectada y contemplaremos Aquello de lo que nos han hablado los sabios: nada de lo conocido, nada de lo que se dice o se piensa, de lo que recuerdo del pasado. Nos encontraremos sencillamente con lo que Es; una realidad hecha de consciencia, bellamente inteligente. No limitemos la Inteligencia a la razón lógica porque eso sería poner murallas a la infinitud de a la Conciencia sagrada. Una restricción que en cada momento estamos haciéndonos a nosotros mismos: limitar la Inteligencia a ese estrecho recinto de la mente sensorial y racional.

Atravesemos esa limitación, ascendamos más. No nos encontraremos con lo ilógico, con lo incoherente, sino con una lógica que se ha abierto tanto que ya no es una línea única sino una infinitud de líneas en todas direcciones. La metáfora espacial es inevitable para que lo comprendamos: la lógica es como una línea recta –distorsionada a veces por las emociones que la desvían–, pero podríamos abrirnos a todo un plano o más allá todavía, a una realidad cúbica, incluso de innumerables dimensiones. Esa apertura resulta inconcebible para nuestra mente tan adaptada a lo sensorial y su límite tridimensional. Llamemos infinito a aquello que tiene múltiples dimensiones: la Luz se expresa en la infinitud, infinitas manifestaciones, infinitos mundos en perpetuo movimiento en un punto inmóvil, un punto sin dimensión, lo Absoluto, Dios.

✳ Contemplar, sólo contemplar ✳

Si contemplamos directamente la Luz que somos, no nos extrañarán los constantes movimientos y los diversos modos en los que se expresa, no diremos: «Esta forma antes era así, ¿por qué ahora ha cambiado?, yo antes era distinto, mi cuerpo era joven, tenía a tal persona a mi lado pero ahora no está, tenía una mente poderosa, pero mi cerebro se ha ido empequeñeciendo, ¿y ahora qué?, me querían, me admiraban pero ahora no es así», etc. Si contempláramos la Luz que se manifiesta de manera infinita con cambios innumerables en la temporalidad –los cambios son hijos del tiempo–, aceptaríamos con serenidad que todos esos escenarios están en movimiento constante, un bello movimiento sin haber salido nunca de lo Inmóvil. Aquello que a la vez es inmanente y trascendente a lo que percibimos como realidad.

Así como en el teatro al presentarse otra escena nueva se coloca un decorado distinto, baja de arriba un paisaje, sube el anterior y todo se transforma en un momento, así también sucede en nuestra vida. Ante eso, ¿quién podrá decir: eso es triste, me asusta, pierdo todo, tengo miedo?, ¿quién dice eso? Lo que nos importa en nuestro argumento vital ¿es ese aspecto limitado de nosotros que no percibe la Inteligencia tal como es o intuimos que algo inteligente se está manifestando detrás de tan variados decorados?

De ahí que tengamos que enseñar a nuestra mente a contemplar, a quedarse callada de una vez, a parar la rueda mecánica de pensamientos y las vueltas y vueltas que producen emociones repetitivas. ¿Quién en nuestro interior nos enseña a quedarnos en silencio y contemplar lo que está más allá? Aquello que está detrás, quien está detrás –no digamos «qué» como si fuera una cosa no inteligente–, nuestra verdadera esencia, lo que verdaderamente somos, es perfectamente inteligente y comprende el movimiento de la Vida con sus cambios. Todo es perfecto, y se da «para mayor gloria de Dios» como se nos dijo en nuestra tradición. No obstante, esa parte de nosotros mezquina y limitada que está acostumbrada a entender la existencia desde esquemas conocidos, inmediatamente dice: ¿son para mayor gloria de Dios las catástrofes, los problemas, los sufrimientos, las muertes, los actos crueles? Si mantenemos esos argumentos no hemos salido de nuestro mundo pensado, por lo que no habremos comprendido que Dios es Inteligencia en expresión, una expresión que sólo comprenderemos desde esa misma Inteligencia divina que somos.

Dios no es ni el personaje bonachón que concede parabienes ni el personaje vengativo que castiga si no se obedecen sus leyes –hay tradiciones en las que ambas cualidades se predican a la vez, sin pensar en la contradicción, un dios castigador cruel que a la vez es misericordioso–. Todas esas características son las proyecciones personales que se hacen asumiendo que la Inteligencia divina es una persona, algo limitado que se capta con los cinco sentidos o mediante la mente pensante a la cual se le escapa todo lo que está por encima de la persona que juzga, justamente lo más valioso.

Percibamos lo sagrado, lo divino, la vida única, la Conciencia total que es pura Inteligencia, no la limitada capacidad de calcular y medir. Lo cuantificable es un aspecto ínfimo de la realidad que en nuestra civilización se ha sobrevalorado de manera monstruosa, de ahí que se viva a base de cálculos, medidas y comparaciones. *Māyā* significa en sánscrito «medida» y a la vez «ilusión». En las cantidades, ilusorias como son, falta el alma y aún más el Espíritu, falta la esencia de lo que aparece. Y donde las apariencias se han ido restringiendo progresivamente hasta ser un mero número, los seres humanos ya casi están asemejándose a un objeto cuantificable, a una máquina. Ése es un aspecto muy limitado de la Inteligencia. Fijémonos bien que al hablar de lo positivo siempre se trata de una expansión, mientras que cuando se trata de lo negativo se alude siempre a una limitación; sin embargo, en la Realidad no existe limitación alguna, cuando contemplamos lo Real no hay barreras que lo determinen. Aquello es lo ilimitado.

Pero ¿qué sucede cuando no contemplamos la Verdad sino que nos quedamos atrapados en los instrumentos que se nos han dado para vivir la aventura temporal? Ocurre que creamos un mundo limitado por el bien y el mal, con lo que conviene y lo que no, con toda clase de cálculos. Un mundo en el que nos encerramos; por una parte queremos ser libres, pero nos es imposible cuando estamos encerrados saltando entre lo bueno y lo malo, lo que debe ser y lo que no, en resumen, todo un mundo de deseos. Tener deseos es un síntoma de falta de Inteligencia. Así por ejemplo, una persona puede ser un gran intelectual dentro del mundo del pensamiento, puede ostentar un puesto considerado importante para la ilusión proyectada, pero si alberga deseos es que no ha contemplado la Inteligencia: cuantos más deseos hay, más Inteligencia falta. Algo que en todas las épocas casi siempre se ha malinterpretado al entender que vivir sin deseos equivale a no poseer bienes materiales; pero quien está libre por dentro no tiene por qué representar ningún teatro externo, ni interpretar el papel de poderoso ni el de humilde, ni aparecer como un ermitaño ni como un emperador; puede estar rodeado de cosas o de personas o en total soledad; simplemente se desprende de la obra de teatro aunque la función continúe, las variantes que se vayan ocasionando ya no le pertenecen, se ha liberado de estar anclado en esa escena teatral y lo que vaya sucediendo, sucede en libertad, con desapego, le sucede a esa persona representada.

Sería muy poco inteligente analizar quiénes albergan deseos y quienes no y catalogar por tanto qué grado de inteligencia posee cada uno, qué grado de libertad. Eso es absurdo, solamente el hecho de interesarse por ese tema denota falta de inteligencia. Tan sólo desde el interior, entrando en el silencio de mi consciencia, puedo ver cómo la libertad irrumpe, cómo va cayendo la avidez, no con esfuerzos de voluntad, sino con comprensión, lo cual es muy distinto a juzgarme a mí y a otros. Al ser más consciente van desprendiéndose las ataduras, aquello que me tenía obnubilado, aturdida. Los deseos se sueltan ellos solos, no los tengo que desatar con disciplinas y trabajos porque al hacerlo así estaría tratando de cambiar unos deseos por otros. Cada vez que aplique mi voluntad personal para algo, ya hay un deseo; si quito unos para poner otros, estoy sumido en un juego sin sentido. Desde el silencio de la Conciencia, notaré que va habiendo más libertad porque los deseos se van diluyendo en el vacío de la Verdad.

Por fuera nadie va a constatarlo porque todo el que mire y juzgue desde el exterior lo hará interpretando con su pensamiento, por lo que las consecuencias que saque estarán condicionadas a su incomprensión. Esa libertad interior es algo de lo que no puedo presumir –lo cual está muy bien– y tampoco puedo juzgar a los demás desde ella: no tiene sentido entretenerme en eso porque cuando lo hago estoy teniendo un necio deseo de ser superior a otros. Toda comparación revela falta de inteligencia. En general interesarme en lo que los demás hacen es una comparación frívola, ilusoria y por lo tanto siempre denota ignorancia. No habría de interesarme en la historia de nadie, en por qué actúan y si obran bien o mal, eso no me incumbe.

Todos somos expresiones de la Inteligencia divina, y si eso está claro para mí, si he contemplado suficientemente esa Verdad sagrada, veré que todos los seres –especialmente los humanos desde mi humanidad–, son manifestación de la única Conciencia. ¿Lo he contemplado suficientemente? Basta con que considere a todos los seres humanos como expresiones múltiples de la Unidad y entonces veré que las aparentes limitaciones particulares sólo atañen a quien las observa en sí para poder deshacerse de ellas.

De ahí que cuando un ser humano va adquiriendo sabiduría, necesariamente tiene que desarrollar compasión al mismo tiempo. Pero compasión no significa lástima ni sentimentalismo; compasión es comprender con amor. Si la Inteligencia falta, lo que resta no es verdadera compasión.

De modo que abrirme a la Inteligencia tiene unas implicaciones y una expansión tan grande que no puede concebirse hasta que no se realiza. Comprendamos la grandeza de aprender a contemplar. Porque todo lo que se nos ha enseñado —no seas egoísta, ten compasión, «ama a tu prójimo como a ti mismo»— u otras consignas parecidas, buenos consejos para las personas, todo eso estará multiplicado por mil y aun más cuando provenga directamente de la comprensión de la sabiduría, entonces sí será auténtico. ¿Acaso antes no lo era? Pues no mucho, la verdad. Cuando intento ser bueno, cuando trato de ponerme en el lugar de los demás y lo procuro con todo mi bagaje de emociones y pensamientos distorsionantes, siempre lo hago por motivos no verdaderos.

Pero si descubro por contemplación la Inteligencia que soy, ya no hay ningún «yo» ahí que pueda reclamar algo: ni ser mejor ni peor, no hay nada mío, la Inteligencia lo es todo, es mi verdadera identidad. Cuando toco mi verdadera identidad, se cae la farsa: si la rozo por un instante, por un instante se desmontará lo falso, si ya vivo desde allí no habrá falsa identidad, y si la toco pero luego me distraigo, volveré a pensar que soy otra cosa distinta de lo que realmente soy, pero ese pensamiento habrá perdido ya fuerza para dirigir mi vida. Puede que esté en sus últimos momentos antes de sucumbir a la Verdad.

Hay distracciones que acarrean muy malas consecuencias —las distracciones concretas de olvidarme las llaves o dejarme el paraguas cuando llueve también resultan inconvenientes, pero éstas son pequeñas trivialidades—; olvidarme de lo que realmente soy es algo que trae consecuencias nefastas porque nos sume en la ilusión, en el malestar, en las preocupaciones, en el sueño. Ya lo sabemos: el único remedio ante los extravíos que acarrean tanto sufrimiento es ser más consciente. Y puesto que no sé cómo he de ser más consciente, tendré que colocarme en silencio, en contemplación, ante la Conciencia que intuyo. Me puedo situar en su Presencia y ver esa infinitud de la Inteligencia divina, quedarme más y más sorprendido, anonadado ante ella hasta que llegue un momento en que vea que no hay nada más, con lo cual mi «yo» separado quedará olvidado. De manera natural, así como se disuelve la sal en el agua, sencillamente y sin grandes aspavientos, se deshace lo que creíamos ser, nuestra falsa identidad, sólo por contemplar la Inteligencia divina, nada más.

La Inteligencia que todo lo abarca

Es posible que surja una duda en nuestras mentes: ¿cómo voy a contemplar la Inteligencia sagrada, la Presencia divina si no sé lo que es, si miro adentro y no la encuentro?, ¿cómo voy a hacerlo? Ése es el mayor obstáculo en el campo de las creencias: ¿cómo contemplar aquello que no conozco? Pero no es verdad que lo desconozca: es algo que resulta imperceptible, que no capto mediante los sentidos ni lo puede entender el pensamiento, de modo que si me encuentro encerrado en esa tríada inferior –cuerpo, emociones, pensamientos– entonces es como si no existiera para mí, como si Dios no existiera. Cuando digo «Dios no existe» y me hallo encerrado ahí, proclamo una triste situación, ya que en esas latitudes imaginadas verdaderamente Dios no existe, la estrechez de miras ha hecho que se pierda la infinitud de lo divino en la vida diaria.

¿Qué se puede hacer? Si me encontrara inmerso en esa oscuridad, tan encerrado en esa cárcel sin ventanas, ni siquiera una rendija por la que pudiera colarse un poco de luz, cabría afirmar: no puedo contemplar. Pero ¿es eso posible en un ser humano? No lo creo, lo que parece es que los seres humanos creen que están ahí atrapados porque piensan que ésa es la realidad y no hay otra salida; están encerrados porque «piensan». La solución es sencilla: no pensar. Objetaréis con razón que no podemos dejar de pensar, pero cuando planteo que hay que prescindir del pensamiento me refiero a no hacer caso de las interpretaciones pensadas, a no guiarnos por las creencias que dicen que ésta es la realidad, que esto es todo. Inmediatamente tengo que ver la limitación de ese ámbito, no conformarme con ese encogimiento de mi mente. Cuando a un ser humano le parece que no encuentra la Inteligencia divina para contemplarla, cuando supone que no sabe qué es esa Presencia de lo sagrado, esa idea es un mero pensamiento, detrás de esa creencia –si es capaz de atravesarla–, está iluminando la Luz.

Siempre hay alguna rendija abierta, como los seres humanos somos muy variados, la Inteligencia se expresa de múltiples formas, de una manera tan bella y creativa en su multiplicidad que cada ser humano tiene accesos diferentes por los que la Luz penetra. Y ahí, en esa grieta metafórica, por ese presentimiento de lo que está más allá de las apariencias, por esa mínima intuición que desaloja las creencias pensadas, por ahí ya empieza a vislumbrarse la Luz de lo verdadero. Ese resquicio es importante puesto que si se manifiesta algo de Luz, puedo contemplarla y hacer caso omiso de la aparente cárcel que me rodea, de cuántas piedras tiene, de qué distancia hay de una losa a otra, de si es oscura y húmeda, de que incluso circulan ratas por ahí; ignorar la prisión y contemplar la Luz que pasa a través de esa rendija es una propuesta liberadora que escuchamos de boca de la sabiduría milenaria de la humanidad.

Nos referimos a una cárcel metafórica; en un edificio hecho de piedras además tendría que romper las paredes para salir, pero no ocurre así en la Conciencia: ahí, si contemplo la Luz, me voy haciendo luz. Y todo lo que había construido con el pensamiento se derrumba. No necesito una herramienta para romper a martillazos los muros y los barrotes de la prisión. Hay algunos caminos psicoespirituales que así lo proponen; en esos casos, mientras está haciéndose la tarea de tratar de romper lo falso con golpes de voluntad, quizá al mismo tiempo algo se estará intuyendo y esa intuición podría salvar del error.

Si desde fuera observamos cualquier camino que un ser humano emprende al ajustarse a una práctica establecida, no podemos asegurar si se trata de un sendero falso o no; lo único que se podría decir es que cada ser humano se equivoca desde su limitada manera de ver y cuando otro lo juzga, lo hace desde otra equivocada manera. Permitamos entonces que cada uno aprenda a su estilo, pero sepamos –esto es esencial si queremos seguir la vía directa– que todos los caminos son verdaderos en la medida en que amplían la consciencia, en la medida en que intuyen y han descubierto Luz y, de alguna manera, se ponen en dirección a ella, como quiera que lo hagan. Sepamos que esa vía directa se expresa de múltiples maneras, lo cual no significa que haya distintas vías separadas unas de otras. Sólo hay un camino: abrirse a la Luz. Pero ese camino se transita según las situaciones en que se encuentran las personas, cada uno lo recorre a su aire.

No importan los matices, importa la fuerza interior con la que contamos, importa la determinación sincera. Lo esencial es escuchar «la llamada» y no poder evitar responderla. Y desde la pequeña ventana que hayamos encontrado en la cárcel de la separatividad puede dejarse paso la Luz si la amamos suficientemente. Si amamos suficientemente la Luz que pasa a través de nuestra limitación, bastará para que se haga una brecha luminosa de expansión de consciencia.

En síntesis, diremos que se trata de contemplar, pero que no hay una manera de llevarlo a cabo prefijada desde fuera, lo que importa siempre es la autenticidad de nuestra mente contemplativa. Para llegar a ser contemplativa, la mente no necesita nada externo, escucha la voz apremiante de su alma y ya puede caminar por los campos abiertos de la existencia con su guía. Puesto que al final lo tendrá que soltar todo, es irrelevante que empiece por un lado o por otro, aunque hay una senda inteligentemente escogida para cada alma. Cuando se mantenga en la presencia de Dios todo va a caer, las teorías, las doctrinas, los sistemas, las prácticas que existían mientras dábamos realidad a lo externo, mientras nos parecía que las necesitábamos.

¿Entonces la actitud inteligente es pensar que no necesito nada? No, ésa es una deducción lógica que se obtiene siguiendo la línea estrecha de la razón, como decíamos. ¿Es que no hay nada que hacer? Tal actitud está de actualidad, muchos libros la proponen: como todo es ilusorio, no hagamos nada. Sin embargo, inevitablemente continúo actuando, porque la vida es movimiento. Si me mantengo en esta máquina pensante, el no hacer nada significará seguir en el mismo lugar donde estaba, guiado por los pensamientos y los hábitos, bien dormido, dormida. De hecho, ésas son las consecuencias de pensar no hacer nada.

¿Qué hacer entonces? Preguntarlo supone otra actitud errónea porque la belleza de la Verdad no estriba en lo que tengo que hacer concretamente, sino en la verdad interna que surge al actuar o no actuar, en el grado de pureza que hay en mi mente, el amor a la Verdad sagrada. Haz lo que quieras, se podría aconsejar, en cualquier caso se va a actuar de acuerdo a cómo estén moviéndose determinadas energías más o menos impulsadas por la Luz que somos.

Entonces, ¿vamos a dedicarnos a modificar las energías? Las energías se movilizan al ritmo de la comprensión que les da sentido. ¿Cómo voy a cambiar eso?, ¿me ajustaré a unas doctrinas de más sabiduría? Cada vez que me ajusto a algo me limito, cada vez que dependo u obedezco a alguien estoy saliendo de mí, y el camino es adentrarse en lo profundo de sí mismo. Y si no he de seguir a nadie ni a nada, no penséis por tanto que debéis seguir lo que se está expresando ahora en este libro, hacerlo no tendría ningún interés. Si estas palabras evocan lo verdadero en nuestro interior, responderemos a nuestra alma esclarecida.

No hay nada concreto, nada específico, ninguna cosa o persona cosificada que deba seguir para liberarme; será suficiente con entrar en el silencio de la propia consciencia y descubrir que soy esa Inteligencia, más allá de todos los pensamientos, predicciones, costumbres y opiniones. Cuando se contempla desde la Inteligencia que somos, eso se suelta y el ser humano empieza a sentirse libre desde dentro. Aunque difícilmente se clasificará a la persona como libre o no-libre porque ésta nunca es libre y sus actos externos conllevan la inherente limitación personal.

La Libertad es algo que se descubre en lo profundo de la Conciencia, es un misterio, un secreto que la mente exteriorizada nunca podrá descifrar. No podrá saber lo que es la verdadera libertad ni la verdadera Inteligencia. El secreto permanecerá hasta que no se ahonde en el silencio de la contemplación.

Las especulaciones –el adherirse a unas ideologías u otras–, siempre estarán cambiando: la prueba evidente –si es que necesitamos pruebas– es que las doctrinas y teorías se mantienen vigentes durante una época y en otra quedan obsoletas. Se intensifica la valoración durante un tiempo y luego declina el interés para dejar paso a una nueva teoría. Mientras lo que Es no está en el tiempo, permanece siempre, no cambia, no está sujeto a modificaciones. ¿Y podría suceder que en una religión o doctrina filosófica hubiera algo de verdad? Sí, pero solamente lo captará quien ya es capaz de contemplar la Verdad dentro de sí mismo.

Al mirar una doctrina conceptual desde la visión verdadera brilla lo que es afín a esa visión y queda oscurecido lo demás. Una forma de expresar la Verdad racionalmente tiene ciertas características que imponen en ella un sello delimitando lo infinito en lo finito; constatamos que en aquella época se explicaba con unos términos y ahora con otros. Algunos aspectos pueden no ser ciertos pero el discernimiento fácilmente los distingue, como un rayo de luz que deshace las sombras.

Desde el discernimiento, será natural aplicarlo y ver la verdad que se expresa con distintos lenguajes, ver cómo se comunica desde diferentes contextos y cómo las personas tal vez no la captan porque se les escapa lo esencial escondido entre conceptos. Justamente lo que se ha superpuesto a lo verdadero es lo que las personas siguen, mientras que la esencia se escapa porque es escurridiza, es tan imperceptible como la Inteligencia que la contempla al mirar con ojos contemplativos.

Diremos incluso que para ver la Verdad es necesario mirarla con los ojos de Dios siguiendo el consejo del maestro Eckart. Pero yo no soy Dios, podríamos responder rápida y superficialmente. ¿Puede haber algo que no sea Dios? Esto es lo que tendríamos que plantearnos: ¿seríamos algo fuera de la Inteligencia divina? Si existe esa Inteligencia, todo es Inteligencia incluyendo lo que provisionalmente considero «yo», aunque posteriormente a mi verdadera identidad se hayan superpuesto muchas capas de ilusiones y opiniones que la limitan. Si cuidadosamente retiras todo ese «magma», como cuando se escoge el oro y se retira lo que lleva adherido, o se pule una piedra preciosa en bruto hasta quedarse con un rubí o una esmeralda. Y aquello que se desprende no lo perdemos porque no era nada, se diluye como una apariencia entre apariencias. La Inteligencia ha creado ese reflejo; parecía que ahí había una persona separada de las demás, pero en realidad no había ninguna separación, parecía que la realidad era un mundo exterior, pero ésa era la manera sensorial de percibir la Realidad oculta a los ojos duales.

Contemplemos no lo que aparece, sino lo que Es; si lo intuimos y además lo amamos, lo podremos contemplar. Y no podemos intuir Aquello sin amarlo porque intuirlo ya es un vislumbre que nos adelanta el amor a la Verdad. Aunque en algún momento aparece tímidamente, como si se escondiera tras la mente, llegará el día en que ese atisbo será ya una visión clara, una evidencia tal que resultará imposible dudar de ella. Entonces el amor al Espíritu será lo esencial de nuestra vida, y su contemplación sobrevendrá tan naturalmente como fluye en el cuerpo la respiración. Contemplar la Conciencia es la vía directa para serla. En verdad, ya soy porque no hay otra cosa, ya soy esa Inteligencia sagrada que se bifurca, se refleja, parece que cambia, parece que se mueve; mientras permanece en su inmutable Ser.

Vivir un instante verdadero

Este preciso instante

El título de la investigación de este capítulo –vivir un instante verdadero– es la consigna ante esta dificultad que se nos presenta al intentar ser constantemente conscientes. En realidad, no es necesario plantearse ser conscientes constantemente, lo que entendemos como un largo camino. Porque cuando alguien se propone ese objetivo con el pensamiento, se está exigiendo un absurdo ya que «constantemente» alude a estar así todo el tiempo. Sin embargo, atrapado por la temporalidad nunca estoy consciente. No se trata de hacerlo ahora y luego volver a intentarlo otra vez, lo que aquí se requiere no es la continuidad cronológica: ser consciente es salir del tiempo en un instante vacío, nuevo, único.

De modo que lo que se nos plantea como tarea –metafóricamente hablando– es ser conscientes en este preciso instante, sólo eso. No durante todo el tiempo. Llevar esa carga constantemente resultaría pesadísimo además de ser absurdo y en todo caso sumamente aburrido. Únicamente un instante, justo este instante actual. Si estoy dormido, no ha lugar, como dicen los abogados, no se plantea nada más. Pero en el momento en que despierto y me doy cuenta puedo plantearme: ¿qué hago aquí?, ¿por qué me encuentro en este enredo?, ¿por qué estoy así de incómoda, preocupado, y con todas esas anomalías? ¡Ah! Es que estoy fuera de mí mismo, estoy dormida, dormido. En ese momento despierto, soy consciente en ese instante, nada más. Por supuesto, esto que se acaba de expresar en palabras se vive instantáneamente sin pensarlo.

✳ El momento sagrado ✳

Ante lo que acabamos de ver, el pensamiento puede replicar: ¿y al siguiente momento? Detengamos su discurso. Vivo sólo en este instante... y entonces notaré cómo desde el origen, desde la fuente, va llegando la Luz. O expresándolo con un símil, diremos que desde el manantial el agua corre y va limpiando aquella tierra acumulada que como un dique no permitía vivir en la Verdad. Tengamos por cierto que sólo el instante es valioso, mientras que la continuidad temporal no lo es porque está sujeta al pensamiento: el pasado pertenece al pensamiento, el presente no existe porque es el salto del pasado al futuro, ambos pensados. Y ese preciso instante que no estamos pensando (ni en lo que ha ocurrido anteriormente ni en lo que después va a suceder), ése es el momento sagrado. No existe –la partícula «ex» alude a lo que aparece «fuera»– sino que es. Porque es eterno, ya que no está sujeto a la temporalidad. Cortemos entonces de cuajo el flujo energético del pensar que se preocupa por los siguientes momentos porque eso ya no es verdad, es mera proyección mental.

Y ¿podría quedarme en ese instante?, ¿me perderé algo si lo hago? No, no me perderé nada porque la continuidad tan sólo es continuidad de algo ilusorio, no es un camino verdadero, es un mundo imaginado, ahí no brilla la Inteligencia. Los pensamientos no saben lo que es la verdadera Inteligencia: algo maravilloso. Os lo dice quien ha vivido toda su vida –o vidas– enamorada de ella.

No hay nada fuera de su Presencia, lo ilumina todo, lo unifica todo con amor, paz y alegría interior. Vivencias que, de no haberlas probado, nos parece que apenas puedan existir. Al descubrirla sabemos que experimentado por el «yo», lo externo no tiene ningún valor comparado con esa serena libertad que produce vivir inspirados por Ella.

En ese instante en el que despierto abro la puerta a la Luz; no puedo hacerlo en otro momento. Si estoy atrapado, atrapada, en la prisión pensada, no puedo esperar nada, me he quedado hipnotizado, dormida. Pero cuando despierto –sin duda, este tipo de investigaciones y los momentos de contemplación que vivimos nos ayudarán a que haya más momentos de despertar–, detecto lo que es ser verdadero, estar iluminado, inspirado por Aquello. Es algo completamente nuevo: las maravillas que, según se cuenta, pueden conseguirse en este mundo –grandes aventuras amorosas, experiencias exitosas, admiración de otros– resultan insignificantes ante la alegría de ser verdadero, de vivir inspirado por la Verdad. A su lado, todo lo demás parecen cuentos relatados para entretenernos. De modo que con un instante, basta. Si lo he probado, tengo evidencia. Ya está la puerta abierta.

Ahora «lo de dentro» hará su labor con las formas manifestadas que ya están en sus manos. Como se dice en nuestra tradición, «estamos en manos de Dios». Ciertamente, lo sepamos o no, lo hemos ofrecido todo a Dios; así es, lo aceptemos o no, nuestra existencia atemporal es sagrada y está consagrada a lo Supremo. No puede ser de otra manera porque éstos son instrumentos en manos de la Inteligencia divina. Entonces, ¿dejaré todo lo demás de mi vida así en manos ajenas sin hacer nada? Si lo comprendo bien no lo ofrezco a «otro», porque yo soy Aquello. Aquella Inteligencia sagrada es lo que soy. Y todo lo demás que aparece es lo que no soy, lo que imagino ser en el tiempo. Antes o después se pasará esta pesadilla temporal –aunque cuanto antes despierte de ella, tanto mejor.

Habitualmente, estoy soñando que soy una persona con un cuerpo de algunas características, inmerso en ciertas circunstancias, con tal posición en el acontecer del mundo y tantas cosas más. Cuando despierto, veo que todos esos añadidos que me han dado para vivir esta aventura existencial están en el plan temporal de la Inteligencia. Sí, hay un proyecto y todo está orquestado por ese grandioso despliegue inteligente. Y así me quedo tranquilo, quieta. Como un observador maravillado de la gran obra que se presenta. ¿Puedo mantenerme con lucidez sólo un instante y descubrirlo?

La corriente del sueño

Quizá ahora vaya reconociendo, más y más, que yo soy Aquello. Y en un momento dado diga: aquí me quedo, se acabó; no vuelvo al tiempo, no regreso a las inquietudes, a las incertidumbres, a las preocupaciones del pensamiento temporal, no me sumerjo más en esa corriente. Sí, enseguida pienso que efectivamente debería ser así..., pero si todos los demás están en esa corriente, ¿no me arrastrarán? La Inteligencia tiene una fuerza inmensa cuando la descubro. La corriente del pensamiento sólo tiene fuerza cuando se la doy en el sueño, mientras me creo la ensoñación.

Pongamos un sencillo ejemplo. Como todos sabemos, en nuestra época los mensajes publicitarios proliferan por todas partes –haga esto, compre lo otro, váyase de vacaciones aquí o allá–. ¿Es cierto que no podemos resistirnos, que no tenemos más remedio que hacer caso a todo lo que se nos presenta como deseable? Sería agotador si obedeciésemos lo que se nos propone. A cualquier sitio que vayamos nos persigue la publicidad... ¡Ah! Pero ¿qué sucede si por dentro no valoro aquellos mensajes, si me doy cuenta de que no se trata de algo que necesite –aunque me digan: esto le interesa muchísimo–? En tal caso no hay manera de arrastrarme a que adquiera aquello o haga aquel viaje. Simplemente, veo que no me interesa.

La propaganda surtirá efecto en la medida en la que no viva con lucidez, mientras viva en la zona del sopor pensante, en esos lugares en los que ya hasta se oyen «ronquidos» de las durmientes entidades que los configuran. Allí, los pensamientos siguen el dictado de todo lo que oyen y no sólo como propaganda, sino como intercambio entre mentes sonámbulas.

Ocurre de igual modo si el mensaje externo coincide con algún asunto emocional que mantengo dentro sin resolver: me preocupo porque no me siento fuerte, entonces me ponen anuncios que responden a temas emocionales internos no comprendidos –quiero que otros me admiren, tener más poder sobre los demás y tantos deseos más–. O atiendo a los que activan en mí una emoción que dice que no he estudiado bastante, que no sé nada, que soy torpe, pero con este aparato electrónico aumentaría mis conocimientos –ya no necesito nada más, lo voy a saber todo pulsando una tecla.

Si lo que se me presenta coincide con esas emociones de carencia soterradas, será fácil dejarme arrastrar; porque dormida, dormido, como me encuentro, el protagonista es el sueño que me produce esa inquietud, esa sensación de necesidad. Cuando vivo esas emociones me creo ser la persona y pienso que es peor que las demás.

De manera semejante a lo que ocurre con toda esa propaganda inducida –la propaganda está calcada del modo de funcionar del pensamiento– sucede con los mensajes pensados colectivos; porque los míos y los de los demás son los mismos, se solapan unos a otros, se repiten y conforman la misma rueda. Cuando aquellas creencias grupales están ahí, tengan la fuerza que tengan, si yo ya he visto que todo eso es falso y no concierne a lo que de verdad soy, entonces aquello no me cala. Quizá la gente me proponga: deberías asistir a ese espectáculo para vivir una experiencia especial; pero ya no soy vulnerable, me doy cuenta de lo que en ese nivel se está tramando para embaucar a esa persona que tiene mi nombre y apellidos, ya lo he visto y no me afecta.

De modo que cuando el pensamiento se me presenta indirectamente a través de otra persona, es lo mismo que cuando se presenta en mi interior. Lo reconozco. Dentro de mí he aprendido a manejarlo, a plantarle cara: esto no me concierne. Atiendo los asuntos prácticos pero no escucho el pensamiento psicológico del tipo ¿voy a ser feliz haciendo esto o lo otro? Cuando ya estoy viéndolo dentro en mí, entonces me percato también de las corrientes externas de pensamiento: cómo los demás me tratan de implicar en su película. Aunque, en realidad, no son los demás quienes deciden, puesto que ellos, a su vez, también están arrastrados por el argumento soñado. Mi familia y amigos me quieren y sin embargo me inducen a lo falso: démonos cuenta de que no son ellos los que están tratando de llevarme a su terreno ilusorio, sino que es una corriente de sueño que mantiene flotando a los durmientes. La única salida para evadir esa dinámica es despertar.

Aquí se nos está presentando una situación tan diferente de la que normalmente vivimos que puede resultar insólita. La única manera de que sea efectiva en nuestra vida es que lo veamos por nosotros mismos. Ahora lo estamos mirando, pero hemos de tener esta misma visión en un instante en que despertemos en nuestra vida. Digamos que cuando estamos en el fragor de la batalla –como Arjuna en pleno combate en el campo de Kurukshetra según la *Bhagavad Gītā*–, cuando tengo que tomar decisiones vitales, en ese mismo momento podemos despertar y recordar –sin pensarlo–: «Yo no soy esta persona, ¿qué corrientes están moviendo a este personaje?». Si reacciono desde el sueño pensaré: «¡Ah! Es culpa de los otros, me quieren manipular según sus intereses». Así empiezo el juego de la guerra necesaria: los intereses de un país, de una multinacional, de una persona. No se trata de posicionarme en el imaginario juego dual de los buenos y los malos. Cuando me intereso por ese argumento me sumerjo en la corriente del pensamiento. Tanto si considero que los buenos son unos como si opino que son los contrarios, me equivoco. Desde la Unidad de la visión verdadera no existe esa distinción.

Simplemente se trata de una ráfaga de pensamiento que está pasando y recogiendo energía dormida. Eso es todo lo que hay, no hay nadie ahí. Por lo tanto, no hay culpables. Cuando me encuentro empujada, arrastrado, por un impulso inconsciente, ¿acaso soy culpable? Tengo que mirarlo bien. ¿Quién hay ahí para ser culpable? No hay nadie, también eso que creo ser es un pensamiento. Cuando hay alguien, es decir, cuando hay consciencia, no me arrastran los pensamientos. Y ya no puedo ser arrastrado porque entonces estoy inspirado por la Inteligencia, en armonía. Que los demás me consideren culpable o inocente forma parte de la película pensada. En mi interior, me libero al comprender que todo eran sueños sin ningún valor, y me doy cuenta de que eso es lo que también ocurre en toda la humanidad. Este descubrimiento constituye una gran liberación. Lo tengo que vivir para saber que no se trata de «mi liberación» sino de la Libertad que se manifiesta. Así se suelta el lastre de miedos, odios, envidias, angustias y preocupaciones personales y colectivos.

Pero no olvidemos que hemos de vivir desde la Verdad para que todo eso se realice. Mientras sigamos dando realidad al pensamiento, aquel cargamento no desaparecerá. Por eso nos quejamos: lo he visto una y otra vez y sin embargo sigo igual… Será que no lo he visto, quizá lo habré pensado mientras soñaba. He de continuar contemplando más y más, hasta el infinito.

¿Alguna vez me quedaré en paz, terminará todo esto? En un instante eterno ya ha terminado. Porque entonces lo vivo como el movimiento inteligente del plan divino. Cuando nos proponemos alguna meta en el camino espiritual, caminamos sobre ese error. Basta mirar alrededor para comprobarlo —tanta gente ávida de experiencias, presa de la ambición por querer conseguir algo y sumida en envidias porque unos pueden lograrlo y otros no—. Eso es impropio del camino verdadero. No hemos de conseguir nada, lo que creo ser no tiene que demostrar nada, tan sólo ha de desaparecer ante la luz de la Verdad. No hay que alcanzar un estado de santidad —según la tradición cristiana— ni llegar a «liberado» —según las ideas de influencia vedanta o budista—. Pero sí, puedo quedarme en silencio y descubrir que no soy esa zona inconsciente y confusa con la que me había identificado. Y en ese instante nuevo empezará a aparecer allí la belleza de lo verdadero.

La belleza siempre nueva

¿Qué podríamos decir acerca de la belleza de un instante verdadero, de un instante eterno? Aunque se muestra indescriptible, intentaremos describirlo. Sin ninguna circunstancia exterior que lo desencadene, cuando se vive un instante despierto, todo acaba de nacer, todas las células que componen mi cuerpo, todos los átomos que están en movimiento al vivir son recién nacidos, tal y como ocurre en la naturaleza, siempre en movimiento. La Vida ya nunca más tiene ese cariz repetitivo, pesado y aburrido que le adjudicamos en el sueño —otra vez tengo que levantarme, desayunar, ir al trabajo, etc.—. Me despierto en un instante y, haga lo que haga, lo que surja en el momento es nuevo desde dentro.

El sol es absolutamente nuevo cada día, es un maravilloso misterio que esté iluminando y dando vida a este planeta. Salga el sol o llueva, todo es un gran milagro: el que en primavera broten las flores, el que en otoño caigan las hojas, que el ser humano aparezca con una forma y después con otra… es perfectamente adecuado e inteligente. Todo se está moviendo de manera creativa en la aparente multiplicidad de la creación consciente. Incluso las piedras están vivas. Cuando por ejemplo miro el collar de piedras que llevo puesto creo que es algo estable, inmóvil, siempre el mismo, pero no es así: hay átomos, partículas, ondas o quarks en continuo movimiento y aparecen de diferente manera, brillan si les da la luz. Hay universos vivos en esas piedras, ¿no es maravilloso?

¿Y las montañas son siempre las mismas? Esa solidez y esa serenidad que nos comunican es algo nuevo en cada momento, nos están diciendo algo distinto cada vez que las miramos. Van cambiando, la naturaleza está modificándose con las estaciones, el ciclo de la noche y el día y tantos otros movimientos imperceptibles… cada instante es nuevo. No necesito inspirarme en una poesía para tomar consciencia de ello, la poesía es inherente a la vida. —Como me parece que todo es una cosa mecánica aburrida y resulta que aquel poeta ha visto cosas que yo no he captado, voy a leer sus versos para enterarme de que no estoy viendo la realidad con la belleza que tiene.

Aunque estaría bien leer poesía si así percibimos que no estamos viendo la realidad como es; luego podría dejarla y, viviendo un instante verdadero, ver que la poesía es todo, yo soy poesía, todo lo que hay alrededor lo es y el movimiento de verlo es igualmente poesía. Es una lástima que hoy en día la mayoría de las personas sólo piense en algo provechoso para conseguir dinero y se hayan desinteresado en masa —que no en lúcidas individualidades— por la poesía. Pero si viviéramos un instante verdadero, nos daríamos cuenta de que la belleza nos rodea por todas partes. ¿Lo hemos descubierto?

Hay belleza en todo, tal y como los verdaderos poetas, los artistas inspirados, nos revelan. Los pintores, los músicos o los arquitectos siempre lo han estado expresando: con las piedras, con las palabras, con los colores, con las formas, con los sonidos y silencios se puede hacer belleza. No es que se pueda fabricar belleza con las manos humanas, es que la belleza siempre está ahí y espera que la pongamos de manifiesto. Y cuando ya hay inspiración en nosotros, ésta se manifiesta de distintas maneras y puede expresarse a través de toda obra. ¿Por qué no estamos siempre abiertos a esa inspiración? No necesariamente para estar construyendo bellos edificios ni para estar componiendo melodías musicales, sino para que nuestra vida sea una maravillosa obra de arte momento a momento. En cada instante verdadero, en este instante en el que no tomo en cuenta el pensamiento-tiempo, ahí está ya la belleza de todo. La belleza es una manera de nombrar la Realidad, el amor es otra, y no están separadas.

132

El amor está ahí porque todo está interrelacionado. Todo se atrae mutuamente y cuando parece separarse constantemente clama por la unidad. Puesto que todo está entrelazado, en todas partes habita el amor. ¡Hay tantas maneras de nombrarlo! Todo es belleza, todo es amor, es verdadero, es lo que Es. Mi contemplación fluye espontánea en ese caudal inagotable. Nada puede reprimir la Luz que se expresa de diversas maneras. Luego todo es libre, todo es libertad. ¿Cómo puede ser? ¿Esto es sólo una manera de verlo? Si observamos en profundidad lo veremos de verdad, y verlo de verdad es para siempre. Los restos descoloridos de valores de belleza y de amor que tanto buscamos en las formas no nos aportan más que un miserable reflejo que se desgasta en el tiempo.

Considerémoslo: ¿qué es mejor, buscar una cosa o persona bella, lo que supone buscar la belleza de una forma o ser Belleza? Cuando eres Belleza, todo es Belleza; cuando por dentro la tocas, la ves reflejada en lo exterior. La presencia de Dios está en todo, tal como decían los místicos –y decían verdad–, cuando contemplas a Dios, todo es Dios. Cuando contemplas lo sagrado en ti, empiezas a notar que todo lo es porque no hay nada ajeno a Dios, no hay nada fuera de la Conciencia que lo está creando. ¿Dónde podría estar si Dios lo es todo? ¿Qué es eso de «fuera»? Solamente es una categoría de nuestra mente, una manera de ver de nuestra limitada percepción soñolienta.

Si ya hay una evidencia de que es posible esta vida amplia, libre, luminosa, bella y amorosa, ¡vivámosla! Para ello no tenemos que cambiar nada de lo externo. Es importante saberlo porque como nos entretengamos en cambiar lo exterior, vamos a quedarnos dormidos exhaustos fácilmente. Todo lo que está sucediendo en mi vida y en la de todos, tanto lo que me atrae como lo que me desagrada –en una época los acontecimientos me complacen y en otra no– es consecuencia de la colocación en la consciencia. Lo que aparece es efecto de una actitud fijada en la mente de espaldas a la Luz. Veamos entonces lo que está tramando la mente. Coloquémonos detrás, hagamos silencio, situémonos más allá del ruido pensado. No creamos que es difícil hacerlo porque la dificultad es sólo un pensamiento más. Tampoco creamos que puede hacerse en un momento puntual de meditación y que luego la vida tiene muchas situaciones que lo impiden; porque esa escisión también es un pensamiento.

No hay mucho tiempo, no hay una acción cronológica, aunque así lo veamos. Únicamente hay un instante eterno. Si despierto en ese instante, permito que la Luz entre. No hay nada más. A partir de ahí puedo empezar a vivir por inspiración lo que equivale a vivir fuera del tiempo. Cuando me distraigo y vuelvo a creer en proyecciones mentales —tengo que actuar, calcular con mucha astucia lo que hago, cuidado con lo que piensan los demás, haz esto para ganarte la confianza de la gente, no hagas eso otro…— es suficiente con darme cuenta de que ya he caído en el engranaje del soñador que piensa. ¿Me interesa ese juego? O ¿acaso me interesa hacer las cosas bien? El «tratar de hacer las cosas bien» es un camino rápido para enredarme en el sueño porque actúo a partir de creencias falsas. Nadie hace las cosas bien por sí mismo, nadie, salvo la Inteligencia cuando ilumina mi vida. Cuando la Verdad está iluminando, las cosas salen de forma adecuada, sucede lo inteligente y armonioso para la totalidad —no de acuerdo a las convenciones y a las emociones o a lo que espero conseguir de ello—. Algo así requiere que haya verdad y armonía en mi interior. Y no la habrá si no regreso a su fuente. Y ese manantial es mi identidad, no es algo ajeno a mí.

Nacer ahora

Estamos expresando de diferentes maneras, algo que resulta a la vez difícil para el pensamiento y sencillo como vivencia. Cuando se vive, se ve claramente: ¿cómo no me había dado cuenta? Y si me cae encima una carga del pasado, de lo que sucedió cuando era niña, niño, difícil de resolver porque me ha marcado y todas esas cosas —las teorías de las que nos hablan psicólogos y terapeutas—, si me vienen todos esos pensamientos ya sé que son consecuencia del sueño del pensar. A mi verdadero Ser no le ha sucedido nada. Todo ese argumento personal del pasado no era yo, yo no estaba allí, allí había unas energías que rodaban en el sueño. Despierto y soy absolutamente nuevo.

Se nos dijo según citan los Evangelios que tenemos que volver a nacer. Un nuevo nacimiento que nos abra a la Verdad. No nacimos al aparecer un nuevo bebé en los brazos de nuestra madre; el nacimiento del Espíritu es el que cuenta. Por cierto, los discípulos de Jesús, el Cristo, entendieron que se trataba literalmente de volver a nacer de nuevo en otro cuerpo. Aquí lo biológico no tiene importancia. Recordemos las palabras de Jesús: «Lo que nace de la carne es carne, y lo que nace del Espíritu es Espíritu». Una manera muy clara de decirlo.

¿Puedo nacer en un instante en que despierte? Sí, nazco del Espíritu, nazco de la Luz, nazco de la Inteligencia que soy. Por tanto, ¿todo lo demás pierde fuerza? Así es. Pero ¿y mi vida, mi trabajo, mi familia, mis hijos, mis padres, mis nietos? Todo eso es algo temporal, un argumento que estamos creando en esta aventura. Toda la historia puede vivirse desde lugares muy diferentes y en vivirla desde la Verdad estriba su belleza. Es distinto a como lo imaginamos. Tal vez en aquella ocasión me debería haber portado de otra manera y el otro debía haber reaccionado diferente, mi amigo me ha traicionado… Estaba soñando. Al despertar olvidamos los sueños, al nacer empezamos de nuevo, entonces se nota que no había pasado nada relevante: meras corrientes de energías que se movilizan y arrastran a estas entidades temporales –las personas– que se han formado a partir de muchas entidades cooperadoras –las células– físicas y mentales.

No olvidemos que en los instrumentos psicofísicos hay un conjunto de varias entidades energéticas en constante movimiento que conforman una aparente unidad temporal, pero un día ese organismo humano desaparecerá como entidad en ese plano y formará parte de otras entidades. No olvidemos que lo que creemos que es nuestro cuerpo, no nos pertenece, cada organismo humano es un préstamo de la naturaleza. Pertenece tanto a la naturaleza como las piedras, los árboles y las aves que oímos cantar. Nuestro cuerpo es un préstamo a corto plazo. Y si hemos ofrecido nuestro cuerpo para traer hijos al mundo, fue obra de la naturaleza el que se construyera un niño, una niña.

Si descubro la Verdad, ¿podré vivir todo eso que me está empujando desde la Inteligencia de la vida: mi familia, mi trabajo? Sí, desde otro lugar distinto, nuevo lo viviré, por obra del amor desapegado. Nos parece que la actitud de apegarse está muy cercana al amor, que es muy importante apegarse y que desapegarse es algo muy duro. No es así. Apegarse es una restricción que impone el «yo»; supone esclavizarse y esclavizar, está fundamentado en la falsedad de las apariencias, no en lo verdadero. Sin embargo, la armoniosa indiferencia del desapego es libertad y solamente la libertad conoce el amor.

No sabemos nada del verdadero amor porque lo hemos asociado al apego. El verdadero amor está abierto y no depende de lo que yo o los otros hagan. Tampoco necesito hacer proezas para demostrarlo ni los otros han de hacerlas. El amor brota de manera natural porque es la naturaleza de Ser, igual que brota de manera natural la inteligencia de la Luz que somos. Y todas las artimañas que hacemos para conseguirlo, retenerlo o manejar a los demás son falsas y acarrean consecuencias desagradables, como todo lo falso. Hay personas que creen que sienten muchísimo amor mientras no hacen más que sufrir: no se trata entonces del verdadero amor, ya que el amor, la felicidad y la alegría van unidos si son reales. Muchas emociones afectivas no son amor, sino apego. La persona que cree que ama no sabe todavía lo que es el amor porque la persona no está capacitada para amar. El Amor sobrepasa la persona, ésta no puede hacer nada con él: ni promoverlo, ni eliminarlo ni estropearlo. El amor es anterior a la persona, viene directamente del Ser. De modo que todas las negociaciones que se hacen en nombre del amor no son verdaderas.

Al salir al escenario de la obra de arte existencial que nos espera, veamos cuánta luz penetra mientras nos disponemos a vivir en lo cotidiano. Que nadie se impaciente porque aunque parece que hemos estado investigando asuntos difíciles de entender sólo resultarán oscuros al pensarlos. De no ser así, lo que sucederá es que cada uno de nosotros —según la luz que esté iluminando en ese momento su mente— vivirá una nueva comprensión de la Verdad. Y lo que comprenda es justo lo que necesita comprender. Siempre será suficiente para despertar a un instante verdadero.

Verdad eterna

Vivir sin tiempo

¿Es posible vivir sin tiempo? Lo primero que hemos de ver es que el tiempo, al igual que el espacio, no es algo real; únicamente se trata de una capacidad de la mente para percibir, organizar y pensar este tipo de realidad limitada que constatamos.

Expliquémoslo de una manera más visual. Metafóricamente hablando, diríase que la Luz de la Conciencia infinita, sin limitaciones, entra en un túnel al que denominamos mente personal. En ese túnel existen determinadas capacidades –lo que los filósofos llaman «categorías»–, con las cuales se construye una realidad condicionada; atravesamos el túnel y ese mismo tránsito nos provee de categorías espacio-temporales, causales y demás. Nacemos por tanto ya programados para crear determinado tipo de «realidad», condicionados por una percepción restringida pero adecuada para la aventura que vamos a experimentar. De modo que aunque la temporalidad es un parámetro muy útil dentro de esta realidad relativa –ya hemos investigado lo que significa–, ello no implica que sea real. Esto significa que todo lo que se vive en el marco de la temporalidad y del espacio, lo percibido como extensión (en el espacio) y como duración (en el tiempo) resulta cuantificable, posee una medida espacial o una duración temporal. Y es en base a estos parámetros como nos podemos entender y manejar en este mundo, pero no así desde la Verdad, sino a partir de la visión adaptada de nuestra mente provisional.

Ahora bien, cuando llegamos a esta vida, lo hacemos con una mente limitada e inocente que no sabe nada —y además ignora que no sabe nada—, cuando somos niños la mente está espontáneamente en un movimiento natural de aprender. Según los mitos religiosos como el de Adán y Eva, tras la caída fuera del paraíso, esa tendencia innata de aprender pasa a convertirse, para desgracia nuestra, en asimilar datos a partir de esa limitación en la que hemos caído al encarnar en un cuerpo y entrar en esta dimensión. Así, comenzamos a aprender cosas, a enterarnos, a informarnos aquí y allá y vamos adquiriendo más conocimientos y astucia para sobrevivir y prevalecer sobre nuestros semejantes, para defendernos, para conseguir más que otros, y manteniéndonos en esa línea de instrucciones llegamos a vivir desde la codicia, la ambición y el miedo.

Hoy en día, se accede muy fácilmente a muchos conocimientos, basta con pulsar un botón para disponer de cantidad de información. En otras épocas, para ser erudito quizás habría que hacer más esfuerzos, tales como viajar, consultar bibliotecas o formarse en la universidad. Sin embargo, actualmente se obtiene muchísima información con sólo apretar una tecla. Por supuesto que esta facilidad conlleva una serie de indigestiones del conocer: nadie se entera de nada, no se asimilan tantos contenidos, observamos en esta sociedad personas que manejan muchísimos datos pero, en el fondo, no comprenden nada. Y es que esa adquisición superficial de información no requiere más consciencia, sino que, sumidos en el sueño, se pueden ir atesorando más y más datos.

Cuando no hay sabiduría, no es posible salir de ese nivel superficial de coleccionar conocimientos dentro de la ignorancia. Podría definirse la ignorancia como el hecho de creer que se sabe mucho sin saber nada valioso. Da igual especializarse en física, en psicología o en medicina, es irrelevante que una persona domine mucho un tema o que sólo sepa desempeñar tareas sencillas poco valoradas socialmente. De todas maneras, la actitud interna del ser humano no varía. Resulta irrelevante que alguien sea un intelectual cuya profesión consista en recopilar conocimientos y luego repetirlos o que se dedique a fabricar zapatos y venderlos luego. La situación desde el punto de vista de la Verdad, de la investigación de la Realidad, no varía: si no despiertan a algo más, ambos son seres humanos que, sin sabiduría, creen que saben.

Si milagrosamente surge en un ser humano –decimos por milagro porque esa apertura ya no es mecánica–, la consciencia de que hay algo detrás del túnel de la mente, de que más allá de los condicionamientos espacio-temporales habita lo eterno, se desencadena una revolución interior. Dejo de considerarme una criatura temporal y empiezo a darme cuenta de la Conciencia inconmensurable que soy.

No se puede ser una parte de la Conciencia porque ésta no tiene divisiones. De modo que, poco a poco, el camino de la sabiduría consiste en ir notando la consciencia que va manifestándose. Voy viendo que no soy una parte de la Conciencia divina, sino la misma Conciencia, porque allí no hay partes. Dios no se puede dividir; para separar y partir algo tiene que haber espacio –medidas–, o duración –tiempo: un día, tres días, un año–, pero cuando no hay espacio ni tiempo no se pueden hacer particiones.

Por eso es posible salir de la temporalidad, vivir sin tiempo; aunque ya no es una persona quien escapa de ese error; al salir del ámbito temporal, la persona permanece en el tiempo, y el ser humano se libera de esa personalidad concreta, de estar amarrado a esa limitación de ser un personaje y no otro, de poseer determinadas virtudes y defectos, de poder hacer esto pero no aquello, de ser hombre o mujer, joven o anciano…, se desprende de todas las características personales. Mientras la persona continúa en el tiempo con sus limitaciones, el ser humano –cosa misteriosa– como siempre ha tenido un hilo de consciencia, recogiendo ese hilo tiene la posibilidad de percatarse de que es Conciencia. Tal es la salida del tiempo. La persona no sale, obviamente, de su lugar porque es una criatura de la temporalidad. Por supuesto para conformar una persona hay que atravesar cierto puente y entrar en esta realidad temporal. El cuerpo psicofísico es una criatura que se mueve en esos parámetros.

Pero, ¿se puede vivir sin tiempo? Ya hemos tocado este punto desde la primera investigación. Ahora la pregunta ya la veremos como sinónima de: ¿se puede vivir siendo sólo consciencia? Sí, de hecho ésa es la realidad que somos. Cuando se desvela lo que verdaderamente somos, nadie piensa: sí, lo he descubierto pero luego voy a seguir siendo esta persona limitada. Una vez que se revela lo que eres, se acaba el engaño, ya no hay marcha atrás. No obstante, sigue sucediendo la aventura a la persona. Y las leyes propias de ese nivel siguen operando, al igual que en otros niveles funcionan otras leyes. De modo que hay un destino, un plan para realizar. Y la persona aparece ahí en el escenario espacio-temporal para llevar a cabo ese proyecto y esa tarea de aprendizaje que consideramos nuestra vida.

A simple vista no cambia nada; el salto interior fuera del tiempo no es tan espectacular como imaginamos; desde fuera, quizá nadie se percate de ello. Solamente puede darse cuenta de que ha existido una liberación quien ya ha vivido esa libertad. Únicamente se puede dar cuenta de que ahí hay una consciencia diferente, el que ya tiene esa apertura a ella, quien no es ya la consciencia dormida sino la consciencia despierta. ¿Y los demás lo notarán? Puede que capten algún síntoma o no, pero siempre estará sujeto a interpretación. Unos lo traducirán de una manera y otros de otra. Cuando se vive en el tiempo todo son opiniones condicionadas.

Es similar a lo que los científicos denominan hipótesis. La física, por ejemplo, presenta una hipótesis para poder entender el cúmulo de datos sensoriales con que nos encontramos. Luego más adelante, quizás, esa supuesta teoría se viene abajo y emerge otra. Así han avanzado las ciencias. Se trata del mismo proceso que sucede con los paradigmas socioculturales; en cada época se presentan como válidas unas cuantas hipótesis, se piensa que las creencias de las generaciones anteriores no son acertadas, parece que ha habido un adelanto, que progresamos, que ya por fin se comprende la vida, que se sabe cómo vivir bien, que ahora todo está controlado, que podemos resolver cualquier cosa. Pero no es cierto y enseguida se da uno cuenta de ello: el ser humano sigue sufriendo, continúa sumido en sus problemas, no se ha controlado nada. Todo forma parte de esta escuela de aprendizaje en cierta realidad relativa donde, aparentemente, nos encontramos.

Como todo lo que aquí sucede es aparente, cada vez que observo un suceso, debería decirme: da la impresión de que esto es así, aparentemente me siento mal, pareciera que esta persona ha triunfado o ha fracasado. Desde la lucidez, no caeré en la ilusión de creer que estoy viendo algo real. Desde la Verdad, no puedes juzgar categóricamente: tan sólo parece que tal situación es mala o tal otra es buena. Recordemos que en el nivel de las formas todo es aparente, porque los seres humanos habitan en la temporalidad y en un momento dado están manifestando un aspecto positivo, pero detrás hay otro aspecto negativo. Por ejemplo, una circunstancia que me favorece en determinado momento, con el paso del tiempo –y puesto que todo se mueve en esta película existencial–, desemboca en escenas desagradables imprevistas; aquello que antaño me beneficiaba ya no lo hace o descubro otra intención que no había visto.

Seguramente hemos observado ya este tipo de dinámica y nos ha dejado perplejos, porque como la vida no es nunca lo que parece ser, siempre nos sorprende. Tenemos que estar sumamente dormidos para que nos parezca que todo está bien, que todo es lógico. No es así. Sin embargo, desde otro punto de vista es cierto que todo es perfecto, que todo está bien de acuerdo a la percepción que tenemos en ese momento, que todo es adecuado para favorecer la apertura inmediata a una comprensión mayor que nos espera. Es decir, que aun en su limitación todo es Inteligente, como venimos investigando.

Si el ser humano se cree que es algo, la limitación de su identidad le impedirá ser feliz, no va a disfrutar una vida de plenitud mientras crea ser algo. No importa si cree que es el presidente de un país, el jefe de una empresa, una amorosa madre de familia, un célebre artista de cine, un científico valorado, mientras se crea que es algo separado de la totalidad, su vida no podrá ser una vida plena. Aunque generalmente solemos pensar: la vida de quien está trabajando y depende de otros no es una vida de plenitud, pero la vida del dueño de la fábrica o la de un político importante es otra cosa; la vida de un pobre alumno que estudia tratando de aprobar los exámenes no importa demasiado, mientras que la vida de una profesora que ya goza de cierta autoridad es algo bien distinto. Se trata de percepciones ilusorias, y no hay sabiduría hasta que no se descubra el trasfondo de esas apariencias.

La verdad es que no tenemos nada, ni siquiera poseemos todo eso que creemos ser –la persona–, lo que nos han dicho que somos, lo que

141

los demás piensan de nosotros. Son energías que están desplegándose en el tiempo. Aparecer en el tiempo no equivale a Ser. Podríamos compararlo con la proyección de una película: todo lo que aparece en la pantalla no es real. Recordemos que todo lo que nace, primero aparece y luego desaparece; por lo tanto, no es. ¿Nos encontramos ahí todas las personas?

¿Hemos tocado ya un punto de consciencia en nuestro interior? Si es así, sabemos sin ninguna duda que lo Real no ha aparecido en el tiempo y por lo tanto no desaparecerá. Y veremos con evidencia que en nosotros habita lo eterno. Todo lo que hemos adquirido en este mundo –el nombre, las propiedades, las relaciones, la fama, incluso el cuerpo físico–, lo vamos a abandonar antes o después. Es inevitable. Pero si permanecemos en silencio, con la mente en contemplación, notamos que detrás de esas formas temporales, alienta lo eterno, Aquello que no ha pasado a través de la mente –ni puede pasar, porque no cabe; es infinito–. Cualquier cosa concreta resulta estrecha con relación a lo infinito.

Contacto con lo eterno

Todo lo que en un momento dado ha aparecido, llámese cuerpo o alma, desaparece. Pero aquello que en la tradición cristiana se ha llamado el Espíritu, aquello de lo que habló Jesús cuando dijo a los apóstoles: Llegará un momento en que descenderá el Espíritu Santo sobre vosotros, eso no desaparece». Obviamente, ellos ya tenían alma. «Descenderá sobre vosotros, es decir: conscientemente seréis lo eterno, no inconscientemente. Ese descendimiento del Espíritu Santo, pura Inteligencia divina, se simboliza en nuestra tradición con una paloma, animal que se ha asociado a la pureza, quizá, porque abundan las palomas blancas. Y puesto que el blanco acepta y proyecta toda la luz –lo contrario del negro–, la paloma blanca significa pureza. Normalmente esos textos resultan algo confusos, y hasta que no nos hemos dado cuenta vivencialmente de lo que señalan, no lo reconocemos en las crípticas historias escritas.

¿Podríamos comprender hasta qué punto la pureza de la mente es lo que atrae la Inteligencia en cuanto sabiduría? La pureza viene a ser la condición previa de la sabiduría –«Bienaventurados los puros»–, una pureza que muchas veces se confunde con la simpleza, con la ignorancia. Aunque ya Jesús dijo claramente que habríamos de ser como niños, no se refería a que tienen mucho que aprender y experimentar, sino que aludía a esa pureza infantil –la que se pierde tan rápido– de no creer que se sabe. Una persona que cree que sabe, quien piensa que puede controlar algo con su «saber», está impurificando su mente. Mientras que el inocente –pureza e inocencia son aspectos de lo mismo– está abierto a la sabiduría.

En nuestra tradición, aquella célebre frase de Sócrates «sólo sé que no sé nada» es la condición *«sine qua non»*, indispensable, sin ella no es posible el descendimiento en la Conciencia de la Inteligencia divina. Y hasta que no sobrevenga ese descendimiento, la persona está preparándose, purificando sus vehículos, dándose cuenta, como hicieron los apóstoles. Tras la partida de Jesús fue cuando tuvieron esa vivencia, no antes; antes estaban aprendiendo, preparándose al descendimiento de lo Eterno en la mente pura.

Pureza es sinónimo también de sinceridad y sencillez. Por supuesto que la veracidad y la honestidad van de la mano. Pero no distorsionemos la sinceridad utilizándola como estrategia. Hoy en día, a veces se dice en los negocios que conviene ser honestos como una buena estrategia para conseguir vender más. Leímos que en Norteamérica incluso consideran que es un desperdicio dejar a un lado a los filósofos como se venía haciendo, ahora se cree que se los tiene que aprovechar para generar más beneficios económicos. Por supuesto que los verdaderos filósofos –amantes de la Verdad– no se prestarán a ello, pero ¿cuántos se pondrán al servicio de ese ciego engranaje de conseguir más y más? Sin embargo, todo ser humano lleva un filósofo dentro, esto es, un amante de la sabiduría, algo en su interior que no se conforma con lo que está sucediendo, un reducto insobornable que por mucho que acumule objetos o conocimientos, nunca queda satisfecho, porque nota que falta lo esencial.

El camino de la sabiduría está abierto a los que hemos sentido la llamada de lo Eterno, a quienes estamos haciendo esta investigación. Eso supone desidentificarse del «yo» que aparece, el que se ha adquirido en el bagaje compuesto por los conocimientos recibidos, por las circuns-

143

tancias, experiencias y reacciones. A ese conjunto que denominamos «yo» hay que renunciar, según plantean las tradiciones religiosas. Pero cuando una cosa se percibe como falsa, ya no es necesario renunciar a ella puesto que cae por su propio peso. Si tengo que hacerlo a fuerza de voluntad, ocuparé mucho tiempo en ese esfuerzo y mientras valore lo falso nunca se desprenderá. Mientras dé crédito a la opinión que los demás tienen de mí o yo tengo de ellos, mientras me importen los problemas que se presentan, mientras valore esa lista interminable de lo que creo ser «yo», no se soltará, no caerá y continuaré encadenado igual que Prometeo, tal y como nos narra la mitología griega. La situación la pintan como desesperada, porque mientras Prometeo permanecía atado, estaban devorándole las entrañas, estaba perdiendo su verdadera identidad, estaba olvidando su Ser en esa proyección hacia afuera. Se trata de una situación bastante trágica porque mientras no se tome consciencia de ella, desde el sueño parecerá que el problema reside en soltar las cadenas que otros me pusieron. Creo que fuera me atan los acontecimientos, y no se me ocurre darme cuenta de que, en el interior, me devora la sed de Verdad; eso está sucediendo: mientras vivo pendiente del sueño proyectado, me muevo ausente de mi verdadero Ser.

En la Biblia los judíos mencionan a alguien que por un plato de lentejas perdió ser el primogénito, renunció a su importante linaje y a toda su heredad. El hermano le tentó: si me entregas la primogenitura, a cambio te doy este plato de lentejas, y en ese momento le pareció más importante alimentar su cuerpo que honrar su origen. Lo que simboliza exactamente es que por placeres sensoriales, diversiones, objetos tentadores, vamos olvidándonos de estar atentos a nuestro verdadero Ser. Porque cuando lo importante es conseguir dinero o manipular a las personas, estamos perdiendo de vista el que somos hijos primogénitos de Dios, ¡algo valioso en la dimensión de la Eternidad!

De modo que el tiempo nos tiene apresados con cadenas y a la vez se burla de nosotros. Es fácil darse cuenta de la trampa cuando transcurren los años. Tal vez «los jóvenes» no lo ven muy claro –algunos ya lo sospechan, pero la mayoría no–; tienen que pasar bastantes años –o siglos– para percatarse de cómo el tiempo se burla absolutamente de todo–. Aquello que tan importante me parecía, lo que creí conseguir, el que los demás me considerasen bella o poderoso, resulta ridículo conforme va pasando el tiempo. Yo no soy eso. No era nada. Tuve dinero y nunca fui feliz con las riquezas materiales; me parecía que había muchas personas a mi disposición y no era verdad, más bien estaba yo a merced de los demás; creía tener muchas propiedades y eran ellas las que me poseían a mí; parecía que la energía vital no me iba a faltar nunca y me fue fallando, y junto con ella todo lo que había conseguido desde ella: satisfacciones sensoriales, amistades, apoyos. El tiempo se ríe de nuestras pretensiones.

Al darme cuenta del engaño, sería erróneo concluir: entonces no debo seguir creyendo en él, esto quiere decir que efectivamente no soy nada, que pierdo todo lo que he conseguido, que voy a abandonar la energía vital, que todo esto es una ilusión que no vale para nada. Semejante posición no es acertada y trae malas consecuencias –depresiones, frustración, etc.–. Cuando veo que el tiempo se burla de todas las ambiciones, los intereses y los deseos humanos, lo correcto es salir de la temporalidad; estas circunstancias suceden en el contexto de esa ilusión, pero no pertenezco al tiempo, sino a la eternidad.

Al comprender lo que significa ser eterno, la vida habrá de ser consecuencia de ese descubrimiento. ¿De qué manera he de ser consecuente? Enseguida queremos un programa de acción determinado, creyendo que todavía seguimos enmarcados en el espacio-tiempo. No obstante, cada ser humano tiene que inventar su propia manera de ser consecuente con la Verdad que ha descubierto. Es una andadura creativa. No pueden darse las mismas instrucciones para que todos las repitan. Eso sería absurdo. Lo afirmo una y mil veces porque en el camino espiritual ese error se ha cometido –y se comete– muchas veces. Las personas creen que repitiendo consignas, ciñéndose a unas normas, incluso perteneciendo a un grupo donde se hacen siempre las mismas cosas, donde todo el mundo encaja en el mismo patrón, descubrirán la paz interior. Ingresé en un monasterio budista o cristiano y ya por fin me siento en paz, repito un mantra o letanías y consigo no pensar en mis problemas: es cierto, pero de esa manera se ha adormecido la mente, no se ha tomado contacto con lo Eterno.

¿Cómo distinguiremos un camino del otro? Se diferencian porque el que está dormido, por mucho que reprima el ruido mental con técnicas, seguirá dormido. Y si ingresa en una organización religiosa o adquiere una práctica con objeto de que los pensamientos vayan perdiendo fuerza y aletargándose, le faltará la Inteligencia viva, la pasión de lo eterno, la Belleza inmensa de lo infinito. De modo que si queremos estar vivos, la salida tiene que ser auténtica. No porque tengamos problemas vamos a buscar una pseudopaz anestesiando la mente, repitiendo una y otra vez las mismas palabras o actos, siguiendo unos rituales. Siempre que imite, estaré dormido o dormida, eso no cambia. Efectuar prácticas que aturden la mente nunca constituirá un camino lúcido para llegar a que la mente se ilumine. Lo mecánico no puede ser una vía de acceso a lo creativo, a lo que es «una gracia», a lo infinitamente bello. Las posibilidades que se presentan fáciles –seguir a otros o incluso utilizar la química, con drogas–, esos senderos que parecen opciones directas para salir del problema de la mente pensante, lo que hacen es hundir más en el sueño.

Justamente disponemos de los conocimientos que necesitamos para nuestra aventura, para lo que de verdad hemos de aprender. Se nos presenta la información adecuada a nuestra capacidad, no hace falta angustiarnos por saber más. En el preciso rincón donde estamos, en el mismo lugar donde vivimos, cuando miramos el cielo desde nuestra ventana, disponemos de suficiente material para darnos cuenta de lo que es la naturaleza y la obra divina. Todo lo que nos haga falta para nuestra labor de ser más conscientes, lo tendremos a nuestro alcance. De hecho, ya está ahí el paso inmediato; y ése es el único que nos importa porque el siguiente todavía no ha llegado. Entonces en este preciso instante, las condiciones actuales son perfectas, tal y como están. Se trata solamente de vivirlas más atento, atenta, sin dejarme engañar por el tiempo. Sólo así dejaré paso a lo eterno.

Tomar consciencia

En este preciso instante, sin hacer concesiones al tiempo, he de mantener atención a qué es lo Real y qué es lo irreal, ver las apariencias como tales y contemplar lo eterno. Contemplar lo que Es, estar con ello, mantenerse ahí con amor. Si descubro la Verdad y por lo tanto la amo –y cuando la descubro siempre la amo–, entonces tengo que vivir con y para ella. No importa lo que signifique la Verdad en cada momento. Si descubro lo divino, Dios, en un instante –no hace falta hacer definiciones acerca de qué es Dios–, viviré con lo sagrado que haya tocado en silencio. Mientras si espero vivir con conceptos, con interpretaciones, ya me he perdido en una zona del pensar. Vamos a expresarlo con imágenes concretas: cuando pongo el pie en un peldaño lúcido, el afianzarme en ese peldaño es lo que me dará la posibilidad de colocar posteriormente el otro pie en el siguiente peldaño. Pero si no me apoyo en este peldaño, al dar saltos conceptuales puedo caerme de bruces porque no estoy asentado en el lugar donde tengo que estar; mis propios pasos me ayudarán a avanzar. Por el contrario, imaginarme que estoy en el último paso cuando ni siquiera tengo los pies apoyados en algo verdadero, cuando estoy en el aire conceptual, eso es soñar.

La actitud de tomar consciencia se ha formulado de muchas maneras, también se nos ha aconsejado vivir el presente. Pero el presente no es tan amplio como creemos –lo que me está sucediendo ahora, mi trabajo, mi familia–; el presente es este preciso instante. Si queriendo escapar de la temporalidad hago del presente algo muy amplio, entonces estoy aceptando el tiempo, porque ese concepto incluye hoy, mañana, dentro de un mes, todo eso que me parece ser el presente. La palabra «presente» puede resultar ambigua. Cuando nos recomiendan el presente respondemos que ya estamos viviendo el presente, que lo que ahora tengo que hacer es justo lo que hago. Pero no es eso lo que se requiere para entrar a lo eterno. Es este instante, sin concesiones a pensar en un instante después o en uno anterior, ahí encuentro la puerta a lo eterno.

Como proponía el Buda, se trata de encontrar el punto medio en todas las cosas, no caer ni en un extremo ni en otro. El punto medio no expresa mediocridad, sino que alude a ese lugar sin dimensión ajeno al espacio-tiempo, sin caer hacia un lado ni hacia otro. Hay también otra imagen muy característica del camino de la sabiduría, del camino del despertar: andar por la cuerda floja. Hemos de caminar de tal manera, tener tal equilibrio que no nos desviemos ni a la derecha ni a la izquierda. Cuando no te descentras ni en una dirección ni en otra, encuentras un punto de equilibrio cuerpo-mente. Hay personas que lo consiguen en el nivel físico, los funámbulos. Pero puede ampliarse en todas las dimensiones –como arriba es abajo–, las leyes son análogas. Igual sucede en la mente, hay un punto de equilibrio interior. Puedo creer que estoy acumulando méritos espirituales y haciéndome fanática, fanático de ciertas situaciones ya he caído en un lado. Este extravío suele suceder por las dudas; dudo y para convencerme me afianzo, demuestro a los demás mi postura, me fanatizo a unas ideas.

O, por el contrario, puedo volverme escéptico y decir: total, da igual, todo es lo mismo. El escepticismo y el fanatismo en el camino religioso provienen de haber caído por un lado o por el otro, implican no haber encontrado el punto de equilibrio. No hay necesidad de demostrar nada, ni aferrarse a ciertas directrices ni rechazar nada. Es un punto imperceptible en el que la Luz cae. Al contemplarlo descubrimos que el resplandor luminoso deshace los grilletes del tiempo y quedan abiertas de par en par las puertas de la eternidad.

El denominado vacío es una percepción limitada humana. No se atraviesa ningún vacío, no existe vacío alguno. Si Dios es, no hay nada que pueda estar fuera de lo divino. Todo está lleno de Dios, está formado de consciencia a diversos niveles. Infinitas son las moradas humanas. El vacío es un concepto que significa que echo de menos lo que está desmoronándose, lo falso que voy dejando atrás. Vacío de lo que antes daba realidad, me quedo sin lo que antaño tenía. Si lo añoro, significa que todavía no lo he soltado del todo. Por eso siento el vacío. Pero cuando lo suelto por completo, no hay ninguna sensación de vacío porque entonces me encuentro directamente en los brazos de Dios. No hay nada más que su abrazo. Hay una gran alegría si de verdad me suelto como el niño cuando empieza a andar –al principio no se atreve, pero el padre o la madre está ahí con los brazos esperándole mientras le deja suelto, le parece que hay una gran distancia que no va a poder salvar–. Es bonito ver ese momento, la alegría que vive el niño cuando da unos pasos y los brazos de su padre o de su madre le acogen. No era verdad que había un vacío, no era cierto que había una gran distancia, eso mismo es lo que nos sucede ante lo eterno. Seamos conscientes de ello ahora mismo.

✳ Contemplación y alegría en el vivir

✳ Contemplar la Verdad a pesar de los cambios

Volcados al exterior, como si la realidad estuviera fuera, queremos conseguir que nuestra vida resulte más intensa, adecuada y armoniosa. Así, una y otra vez hemos de ir convenciéndonos a nosotros mismos –por vivencia interior– de que la auténtica armonía y alegría de nuestra vida reside en la contemplación. No hay cosas que nos producen alegría, no hay personas que nos aportan felicidad, no hay situaciones, épocas, lugares que nos llenan de satisfacción, no: la contemplación es la verdadera fuente de alegría en nuestro vivir.

Porque contemplar es volver a lo que de verdad somos, retornar al origen atravesando el camino hacia la Realidad. Y la realidad de lo que Es y de lo que soy –no son dos cosas diferentes– se descubre al dar la vuelta a nuestra mente para contemplar. La mente va haciéndose contemplativa, lo cual no significa meramente decir: me dedico a contemplar. No basta con reservar algunas horas para meditar; aunque puede ser una consecuencia natural de nuestra actitud interior el que vayamos organizando nuestra vida de manera que dediquemos un tiempo a recogernos en quietud. Contemplar consiste en ir dando la vuelta a nuestra mente, colocándola de manera adecuada para que reciba la Luz de lo Real y no esté hipnotizada por las sombras que se proyectan fuera.

Es cierto que entre las sombras se entrevén algunos reflejos de luz, algunos vislumbres de realidad. Y quizá voy detrás de aquella forma que me parece generar alegría, del objeto que produce cierta felicidad, de la situación en la que estoy más en paz, del lugar donde me siento contenta, contento. No nos encandilemos con los reflejos porque nos perdemos en su multiplicidad, mientras están moviéndose, pasando y terminando. Todas las situaciones que observamos van sucediendo en el tiempo porque tanto la historia personal como la colectiva –si es que tal cosa existe aparte de las historias que se leen en los libros– es constatación confusa de lo que va sucediendo, y está cambiando constantemente. Se mueve tanto que la mente no puede saber nada sobre ello. Cada vez que afirma una cosa, inmediatamente podría darse cuenta de que ha cambiado y deja de ser verdad.

Y eso está ocurriendo con todo el pensamiento humano, tanto con las llamadas ciencias humanas –psicológicas, sociales, religiosas– como con las ciencias puras o los descubrimientos técnicos. Todos los saberes están constantemente reconociendo que lo que ayer estipularon como cierto, después de descubrir hoy algo distinto, no se puede mantener. Todo está cambiando sin cesar. ¿No nos damos cuenta? Si no nos percatamos ahora que el movimiento se está acelerando, resulta alarmante; ya que es obvio que los cambios son fuertes en esta época y van intensificándose en una progresión geométrica. De modo que, dándonos cuenta de esta vertiginosa impermanencia, la única decisión inteligente y consciente que podemos asumir es dedicarnos a contemplar. Justo la decisión que estamos tomando al hacer estas investigaciones. Y aunque de vez en cuando se nos olvide, ésa será la única salida del laberinto. Las demás son meras distracciones.

Los quehaceres cotidianos tendrían que estar iluminados por la contemplación. Lo que se nos presente, aquello que tengamos que mover en estos planos temporales, las tareas, responsabilidades, situaciones gratificantes o desagradables todo ello se moviliza para fomentar nuestra apertura de consciencia. Y si nos empeñamos en querer considerar como permanente lo que es mutable por naturaleza, sufriremos innecesariamente.

Sin embargo, al contemplar la Verdad no se sufre. Habrá cosas agradables y no agradables para la persona; ambas modalidades estarán ahí, sí, pero sin sufrimiento. Ya no permaneceré encogido, angustiada por el dolor psicológico ni me encerraré en la cárcel del egocentrismo. No ocurre así cuando contemplo la Verdad. La Verdad es la única llave para abrir esa mazmorra. No hay otra manera de escapar, sólo se abre con ella.

¿Cuándo empiezo a descubrir que vivir desde la Verdad me libera, como se nos dijo ya hace tantos siglos? Al contemplarla. Si se deshace la formulación envuelta en conceptos y palabras, se hace ilimitada la mirada verdadera, sin forma, no posee un cuerpo al que aferrarse, no cabe por tanto en ninguna doctrina o teoría. ¿Qué verdad es ésa tan escurridiza que resulta inasible? La única verdad es aquella que no puedo atrapar por ningún lado aunque lo intente, porque es infinita. Igualmente ocurre con el verdadero Amor.

Cuando mis ojos se han hecho contemplativos desde el Amor brota la armonía y se expande creando una vida nueva en derredor sin que esa entidad pensante denominada «yo» se entere. No sería buen síntoma el que mi persona a la que llamo «yo» se diera por aludida, porque inmediatamente se inmiscuiría, con sus limitaciones, y deterioraría el espacio vital. Esa entidad falsa no debe enterarse de que se ha contemplado la Verdad ni de que hay Amor. No; el Amor pasa como el viento, nadie puede apropiárselo, nadie sabe a dónde va ni de dónde viene, como decía Jesús hablando del Espíritu tan bellamente. Como el viento, así el Amor, así la Belleza y la Verdad omniabarcante porque del Espíritu vienen y a el van.

Nos empeñamos en conseguir la Belleza a través de algún reflejo que vislumbramos entre las formas. Pero esos reflejos se esfuman, como los destellos del sol se mueven según la hora, y donde antes brillaba un rastro luminoso ahora surge una sombra. Todo lo manifestado va pasando; sin embargo, la Belleza no cambia porque pertenece al ámbito de lo eterno. Cuando aprendo a contemplar la Belleza, esa profunda contemplación produce tal plenitud que ya las formas bellas superficiales no son nada a no ser que les acompañe esa contemplación de la Belleza. Ponemos mucho interés en determinada forma material –un reflejo de belleza– y la quiero atrapar, pero cuando lo intento noto que no era tal, que se desvanece. Dispongo los objetos para que parezcan bellos, pero van destruyéndose en el tiempo.

Por mucho que cuide mi cuerpo para que se conserve bello, irá cambiando; no tengo la misma cara cada día ni hay idéntica armonía o desarmonía entre todas mis células, entre todas las pequeñas e invisibles consciencias que integran este microcosmos –que al igual que el macrocosmos, está habitado por innumerables seres–. Cuando el conjunto se desarmoniza incordia bastante, luego encuentra cierta armonía y todo va bien. Entonces indago las causas para poder intentar controlar la situación, pero las causas son múltiples. En este mundo manifestado estamos sujetos a numerosas leyes que aprisionan entre sus dedos invisibles lo que creemos ser.

De forma paralela, la sociedad que hemos creado actualmente como modelo de conducta resulta opresora: proliferan tantas normas, tantos factores a tener en cuenta que si nos los creemos, si nos tomamos el juego en serio, difícilmente tendremos ya ocasión de descubrir qué es la Vida. Esto es lo que parece observarse en la mayoría de los seres humanos: cumplen a rajatabla todo lo establecido, pero no tienen oportunidad de detenerse y descubrir para qué existen. Cuando nos empezamos a dar cuenta de semejante esclavitud, cuando comenzamos a hacer silencio, a participar en un retiro o una investigación como ésta, entonces podemos empezar a descubrir y a mirar más allá del horizonte conocido. Semejante multiplicidad de normas, situaciones que parecen oprimirnos, coyunturas variables, tanto lo que llamamos «dentro» de nuestro cuerpo o de nuestra mente como lo que denominamos «fuera», la proyección e interrelación de todos los cuerpos y mentes parecen cubrir por completo nuestra vida. Pero ¿en verdad no hay libertad para ser lo que somos?

La alegría de librarme de los deseos

Tratando de abrir camino a nuestros anhelos de felicidad, buscamos las causas de tanta inquietud dentro y fuera de nuestra persona tal como aparece. Pero las causas son incontables, y no tiene sentido intentar coleccionarlas para un estudio posterior.

En vez de seguir dando vueltas mientras pensamos y pensamos, abandonemos el laberinto mental, ésa es la buena consigna. ¿Quién saldrá de esa encerrona autoimpuesta? No mi persona, no la persona que creo ser. Al contemplar se comprende que en la escapada, nadie sale; que cuando se produce una liberación, nadie se libera; que cuando hay Amor, nadie está amando; que cuando brilla la Verdad, nadie la posee. Esto se descubre únicamente al contemplar, no antes. Antes podríamos decir que es una locura afirmarlo. Mientras no hayamos tenido una vivencia de contemplación, aunque sólo sea un breve atisbo, resulta imposible comprender esa transformación. Es como salir del sueño. Sumidos en el ensueño no es posible entender lo que hay fuera de él. Cuando por contemplación irrumpe la comprensión en nosotros, la Verdad ilumina la existencia.

Nuestros místicos lo han expresado a partir de su vivencia. Teresa de Ávila decía: «Yo ya no vivo, mi vida es él» –Dios, lo sagrado–. Y Juan de la Cruz escribió: «Ya no guardo ganado ni tengo ya otro oficio, que ya sólo en amar es mi ejercicio». Cualquier persona sensata, que no haya levantado los pies de la tierra, exclamaría: está loco, ¿qué dedicación es ésa de sólo amar, habiendo tantas cosas para hacer en la vida? Esa profesión no se la había impuesto él, no era algo que estaba haciendo como una obligación. Aquello había venido espontáneo al poner la mente contemplativa. ✳

Por cierto, lo de «no guardar ganado» es muy interesante; hay que referirse a ello al hablar de la alegría de vivir. ¿Qué tiene que ver una cosa con la otra? Precisamente cuando ya «no guardo ganado», brota esa alegría. Empecemos poco a poco, demos pasos metafísicos bien definidos, uno tras otro. Veamos; desde el punto de vista personal, la alegría de vivir nunca es plena porque siempre nos falta algo. En un momento dado aparece una alegría: «¡Oh, he conseguido esto!» Cualquier alegría condicionada de ese tipo está sometida al paso del tiempo y fácilmente cambiará. Pero la Alegría que proviene de la contemplación no se parece en nada a las conocidas. La diferencia no se debe a la cantidad, como creemos; no caigamos en el error de imaginar que contemplando tendremos mucha más alegría. Se trata de una diferencia cualitativa, no cuantitativa. Mientras que los contentamientos personales están condicionados y envejecen por pertenecer al tiempo, la verdadera Alegría proviene de otro ámbito, es algo nuevo. El gozo de lo eterno es sin condiciones. Y surge cuando ya no tengo «nada que guardar».

¿Por qué me falla la alegría? Porque siempre creo que me falta algo, y al sentirme carente, albergo deseos. Es decir, «guardo ganado»; quiero cuidarlo, que engorde, poderlo vender y ganar dinero con ese negocio. Cuando tengo deseos —sean los que fueren, dentro del mundo relativo hay numerosos tipos de avidez y apego, a distintos niveles, más rudos y más sutiles, refinados o toscos— es porque considero que estoy incompleto. Por ello acumulo cosas y ansío conseguir esto o lo otro, pero por más que acumule objetos, por más que mi ganado aumente y aumente, seguiré siendo menesteroso porque continúo con deseos. Desde la persona limitada, siempre me estará faltando lo que pienso que no tengo.

A lo mejor cuando se es muy joven, nadie se detiene a reflexionar sobre la constante insatisfacción —a no ser algunos jóvenes privilegiados que ya han comprendido el desapego en otras vidas y vienen al mundo con una carga fuerte de desengaño anterior o de camino contemplativo—. Pero, en general, hemos de pasar por numerosas experiencias, una tras otra, de sentir un deseo, conseguirlo y ver que no me hace feliz, tener otro deseo, lograrlo y ver que tampoco me colma, esforzarme muchísimo para alcanzar nuevas metas que terminan en la frustración: no era lo que anhelaba. Entonces quizás acabe diciendo, como indica la tradición del vedanta no-dual: esto no, esto tampoco —*neti, neti.*

Aunque no es suficiente el que se nos advierta desde fuera. Algunas veces nos planteamos: está bien que a personas ya mayores se les revelen estas cosas, pero no conviene contárselo a los jóvenes porque les quitaría la ilusión de vivir, ellos tienen que seguir adelante. Cuando una persona todavía es joven y necesita pasar por sus experiencias, no se le puede avisar que tarde o temprano va a desengañarse, eso sólo puede decirse a los mayores, a los que ya han pasado por sus experiencias, ya se han casado, han tenido hijos, han cambiado de pareja, han conseguido dinero, lo han perdido, les ha salido algo bien y lo otro mal. Sin embargo, independientemente de lo que escuchen o lean, cada uno va a ver lo que pueda ver.

Recordemos que la sabiduría no depende de la edad. Cuando se tienen ojos y oídos para ver y oír, como se nos dijo antaño en los Evangelios, entonces se ve y se oye. Y cuando no es así, ni se ve ni se oye.

Se escucha aquello «como quien oye llover», como decimos en nuestro idioma, oímos el mensaje pero seguimos a lo nuestro. De la misma manera, si dices a una persona, joven o mayor: sí, ya sé que estás muy ilusionado con eso pero se te pasará, cuando lo consigas necesitarás otro estímulo nuevo, al oírlo responderá: ésas son filosofías, ideas de la gente que no tiene otras cosas en qué pensar, pero yo voy a obtener una seguridad económica o afectiva, éxito, que me admiren, «ser alguien». ¡Como si la persona fuera algo!

Y mientras esté «guardando ganado», necesitaré reforzar mi personaje con incorporaciones externas. Ya hemos indicado en estas investigaciones que cualquier deseo es síntoma de alejamiento de la Verdad, señal de que estoy lejos de lo Real, de lo sagrado, de lo eterno… y por eso experimento carencias. Cuando los deseos son acuciantes –como ocurre en las personas muy apasionadas o ambiciosas, algo que se considera positivo en esta época– y creemos que espoleados por tanto estímulo se llegará muy lejos, está viéndose todo al revés. Si los deseos son fuertes por ambición o pasión, estamos todavía muy lejos de la Verdad. Cuando los deseos van siendo más suaves, nos vamos acercando a nuestro verdadero Ser. Es ése un síntoma con el que se puede constatar dónde nos encontramos en un recodo del camino. En la medida en la que haya deseos intensos, cuanto más me identifique con ellos, más los necesitaré, con lo cual experimentaré más alejamiento de mi esencia.

Sabemos que en esta época los psicólogos consideran que no es positivo que una persona apenas tenga deseos y para que se interese por la vida habrá que fomentar que tenga alicientes. Pero aquí estamos hablando del momento en que los deseos se caen de verdad, no me refiero a la persona que parece que no alberga deseos porque se siente aburrida, apática, no sabe qué hacer, le parece que no puede conseguir lo que quiere. La verdadera falta de deseos va acompañada de libertad, alegría y fuerza interior. Todo va unido: la potencia y la fuerza divina es inseparable de la Belleza, la Libertad y el Amor, que florece al ir desvaneciéndose los deseos.

Pero prestemos atención a este punto tan importante: los deseos se deshacen por sí solos. Siguiendo la metáfora de Juan de la Cruz diremos que no he de coger al ganado y echarlo a golpes –son deseos y yo no los quiero–, no es así. Al no atenderlos, entonces te dejan en paz. Porque mientras hay deseos, no hay serenidad. Si aún no lo hemos comprobado, es fácil observar que sólo sobreviene la paz cuando los deseos amainan, cuando van apagándose y cesando como la lluvia.

La falta de avidez no va acompañada de aburrimiento ni carece de entusiasmo, hay mucho error al respecto. La experiencia es tan clara en este sentido que puede afirmarse que sucede justamente todo lo contrario. La alegría vital se puede manifestar como en un autómata que va ciegamente a conseguir un objeto sin ver nada de lo que ocurre en todo lo demás: «Yo quiero esto». Sin embargo, al irse apaciguando el deseo, la visión será más amplia, más panorámica e irá acompañada de plenitud.

Se puede descubrir por ejemplo la belleza de la naturaleza en este planeta tan hermoso del que disfrutamos. La estrechez de los deseos impide verlo porque, como vivimos con orejeras para conseguir algo en particular, no nos damos cuenta de la belleza que nos está rodeando. La alegría viene de lo profundo, de mi verdadero Ser al contemplar la Belleza, es algo que no tiene nada que ver con la alegría derivada de conseguir un deseo concreto. Si se satisfacen las apetencias psicofísicas al gusto de la persona, entonces uno se alegra. Pero esa clase de contento es un remedo, no la verdadera Alegría. «¡Ah! Por fin he visto a esta persona que tenía tantas ganas de ver». Bueno, mi persona se está alegrando. «¡Fíjate! Pero ahora resulta que se está comportando de una manera y diciendo cosas con las que yo no contaba». Observo entonces que mi persona se entristece; expresándolo en el lenguaje del Buda, diremos que se alegra, se apena, se sienta o pasea. Ya está, eso es todo. Y si no me identifico con todo eso, no significa que la persona vaya a insensibilizarse. Adquirirá incluso más sensibilidad abierta a la totalidad, pero sin deseos compulsivos, porque ahí no estará empujando el error.

Una inmensa sinfonía

Dejemos a la persona –un monigote dibujado en el tiempo– y veamos la Alegría que proviene de más allá. Esa Alegría no es pasajera, no depende de nada, está en lo eterno, es sagrada. Siempre está ahí. Si no la descubro, no es porque no exista, solamente se debe a que me he distraído mirando en la dirección equivocada. Quizás me esté identificando con algo, con un objeto de la consciencia, con una cosa. No estoy contemplando la Realidad que es no-cosa. Por cierto, los ingleses llaman a la nada *nothing*, no-cosa. Esto encaja perfectamente con lo que investigábamos más arriba. La nada es no-cosa, por lo tanto es plenitud. Porque lo que Es, lo Real, no es un objeto. Ni una cosa separada ni muchas cosas juntas, apunta a lo pleno, lo infinito. El Ser es la Nada.

La mente cosifica, la mente proyecta cosas: separa, clasifica, interpreta y crea apariencias. Al contemplar se deshace ese nivel mental y empieza a aflorar la mente iluminada, lo que en sánscrito se denomina la mente de *buddhi*, según la tradición *advaita* (no-dual). También se la ha denominado en el budismo no-mente; la mente del Buda es una no-mente porque cuando recibe la Luz, se disuelve y queda sólo Luz. Ése es el punto en el que se produce la contemplación, cuando la mente se va diluyendo al contemplar Aquello y va apareciendo la claridad luminosa de la Conciencia espiritual por lo que todo queda iluminado.

Ya no tengamos miedo de lo que vamos a perder, ya sé que esos pensamientos pasan por la mente con demasiada frecuencia: cuando estoy en contemplación de Aquello y lo vivo, es bello y sagrado, pero ¿qué ocurre con mis responsabilidades, mi vida, mis alegrías y mis amistades ya no querrán estar conmigo porque me he vuelto una persona extraña que ya no actúa como los demás? Tales interpretaciones transcurren en la temporalidad y pasan de largo. Las personas las van soñando. Imagino que no puedo hacer esto, que los otros no me van a considerar igual a ellos. Bastante tiene cada uno con los fuertes deseos de lo que quieren conseguir en la vida como para entretenerse demasiado en saber qué es lo que desean los demás. De momento, sí, les divierte enterarse de lo que hacen unos y otros, pero todo pasa como si de una película se tratase. El argumento no es nada real.

Lo único que permanece es la apertura a la Realidad, como una claraboya que va iluminando mi vida. Cuando afirmo que Eso va iluminando, ya está todo dicho, aunque hemos de concretarlo un poco para que nos demos cuenta bien. Iluminar mi vida quiere decir que transcurre con una alegría de fondo. La Luz es expansiva y su expansión produce alegría, belleza y amor; equivale a la consciencia clara –los tibetanos la denominan «la clara luz»–. Cuando va penetrando en el alma, afecta a todo el vivir, aunque no será de la manera en que mis deseos habían planeado. Estará inmerso en el plan sagrado, en el plan divino. Todo tiene su puesto, un lugar adecuado en armonía. Todo deviene perfectamente inteligente, más allá de las causas y de los porqués que pueda inventar el pensamiento. Armonía significa que todo ocupa su lugar y expresa la atracción a la Unidad. Cuando todavía se percibe la multiplicidad, la armonía refleja esa Unidad de fondo. Al transparentarse la Unidad de fondo, la multiplicidad manifestada se ve armónica.

Asimismo, en la humanidad también puede observarse que cada uno está en su lugar, cumpliendo su *dharma,* aquello que ha de hacer de acuerdo a lo que está pendiente por realizar desde tiempos remotos o aquello que va a descubrir en el aprendizaje de esta existencia. Por eso, uno de los primeros deseos que se desprenden al contemplar es el de compararse con otros, la tendencia a estar pendiente de las vidas ajenas para enterarse de lo que hacen bien o mal, para imitarlo o criticarlo. Esa actitud se desvanece. ¿Entonces dejan de interesarme los demás? Precisamente, ya no me incumbe lo falso de los demás, sólo me importa lo real en ellos, su verdad. Y puesto que me interesa la Verdad, no me entretengo en las manifestaciones que necesariamente son diferentes en cada ser humano.

En nuestra tradición, en el lenguaje de la antigua sabiduría encontramos la expresión «música de las esferas», armonía que teje el universo, el cosmos, el giro de los planetas, las galaxias. Tal armonía puede incluso percibirse sensorialmente como un sonido, a distintos niveles de vibración. No es metafórico afirmar que dentro del sistema solar cada planeta aporta su nota en esa armonía; el sol da su nota dentro de la galaxia; cada sistema solar, cada galaxia interpreta su peculiar nota, así infinitamente hasta que nos perdamos, hasta que nuestra mente diga «Ya no puedo abarcar más». Lo mismo sucede en el microcosmos, las diferentes entidades internas –células, órganos, centros vitales energéticos– vibran conforme a su nota peculiar, su sonido. Y a veces al abrirnos hacia adentro, hacia lo profundo, se escucha cómo resuena la nota de ese centro que corresponde a una nota cósmica. Esta sinfonía es muy bella, pero no merece la pena estudiarla intelectualmente sino descubrirla, porque al contactar con ella en el interior es cuando se contempla su belleza. ¡Es un espectáculo tan grandioso! Sí, nuestro cuerpo está compuesto por muchas células y esa resonancia ocurre en cada una de ellas, en los átomos, ondas o vibraciones y más allá. ¿Hasta dónde? Aquí también llega un momento en que la mente ya no puede llegar más lejos. La mente concreta tiene su limitación.

Pero la mente abierta al infinito –en el nivel de *buddhi*–, intuye y comprende la infinitud en todas las direcciones: lo más grande, lo que sobrepasa el espacio conocido, y lo diminuto. Puede que esto nos sorprenda, pero es bueno que la mente se quede asombrada, así dejará de creer que todas sus inquietudes, los laberintos de su pensamiento son la única realidad. La Realidad es infinita, y el universo es solamente la parte que podemos percibir; lo invisible que intuimos es aquello que no se puede ver pero es posible comprender hasta cierto punto. Y esto en cuanto a las formas, a la manifestación. ¿Y respecto a lo inmanifestado? Allí radica la posibilidad de todo lo que se manifiesta pero de una manera completamente nueva. ¿Podría entenderse mejor llamándolo «campo cuántico»?

¿Y qué lugar ocupa el ser humano, insignificante respecto al cosmos, gigantesco con respecto a una célula o un átomo? No importa el lugar, el puesto que le asignemos. El ser humano porta en sí ese fuego, esa chispa de lo divino, esa consciencia que le permite abrirse a la plenitud del Ser. La apertura es posible si profundiza, si es capaz de atravesar la superficie donde se encuentra pensando y sintiendo. Contamos con esa posibilidad, porque es verdad que el Todo está, de la misma manera, en lo más grande y en lo más pequeño: Dios está en todas las cosas.

Como humanos, percibimos los tamaños y las distancias de acuerdo al instrumento mental que poseemos; así vemos la temporalidad, las vidas que pasaron y lo que vendrá en el futuro condicionados por el instrumento con el que estamos mirando. En la medida en que trascendemos ese instrumento por la vía que ya conocemos –la vía de la contemplación en *buddhi*–, profundizamos en ese nivel mental en el que está incluido el corazón, es decir, el sentir. Allí, ver y sentir son una misma realidad. En esa vía hay apertura a lo sagrado, y una vez que lo tocamos, podemos vivir desde allí donde comienza lo desconocido para la mente condicionada. El tiempo existencial que aquí nos corresponda será cumplido conforme al plan ya trazado. El pasado y el futuro, lo que se fue y lo que todavía no ha llegado, es un asunto de nuestra mente; en lo eterno está todo, es un presente atemporal.

Mientras cumplimos un plan personal estaremos a la vez en lo eterno; mientras transitamos una senda temporal, iremos acercándonos a Dios, andando hacia la Verdad; aprendiendo a amar en un aparente camino de temporalidad y simultáneamente contemplando y viviendo Aquello que no cambia. Aparecen diversos lugares separados por sus límites mentales, pero todos dependen del ámbito nuevo descubierto: la consciencia abierta al infinito incluye todas las expresiones temporales que se van colocando en su lugar. Cuanto más profunda haya sido nuestra contemplación, más armonía habrá también en toda la escala de niveles. Y cuanto más lejos nos encontremos de la mente contemplativa, identificándonos en la superficie con las sensaciones, más desarmonía experimentaremos. Aunque lo disimulemos, aunque obedezcamos a lo que nos han dicho que debemos hacer, para que los demás nos traten bien, todo eso será frívolo y superficial.

La armonía sobreviene de lo profundo. La armonía es alegría interior. En nuestra tradición hay un dicho un tanto divertido que asegura que un santo triste es un triste santo; desde luego, muy poco santo es quien se mantiene triste en la santidad. ¿Qué clase de santidad será ésa? Igual podemos afirmar que sucede al contemplar, porque no es tan diferente. ¿Qué contemplación está haciendo una persona si no vive una alegría interior? Será irrelevante la edad que tenga, lo que le suceda externamente, en qué situación se encuentre. Contemplar supone no identificarse con la situación de la persona. Y al no haber identificación a través del argumento personal, la alegría es espontánea. Soy más allá de esta persona, sin forma, sin tiempo. No hay ninguna alegría comparable a la que sobreviene en el silencio mental que se atraviesa al contemplar la más bella sinfonía.

Descubrirlo no depende de una determinada tradición, de unas doctrinas concretas, de grupos específicos ni de épocas privilegiadas. Quien descubre el quid de cómo contemplar en su mente, da lo mismo cómo lo haya realizado, son anecdóticas las vestimentas externas, la forma de presentarse —como por ejemplo la tradición cristiana, la hindú o la árabe—. El que lo ha desentrañado, ya camina en una dirección nueva y, según como sea su *dharma,* podrá seguir manteniendo el lenguaje y las costumbres de una tradición o no. En esta época, quizás haya algunas personas –entre las que se encuentra la autora– cuyo *dharma* consiste en comprender que todas las tradiciones culminan en la misma Verdad esencial. Por tanto, las tradiciones en cuanto envolturas y formas no tienen mucha importancia, lo que cuenta es la llamada interior y la respuesta a esa llamada en el interior del ser humano.

¡Que esta investigación sea muy operativa en nuestras vidas! Diréis, ¿qué tipo de práctica es ésta en la que nos lanzamos a lo último? Me parece lo más práctico, ya que lo más práctico es lo más abstracto, lo que menos se puede manipular y desvirtuar, porque Aquello abraza lo desconocido por nuestra mente. Mientras si concretas y dices: hay que hacer exactamente esto, te limitas y pierdes lo de alrededor. No olvidemos nunca que el ser humano es infinito. Su verdadera realidad es la infinitud, por eso es sagrado. Y todo lo que hay a su alrededor es sagrado también porque comparte la misma consciencia. A la hora de vivir esto en la vida concreta, recordemos que cuanto más práctico y aparentemente realista resulte un planteamiento, más limitado e ilusorio será. Pero cuando abrimos nuestra mente al infinito, abarcamos la totalidad mediante la armonía unificadora, al igual que cuando contemplamos un horizonte amplio desde la cima de una montaña. ¿No nos alejamos de lo inmediato para ver el paisaje? Porque cuanto más nos acercamos más limitamos nuestra capacidad de integrar lo múltiple en lo Uno. También la contemplación de la Verdad se produce en lo que transciende los espacios limitados de la mente conocida, un acorde sin principio ni fin.

La gran potencia de la atención

¿Qué es atención?

Atención es lo que mueve y crea todo, lo más potente que alguien pueda sospechar o imaginar. Comenzaremos aclarando que aquí nos referimos, en contra de lo habitual, a la atención sin objeto ni motivo alguno, a cuando la gran potencia de la consciencia irrumpe y atraviesa todos los niveles manifestados. Estamos acostumbrados a prestar mucha atención a cosas concretas, pero desconocemos en qué consiste la atención a nada. Ahí radica la diferencia: si bien la atención a algo determinado es una atención que se ha perdido ya en el objeto, la atención a nada está abierta, es la propia Conciencia que se reconoce en sí misma. La gente suele estar muy atenta a todo aquello que le conviene, a lo que le comentan (según lo que se valore en cada época se prestará atención a unas cosas u otras –a lo que hago, a lo que los demás hacen, a lo que sucede, a lo que se dice–); no obstante, todas esas atenciones a algo externo realmente esconden una falta de atención interior.

Entonces, ¿no tendríamos que prestar atención a las cosas concretas de la vida? En realidad, no importa si estamos más o menos atentos a los objetos concretos. De hecho, alguna atención hemos de tener para subsistir en este mundo: lo que haya que hacerse, se irá haciendo. Eso no es lo importante para los amantes de la Verdad. Ya tenemos en general demasiada atención alienada, ya estamos bastante volcados hacia fuera. Recojamos por tanto esa atención, descubramos el origen de todo lo que percibimos. Y desde esa fuente interior, que las cosas se hagan, que la vida fluya espontáneamente.

De hecho, la excesiva concentración –que es la atención a algo específico–, es la causa de muchos problemas que se viven en nuestra época. Nos concentramos con tensión por ejemplo en el trabajo para conseguir más eficiencia, más productividad, ser mejor que el otro, nos esforzamos en practicar ciertos ejercicios para llegar a donde los demás no han llegado, nos obsesionamos con lograr objetivos pensados, con repetir lo que produce placer o con mantener cualquier tipo de dependencias. La concentración encaminada a lograr un beneficio personal es nefasta.

Pero ¿acaso hay una concentración natural? Sí, la que realiza la atención misma, no la que invento desde ese ilusorio yo creado por el pensamiento: repito un comportamiento porque otros lo hacen, porque lo veo alrededor, porque está en mi ambiente. Sin embargo, la atención pura se concentra ella sola espontánea, según las necesidades, en lo que la situación requiere, tal como sucede en un árbol que se concentra por ejemplo en la energía solar. Por su parte, en los seres humanos, la atención también se centra en lo que de manera espontánea resulte adecuado: el alimento, la comunicación, etc. Tal vez en el caso del ser humano las tareas sean más complejas y numerosas que en el del árbol –aunque acontecen multitud de procesos tras la forma serena y quieta del reino vegetal–. Todas las formas que percibimos están respaldadas por una gran Inteligencia que organiza la Vida. Asimismo las personas, los cuerpos que percibimos, palpitan con una gran Inteligencia que los mueve a diferentes niveles. Y cuando llega a la manifestación material, decimos: tengo que concentrarme en que todo el mundo hable bien de mí, en que mi empresa salga adelante, en que mi hijo ocupe un buen puesto en la sociedad…, todas esas cosas en las que considero que he de concentrarme para que funcionen debidamente.

Si soy aspirante a la sabiduría, me daré cuenta de que no necesito concentrarme en ningún objeto externo para que la vida sea. Iré constatando poco a poco una verdad: que somos la sabiduría misma. Para asimilarlo, me harán falta pequeñas dosis, a veces homeopáticas, de sabiduría, porque de golpe resultaría demasiado brusco: pienso que me alejaría de la sociedad, que me enemistaría con mi familia, que me sentiría aislado, que no podría realizar todos mis objetivos. En fin, grandes revelaciones de sabiduría podrían resultar mortales para una persona. ¡Ojalá fueran letales para el ilusorio «yo» que creemos ser! Pero como no nos atrevemos a despojarnos del «yo» conocido, vamos poco a poco digiriendo las pequeñas visiones de sabiduría que captamos de la vida. Pues bien, esa sabiduría –lo repito una y mil veces– no nos vendrá por información externa; sobrevendrá por atención interior sin objeto. Nos referimos a la atención con ese matiz de lucidez que le otorgaba Krishnamurti, de atención en sí misma, no hacia una cosa concreta.

¿Y la sola atención basta? Sí, es suficiente con cultivar la atención, con buscar el Reino de los Cielos según se nos dijo; lo demás lo hace la misma atención. ¡Pero eso no puede ser!, ¿no tengo que realizarlo yo? No hay ningún «yo» ahí, me lo estoy inventado todo el tiempo. Cuanta más atención lúcida tengo, más adecuado y armonioso resulta todo.

Tenemos argumentos de sobra para cubrir el planeta Tierra de una biblioteca de novelas; muchísimas excusas que no son verdaderas. Todos esos imaginarios argumentos que nos repetimos mueven nuestra vida precisamente porque nos los creemos. Y nos creemos el pensamiento por falta de atención. Puedo incluso permanecer encerrado en esa zona del pensamiento y proponerme no creerme los pensamientos, y sin embargo seguir en el mismo lugar donde no hay atención; porque sigo pensando, a pesar de decir: «He oído que conviene tener atención, haré un esfuerzo para estar atento». De esta manera me tenso y creo estar en atención. Pero no dejo de estar pensando.

Así pues, hemos de recurrir a la atención misma para que nos libere de este callejón sin salida. Solamente la atenta lucidez se da cuenta de lo que estoy haciendo, de cuál es mi engaño interno que vale para todos –creerse los pensamientos–, aunque luego en lo concreto cada uno tiene sus peculiaridades, sus propios argumentos que le parecen únicos por muy parecidos que sean en el fondo a los de los demás. Todo el mundo piensa: «Esto que me sucede a mí, no le ocurre a nadie más; mi manera de reaccionar, mi honestidad es excepcional». Se trata, no obstante, de una honestidad pensada, calculada. Pensar y calcular son sinónimos en este contexto. ¿Es entonces auténtica tal actitud? En absoluto, todas mis obras están calculadas, no se me ocurre considerar que puedo vivir sin que los demás me apoyen, no se me ocurre una libertad semejante. Estoy ahí encadenado, haciendo –con mucho cuidado– lo que a los imaginarios «otros» les complace, esclavizado a su opinión, esclavizada a lo que piensen de mi irreal «yo».

Ser libre es ser verdadero

Cuando leemos en algún libro cómo vivían los esclavos en la antigüedad, nos aterra su falta de libertad. Pero entendamos que la esclavitud psicológica en la que normalmente vivimos los humanos hoy en día es definitiva. En nuestra vida no hay verdadera libertad, permanecemos esclavos. Supuestamente soy libre de comprarme el último modelo de coche o de escoger entre tres vestidos con el mismo estilo que impere en la época. Y creo que eso es ser muy libre. Tengo libertad de ingerir toda clase de alimentos, bien conservados con una cantidad suficiente de productos artificiales como para que estén desnaturalizados, y bien envueltos en toda clase de atractivos envases con plásticos de colores. Éste sería un pequeño ejemplo de esta sociedad considerada libre. Aparentemente, gozo de libertad para informarme de cualquier dato: navego por Internet, enciendo la televisión, leo las noticias, lo sé todo y luego puedo repetirlo una y otra vez. ¿En eso consiste la libertad de expresión? Lamentablemente, no hay libertad en nada de eso. Vivo esclavizado por las limitaciones que me impone mi falta de atención. Como todavía no he descubierto qué es vivir en esa lucidez, sigo encadenado sin darme cuenta. Incluso puede que proteste: ¡yo no estoy esclavizado! No hay peor esclavitud que la ignorancia de fondo en el psiquismo.

Pero cuando internamente ya tengo algunos atisbos de atención, las cosas cambian: entonces me doy cuenta de qué puerta está abriéndose al mantenerme atento. Recordemos sin embargo que no nos referimos a estar atento a algo en particular ni a ser muy espabilado –así suele entenderse la atención–. Esas ridículas artimañas del pensamiento no pueden compararse con la verdadera Inteligencia. La picardía, el compararme o el querer hacer algo mejor que el otro deriva en esclavitud, y la Inteligencia nunca esclaviza. Por tanto, tales estrategias no pueden ser inteligentes, más bien denotan falta de consciencia, una deformación de la atención natural que somos. Y cuando ésta se distorsiona no hay quien la reconozca. Ciertamente todo es Inteligencia, pero a veces resulta irreconocible.

La Luz que somos, la consciencia, la atención lúcida, nos libera. Y liberarse es vivir siempre abierto, algo que apenas conocemos. Cuando lo descubrimos nos parece algo extraordinario, aunque al bajar la atención se olvida al poco tiempo y otra vez, subyugados por los hábitos, volvemos a repetir esa pseudointeligencia que nos aboca a los estados de esclavitud que estamos mencionando. Lo notaré por los síntomas.

Los síntomas de la falta de atención

Es un síntoma significativo el constatar que tiendo a actuar, a cualquier nivel, igual que los demás. La imitación es señal de esclavitud, de que estoy en un lugar cerrado a la Inteligencia. Un síntoma no es ni malo ni bueno, porque esas categorías pertenecen al pensamiento: ¿bueno para qué?, ¿malo respecto a qué criterio? Cuando vea que copio, que quiero comportarme como otros, aunque sea al tratar de estar atento porque, según me han dicho, me conviene… ¿puedo darme cuenta de que estoy siguiendo pautas? Si nos percatarnos de ello, ya habremos visto mucho. Es tan habitual repetir patrones ajenos que ya no nos damos ni cuenta de que constantemente obramos así en casi todas las facetas de la vida, que no sólo tenemos que vestirnos de determinada manera y hablar según lo estipulado, descubriremos que hay muchas formas de falta de autenticidad y por tanto de inatención.

¿Encontraremos algún culpable de esta situación? En absoluto. Los que crean moldes, ellos mismos están a su vez moldeados, son moldes ya. No hay ningún culpable. Tanto los que parece que están imponiendo sus esquemas a los demás como quienes los reciben, todos están siguiendo una pauta mecánica en círculo vicioso. ¿Cuál es entonces el verdadero responsable, la causa de todo esto? La falta de lucidez o de atención. Pero parece que la coyuntura imperante es tan fuerte que ya no es posible la marcha atrás y a esto se denomina progreso, ser moderno, estar al día, estar a la altura de las circunstancias. Se dicen cosas aparentemente positivas de la situación mientras, gran paradoja, parece que nadie puede sentir la alegría de vivir en atención. Y sin embargo, la atención tiene una capacidad inmensa de deshacer la ignorancia y el error. Descubramos esa capacidad. Aprendamos a estar atentos, no voy a decir «tratemos» de estar atentos porque, ¿desde dónde vamos a tratar? ¡A saber! Descubramos lo extraordinario que es estar atento, y una vez descubierto ya no podremos dejar de acercarnos a la luz de la atención.

Descubramos la lucidez que somos

Si nuestra mente nos permite abstracciones de tipo metafísico o abstracto —es decir, enfoques totalizadores que luego son aplicables a lo concreto—, podremos indagar en el origen profundo de todo ello, más allá de la aparente causalidad. Todo está hecho de Luz. Tener atención es precisamente estar en línea con la Luz, hasta identificarnos con ella. Darnos cuenta de que eso es lo que somos en esencia. No hay nada ajeno a esas ondas luminosas. A pesar de que, como hemos señalando más arriba, cuando se limita la percepción, aparecen mundos distorsionados, siempre se construyen con la Luz creativa y creadora. La Luz no es una cosa, es lo único que hay. Como seres humanos, lo máximo que podemos descubrir es que estamos tejidos de Conciencia. Y si ésa es nuestra naturaleza esencial, ir al origen es quedarnos en la Conciencia —lo que implicaría ser «originales»—. Cuando no la descubrimos, estamos reducidos a un personaje del argumento; se ha distorsionado la luz, se ha proyectado en una pantalla ilusoria y ahí aparece aquello que consideramos nuestra vida, lo que debe hacerse, lo agradable, lo desagradable, el sufrimiento, la felicidad…, con todos esos materiales elaboramos un argumento personal.

¿Y qué pasaría si no tuviésemos argumento? ¿La vida resultaría aburrida? Bien al contrario, como venimos viendo en estas investigaciones, la vida es aburrida por falta de luz. ¿Y no perderemos las satisfacciones derivadas de todos estos engaños? El compartir con los demás los espejismos y la ambición de ver quién puede más ocupa el tiempo. ¿Y si soltásemos todo eso que tanto nos entretiene? En lo profundo de nosotros sabemos dónde se encuentra nuestra verdad, nuestra libertad. Lo sabemos. Ahora mismo, estamos investigando con esta intención. Contactemos con el lugar donde evidenciamos que cuando permanecemos en la Atención, ya no tenemos que buscar nada más.

Desde fuera, se nos recomienda que no tengamos deseos porque esclavizan, tal como advirtió el Buda y como siguen advirtiendo los budistas actualmente. Si albergamos deseos no vamos a ser felices, ya que unas veces los conseguiremos, pero en otras ocasiones no será posible. Cuando los logramos, o bien se nos pasa rápido la ilusión de la novedad o bien inmediatamente acecha la preocupación de que nos arrebaten o perdamos el trofeo. Por el contrario, si no conseguimos dar alcance a nuestros deseos, nos quedamos frustrados, sufrimos porque los demás consiguen materializar sus «sueños» y yo no. En cualquiera de los casos, vamos a sentirnos desgraciados, puesto que todo trascurre en constante movimiento como ya hemos visto. Allí donde pretendamos apoderarnos de algo, estaremos tratando de atrapar una sombra fugaz.

Con la luz de la atención vemos que en aquel objeto no había nada real, que no existe ninguna sombra consistente en la que afirmarnos. Pero mientras no haya suficiente luz en nuestra mirada, seguiremos peleándonos por cualquier sombra proyectada, sufriendo, frustrándonos, comparándonos con quien supuestamente tiene una colección de sombras más grande que la mía, teniendo envidia porque me parece que el otro sí es feliz. Es lo que mi mente interpreta. Y el otro a su vez está envidiando a un tercero, le parece que aquél vive más feliz que él. Muchos tratan de ajustarse a un modelo imaginario de persona feliz: leen libros para saber cómo se comporta la gente feliz, realizan psicoterapias de grupo o diversas actividades que los entretienen lo suficiente como para pensar que mejoran.

Los estímulos y el entretenimiento son adecuados para la etapa infantil de desarrollo, aprendizaje y manejo del cuerpo psicofísico. Pero ¿qué pasa con un ser humano que desde que nace hasta que muere permanece igual, necesitando entretenerse sin cesar? Ahí falta atención, falta lucidez. En alguna ocasión visitando un «jardín de infancia» vemos que practican ejercicios, se reúnen en grupos, cantan, realizan actividades diversas. Cantidad de adultos realizan ese tipo de dinámicas en las psicoterapias; siguen necesitando que los demás los entretengan. Piensan que aprenden mucho estando entretenidos unos con otros. ¿Quién sabe?

Hablamos de síntomas, no juzgamos lo que está bien o mal. Simplemente constatamos que para un investigador de la Verdad, para quien anhela la sabiduría, no es buena señal necesitar o desear que te entretengan. Y no supone demasiado cambio el pasar de ser seguidores de lo que todos hacen en esta época —por ejemplo seguir los juegos y las historias de Internet o ver la última noticia o película para estar al día—, a desarrollar aspectos psicológicos para crecer internamente según estipulan las nuevas corrientes —¿quién crece? Nadie madura porque sigue necesitando eso una y otra vez—. Ese planteamiento es adecuado para los niños que están creciendo como personas y necesitan refuerzos, pero los adultos ya no crecemos; lo que nos espera es aprender a mirar con atención para vivir desde la Verdad que somos.

La única tarea ineludible es descubrir lo que somos. ¿Acaso nos interesa que crezca nuestro falso yo? Eso parece, como si no tuviéramos bastante ya con esa dosis de falsedad e ilusión; todavía queremos reforzarla un poco más. Y como falta atención, podemos dejarnos engañar incluso por las palabras entendiendo que se trata de un camino espiritual. Curiosamente, observo que gran parte de lo que se cataloga como camino espiritual en realidad no tiene nada que ver con el Espíritu, es decir, con lo que somos más allá de las apariencias. Sin embargo, en nuestra época el concepto de «espíritu» se está equiparando al psiquismo humano. Para que de verdad entendamos lo que en los textos tradicionales religiosos denominaban Espíritu, hemos de salir del yo condicionado. Y entonces entenderemos lo que decían quienes lo habían descubierto. De no ser así, todo queda reducido a interpretaciones superficiales.

Pero si hemos descubierto algo de aquello que en la antigüedad se llamaba el Espíritu —lo que trasciende las apariencias—, entonces no iremos, como decía nuestro maestro Platón, en pos de las cosas ni de las personas bellas para poseerlas, sino que descubriremos la Belleza en la Conciencia que somos. Contemplaremos la Belleza en un estado de felicidad y plenitud. No trataríamos de ser bellas por fuera ni poderosos para conquistar y manipular a los demás. Simplemente con contemplar la Belleza de ser sería suficiente. Eso conlleva eliminar una gran cantidad de sufrimiento, porque la belleza o el poder que se proyecta en las cosas es algo efímero, no es nada consistente. Biológicamente hay un florecimiento de la energía vital, se muestra pletórica durante un tiempo, pero luego disminuye, se acaba y se deshace la ilusión de que aquello era real –aunque nunca lo fue–, se deshace la ilusión de que esa forma era Belleza –aunque nunca lo fue–; tan sólo era un reflejo que estaba proyectado en esa pantalla de la energía vital, y antes o después llamado a desvanecerse.

Quien está comercializando en el negocio afectivo no tiene suficiente atención, está aún dormido, anda perdida –y somos bastantes seres humanos los que nos podemos encontrar en un momento dado enredados en esa trampa–. Cuando se descubre el Amor en la Conciencia profunda que somos y que todo es; cuando comprendemos aquella frase que tanto repiten los religiosos sin entenderla a veces: «Dios es Amor» –todo está hecho de amor porque todo está hecho de Dios–, se acaba el negocio del amor con todas sus frustraciones y engaños.

La educación en atención

¿Qué diremos de acaparar informaciones, querer tener la razón, liderar la opinión y manejar los conocimientos? ¿Qué saberes necesita quien ha descubierto que es una luz y momento a momento habita en el océano de la Verdad? Y ese océano, en lo concreto obrará conforme a lo que tenga que hacer –con más o menos distorsiones según los instrumentos, más sutiles o más densos, con los que se encuentre–. ¡Cómo cambiaría la educación si nos diéramos cuenta de esto, si viéramos que no se trata de un pugilato por demostrar quién tiene más memoria para repetir lo que han dicho otros!, ¡cuán diferente sería la docencia si no se tratara –como desgraciadamente se trata– a los estudiantes desde niños como auténticos ordenadores saturados de información repetitiva! ¿Para qué tanta acumulación si lo que ni siquiera es útil se olvidará en su momento? La educación se enfoca erróneamente sólo para asegurarse un puesto en la sociedad, para conseguir un medio de vida. Y puesto que todo está trastocado, no se confía en que la Inteligencia por sí misma trazará el camino adecuado en cada niño y niña si se dispone un ambiente adecuado para que descubran que la atención es lo importante, que lo esencial es ser conscientes.

Podría brotar la creatividad del interior –al parecer esta palabra hoy en día está utilizándose de cualquier manera–: lo que es más adecuado, armonioso y bello sólo surge espontáneo cuando se ha hecho ese camino con la lucidez que somos. No lo recorreremos atiborrando las mentes de ideas y conceptos, dejando malparados a los seres humanos afectiva o emocionalmente con los traumas de tener que aprobar los exámenes, con la presión por las evaluaciones para ver cuántas cosas retienes acerca de lo que se ha dicho que hay que saber. Los libros pedagógicos se han escogido para que todos los estudien obligatoriamente, como si todos los seres humanos fuéramos «estándar».

¿Aprender consiste en repetir lo mismo una y otra vez? ¿Obligar a los alumnos a que memoricen mecánicamente lo que no les interesa es educar? ¿Y qué haremos si no les motiva nada de lo propuesto? ¡Algo tendrán que estudiar! Habremos de mirar entonces por qué no les interesan esas asignaturas, crear un ambiente en el que el interés brote espontáneo de la Inteligencia de los seres humanos sin que se amolde a patrón alguno. Resulta nefasto que se encasille y se juzgue a los seres humanos por los exámenes que superan o por las oposiciones que aprueban para obtener un empleo.

Tantos años como llevamos conviviendo con este sistema educativo, ya nos parece lo natural. Sin embargo, en otros momentos y en otras épocas, el aprendizaje era vivencial. Ha habido culturas en las que la educación se basaba más en la experiencia, en lo que las personas descubrieran por ellas mismas, se los ponía en una aventura, en una situación significativa para ver cómo respondían, cómo hacían una llamada a su Inteligencia. Actualmente eso ni se sabe ya lo que es. Con esto no quiero decir que lo de épocas pretéritas fuera perfecto. Pretendo únicamente expresar que todo lo que vivimos en esta época no es un progreso, que la humanidad no ha ido evolucionando cada vez a mejor. En épocas remotas también proliferaban los errores, y algún acierto en una minoría de personas. Y en nuestros días, igualmente se da algún que otro acierto.

Los aciertos dependen del contacto con la atención, no de aceptar lo establecido ni en ser hábil para hacer lo que los demás desean, lo que les conviene dentro de su neurosis. Vamos mal encaminados si acometemos una tarea –un trabajo, un libro, educar o cualquier otra labor formativa– para que la respuesta de los demás sea positiva, olvidando lo distorsionadas que suelen estar la mayoría de las mentes. Nos atrevemos a utilizar un término contundente empleado por psicólogos y psiquiatras para algunos casos muy extremos: si acatamos lo que requieren los neuróticos, entonces esa actividad que llevamos a cabo será neurótica en sí misma y redundará en más neurosis. Dicho en otras palabras, si nos amoldamos a la corrupción que se crea por falta de atención, nosotros mismos estaremos promoviendo la corrupción. Criticamos la corrupción que vemos en la sociedad sin darnos cuenta de que cuando falta la luz de la atención en nuestro interior, la corrupción campa a sus anchas. Desde esa atención descolocada, cualquier conducta se corromperá imperceptiblemente. Y la suma de todas esas conductas crea las situaciones externas que tanto nos alarman. Etiquetamos como reprobables determinados comportamientos que no se ajustan a ciertas conductas de ética. Pero, de algún modo, mientras no estamos abiertos a la lucidez que somos, no somos culpables, tan sólo estamos desatentos.

En la medida en que vivimos por inspiración de la Luz, fluye la libertad en nuestra existencia, la Inteligencia se expresa con claridad a través de nuestra persona. Es el resplandor de la Luz –lo podemos denominar armonía, paz–, aunque no de la manera que pensamos que debería ocurrir; porque quien se abre a la Luz no se muestra como los demás creen que debe manifestarse un ser humano despierto. Si alguien siguiera alguna conducta preestablecida, obviamente, esa persona estaría ya condicionada; y no se podría esperar de ella una conducta verdadera y libre. No estaría viviendo desde la Verdad de su Espíritu.

No sabemos nada de la Libertad hasta que la tocamos. Mientras tanto, intentamos que los demás se ajusten a nuestras estrechas ideas de lo que debería ser la libertad. Dependemos de toda clase de ataduras y nos parece alguien extraordinario aquel que encaja en ese tipo de programaciones. No lo olvidemos: no sabemos lo que es la verdadera libertad, la creatividad o el discernimiento de la Luz hasta descubrirla.

Y cuando la vislumbramos, sabemos que se expresa de una manera libre, nueva y muchas veces sorprendente en cada uno. De modo que no miremos por fuera ni juzguemos desde el exterior porque quizá estemos rechazando lo que proviene de un lugar espontáneo, mientras apoyamos inconscientes lo condicionado al tiempo, lo que se considera deseable según determinado punto de vista.

Condenamos la corrupción sin darnos cuenta de que lo hacemos de una manera corrupta. Cuando nos alejamos de la Luz nuestra propia mente queda distorsionada de acuerdo a las emociones e intereses personales. Alegremente criticamos a los políticos porque ellos actúan exclusivamente de acuerdo a sus intereses personales, ¿acaso los demás obramos sin perseguir el beneficio propio? Si no actúo enraizado en la atención, si no vivo por inspiración de la Luz, irremediablemente estoy siendo movido por míseros intereses. Unos intereses que no consisten necesariamente en acumular riquezas. Los económicos son un tipo de intereses, pero hay muchos otros posibles, menos obvios, tales como protegerme, evitar el miedo, intentar que los demás me favorezcan, hacer amigos que me sirvan de apoyo u otras motivaciones de índole similar. Aunque socialmente parezcan muy válidas, son mis motivaciones egocéntricas y su validez depende del argumento consensuado. Lo que tengo que ver es que siempre estarán distorsionados si me alejo de la luz de la atención. No se trata de juzgarlos como positivos o negativos. En general, está bien todo aquello que me acerque a la Verdad, lo que proviene de allí, lo que se realice en atención a ella. Y está mal todo lo que se lleva a cabo dormido, cualquiera que sea el argumento de la película que esté proyectando. El argumento que estoy soñando es irrelevante. La vida es sueño y los sueños, sueños son, como se dijo en la literatura clásica española. La vida de los dormidos es sueño; y dormidos están quienes no viven iluminados por la Verdad a la que se accede por atención.

Aquellos que son iluminados por la atención despiertan. Ya no son nada, son pura Luz que a través de ellos se expresa. ¿Son iluminados entonces? Si no hubiera tantas fantasías acerca de los iluminados, se podría afirmar que sí. Pero todas las fantasías que se han creado considerándolos personas aparte conforman un argumento falso. No ensalcemos por tanto a ningún ser humano como modelo de conducta, no acatemos las consignas de nadie. Solamente es recomendable seguir un consejo —el que por cierto ofrecen todos los seres humanos que tienen sabiduría—: ¡despierta, mantente atento! Pero no podemos practicarlo cuando estamos encerrados en el pensamiento.

Atención a la Verdad

El misterio de abrirnos a la luz de la atención se nos ha de revelar a cada uno de nosotros en lo íntimo. No como consecuencia de nuestras experiencias en la vida ni a causa de alguna información sobre el tema. Si estás durmiendo a pierna suelta, como decía Gurdieff, no pasa nada; sigue soñando, es lo natural, ¿qué vas a hacer? Pero si eres candidato a la lucidez de la sabiduría, si ya notas atisbos que te despiertan, si ya tienes un sueño liviano, si de vez en cuando abres los ojos, entonces atiende solamente a la Verdad. ¿Qué debería hacer?, ¿no leer libros ni escuchar a nadie? Lo que hagas es irrelevante, haz lo que espontáneamente surja de tu comprensión. Importante sólo es lo que contemples como Verdad.

Cuando empiezo a abrir ventanas, el recinto interior se ilumina y ya no me daré golpes en las sombras. Pero el abrir los postigos es un asunto que me incumbe a mí. Nadie puede abrirlos porque sólo se abren desde el interior. Hoy en día sin embargo se anuncia que desde fuera pueden abrirse los «chacras» o centros energéticos. Solamente se puede manipular lo manipulable, desde el exterior sólo se cambian las apariencias, la superficie de las cosas; porque la puerta de la auténtica libertad está dentro y encuentro la llave de esa cerradura en mí mismo. De ahí la importancia de contemplar o meditar, de hacer un camino silencioso para poder iluminar esa estancia interna que estaba oscura, encontrar la salida a la luz, introducir la llave en la cerradura y abrir las compuertas. Si no hay luz, no será posible ver con claridad, por muchas manipulaciones que haga desde el exterior. Podría modificar hábitos, hacer un régimen alimenticio, practicar ejercicios recomendados, acudir a ciertos lugares… y no sucederá nada verdadero.

¿Podría decirse que en algunos hay unas rendijas más abiertas? Lo único verdadero es que la luz atraviese los compartimentos en sombras.

Que la persona haya conseguido más atención o más lucidez es una interpretación errónea del pensamiento. La atención tiene su origen allende la persona.

Lo personal está sumido en el tiempo, mientras la Conciencia, lo que verdaderamente somos, permanece. Y lo habremos descubierto si somos conscientes de ello en nuestra vida, en la muerte, después de esta vida y en todas las posibles vidas, permanecerá la Luz que somos, no la persona que hemos creído ser. Ese ser humano desconectado de la Verdad sagrada también dará paso a nuestra verdadera identidad, es un instrumento que dura unos cuantos años.

Descubramos lo que somos con la atención. Así, todos los cambios que experimentemos, las aventuras por las que pasemos –salud, enfermedad, éxito, fracasos, ambiente afectivo favorable o desfavorable– no nos tocarán en lo esencial, como acontecimientos que le suceden al personaje provisional. Cuando la persona termine, aquellas peripecias habrán llegado a su fin. Y las guardaré en la memoria, quizás hasta después de la muerte –espero que no– si me creo que lo que hay en la memoria es lo real. De no ser así, me daré cuenta de que lo almacenado en ese archivo, todo lo que pertenece al pasado –si todavía no es pasado, lo será en breve–, es decir, todo lo que está en el tiempo no es verdadero.

Si sueño que la realidad es lo que percibo y atesoro en la memoria, podría ser que siguiera soñándolo también cuando deje el cuerpo. Una posibilidad nada atractiva. Es suficiente con la dosis de sueño que tenemos en esta vida, ¿no? Y como se dice en muchas tradiciones, quizás esos sueños a los que hemos dado realidad, más adelante nos arrastren a otros sueños. Podría ser que nos fuéramos una y otra vez a los lugares que soñamos que son realidad; pero también es posible que haya libertad, que empecemos a ser conscientes y deshagamos los sueños con la atención.

La atención no es un mero instrumento del que disponemos, es mucho más potente que una herramienta psicofísica, la atención proviene de aquel lugar donde somos la Verdad. Por eso si queremos llegar a ser lo que somos, habremos de retomar el hilo de la atención. No nos va a faltar nada en la lucidez, no creamos que si recogemos ese hilo estaremos perdiéndonos los sentimientos o cualquier otra capacidad humana. No es así: en la Conciencia está todo. El Amor es el resplandor de la

Unidad, de la Luz que es una y no contiene fragmentos ni distinciones. No nos quedemos atrapados en una interpretación pensada del amor. Seamos libres si queremos ser amorosos. Cuando vivimos en atención, descubrimos que la esencia de aquello que nos encandilaba está envuelta en mucha ilusión y hemos tenido que desenvolver todo eso con lucidez. No seamos fríos –una máquina de calcular– ni tampoco seamos sentimentales –una máquina emocional de sentir–; salgamos de todos los automatismos, veamos lo que de verdad somos para que nuestros pasos en la vida se fundamenten en el Espíritu.

Hemos de concluir que la atención tiene la potencia máxima para transformar nuestra vida en la dirección de lo auténtico, de lo que somos. Podríamos añadir incluso que no solamente es lo más potente sino lo único que nos guía en nuestra travesía por las apariencias.

Atravesando las apariencias

Apariencia y verdad

¿Cómo descubriremos la verdad?, ¿cómo sabremos lo que de verdad somos?, ¿cómo sabremos lo que es Dios? La respuesta a estas preguntas es: atravesando las apariencias. De modo que ése es nuestro camino. Si nos quedamos atrapados en lo que parece, en lo que nuestra mente y todas las demás mentes están interpretando, no brillará la luz de la consciencia y seguiremos dando vueltas en el recinto cerrado de lo que llamamos yo, mi persona, mi mundo, mis problemas.

Y tanto arreglar mis problemas como solucionar los de otros son pretensiones que se fundamentan en el mismo nivel, en ambos casos seguimos sin salir de las apariencias. Esto trastoca todo lo conocido, es revolucionario y difícil de captar hasta que no se investiga a fondo sobre la última verdad. Creemos que al estar pendientes de «lo mío» alimentamos el egoísmo, pero sería perfecto vivir pendientes de los demás, de cómo ayudarles. Sin embargo, no es así: tanto mi vida como la de los demás están interpretadas, residen en el mismo lugar del pensamiento. Para que haya liberación, hemos de atravesar esa zona de apariencias. Se trata de una liberación para todos: no de mi liberación, sino de la liberación. No existe mi libertad sino la libertad, porque el «mi» no puede ser libre. La libertad implica desmontar esas separaciones. Cuando veo la vida de los demás a través de mi interpretación mental, tamizada por los condicionamientos colectivos, ahí no puede haber libertad. Y puesto que no hay libertad, la verdad no se manifiesta. Verdad y Libertad son inseparables.

Ciertamente, la Verdad es muy amplia, mucho más de lo que podemos imaginar. No consiste en pensar: tenía mi verdad pero ahora me he ido informando, poseo parámetros más amplios y acepto las teorías de otros. Eso son nimiedades, eso no es sino adornar las apariencias de acuerdo a las costumbres de la época. Ser tolerante con otros planteamientos de vida es una posición que se halla en el mismo lugar de apariencias. Por mucho que trate de entender a los demás, que trate de mostrarme comprensivo, desde el mismo lugar pensado no estoy viviendo de verdad, no estoy siendo un foco de Luz. Y sólo en el resplandor de la luz de la Conciencia brota la verdadera comprensión.

Comprendámoslo bien, se explica lo mismo de distintas maneras porque quizá alguna atraviese las rendijas de nuestras mentes; siendo como son aparentemente distintas unas de otras es necesario expresarlo por un lado y por otro sin salir del mismo intento de expresar lo imposible: la unidad. Y por fin, en un momento dado, ¿qué sucede en una investigación? Se produce una revelación en el interior de cada investigador. Si no hay tal revelación, no habrá servido de mucho, continuaremos flotando en el sueño de los pensamientos. Pero cuando internamente se abre un resquicio en la caja de ideas, convenciones y costumbres, ya no hay dudas y tratar de convencer a otros parece un juego que no tiene ningún sentido.

Si se ve todo claramente, hay discernimiento, surge lo verdadero en la experiencia vivencial y se comprende cómo en un momento dado la verdad se ha distorsionado y por qué ha sido así: quizá porque había emociones guardadas en lo inconsciente desde el pasado y están interfiriendo con lo que sucede, tiñendo lo que esa mente percibe. Ya que esa distorsión esté sucediendo constantemente lo consideramos normal y nos identificamos con ella sin darnos cuenta: esto soy yo, éstas son mis ideas, éste es mi criterio, esto es lo que debe ser, esto es lo justo, yo soy así, no quiero cambiar. Lo afirmo, me lo planteo o lo vivo internamente aunque no lo formule. No soy consciente de lo que está ocurriendo en el escurridizo tiempo. Como muy bien comunican en las tradiciones de la India, aquello es ilusorio, no es verdadero, se ha representado en el escenario espacio-temporal de mi mente. Pensándolo, por tanto, estoy viviendo de apariencias, no de verdad.

Cuando Krishnamurti decía «el observador es lo observado» estaba apuntando a la verdadera manera de observar —que no es lo que normalmente entendemos por observar—. En la forma auténtica de observar vemos que el propio observador, aquel que está observando, debe ser también observado como algo ajeno, un objeto de consciencia, una forma en la mente. El pensamiento rápidamente se plantea: ¿quién es el que observa todo eso?, si el propio yo ya es un pensamiento, si el observador es lo observado, ¿con qué tengo que mirar el pensamiento? No tengo que mirar el pensamiento, la mirada tiene que ser tan pura que sea transparente y entonces la luz de la Conciencia es la que ve, atravesando esa mente personal. A los primeros indicios de este suceso se los ha llamado «presencia del testigo». Y eso sucede en el momento en que se revela algo más allá de lo que creo que soy, aquello que se está dando cuenta de lo que está pasando a través de la mente y de los mundos que está creando. Mundos llamados interiores —compuestos de miedos, problemas, angustia, ambiciones, deseos—, o bien mundos exteriores que son proyección de los internos, como experiencias, sucesos.

Tenemos muy delimitadas las fronteras: hasta aquí llego yo, estoy dentro de este cuerpo, cada uno está en el interior de su persona, hasta ahí llegan los otros, esto es el conjunto, éste es mi país, éste es mi planeta, ésta es mi profesión, ésta es mi empresa, ésta es mi familia. Aparentemente, tenemos todo muy bien acotado. ¿Podremos ver en el momento de atravesar las apariencias que todo se basa en una representación externa de lo que estamos viviendo internamente? Nos vamos a quedar asombrados cuando lo veamos. Hay un gran asombro inicial, a lo mejor al primer vislumbre cierro la puerta y digo: ¡alto, esto es ya demasiado! Pero si me mantengo ahí —y lo haré, porque cuando la Verdad empieza a asomar es difícil detenerla—, cada vez irá abriéndose más esa puerta hasta percibir las apariencias en toda su desnudez.

Si sabemos que la persona es un mero personaje de la representación, ¿soltándola no seré un extraño frente a los demás? Se trata de dudas imaginarias, frenos que propone un «yo» para mantenerse protagonista y evitar que se deshaga su montaje. Pero las cosas suceden de manera completamente distinta. Por algo se ha llamado iluminación a este camino, todo estaba apagado y de repente se enciende, la oscuridad se torna clara. En nuestra tradición se ha denominado salvación a esta vivencia –independientemente de que se haya entendido bien o mal–; al descubrir lo que somos, nos salvamos de estar flotando en un sueño.

Resulta tan importante este descubrimiento en nuestra vida que deberíamos ver mejor todo lo que sucede alrededor; decimos que esta investigación nos motiva pero que luego en mi familia, en este país, en el planeta están ocurriendo acontecimientos que nos involucran hasta el extremo de olvidar lo que vimos como verdad. Lo que sucede depende del tiempo, está siendo proyectado por la mente. Y aparecen no por casualidad ni para molestia de los humanos –las cosas negativas– o para nuestra diversión –las agradables–. Todo está sucediendo inteligentemente; porque cuando hay suficiente anhelo de aprender, amor a la Verdad o sed de Dios, esa representación y esa proyección externa de las apariencias es una oportunidad para comprender lo que aún no hemos comprendido.

Por ello es urgente vigilar. No nos resignemos al pensar que la realidad viene de fuera y que más vale aceptarla, puesto que todo está en manos del destino o, por el contrario, no nos empeñemos en luchar apasionadamente contra los hechos, creyendo que el mundo no debería estar así. He de ver en mí mismo lo que es una persona, tengo que descubrir en mi propia mente qué significa estar dormido, reconocer la inconsciencia escondida en mi interior y entonces no culparé nunca a nadie –ni siquiera a mi persona, obviamente–. Cuando veo la inconsciencia ya sé lo que es, y entonces se acaban todas estas reacciones, hagan lo que hagan las personas. Cualquier cosa que hagan son apariencias. Con esta comprensión termina también el odio que dificulta la integración en la Unidad amorosa.

¿Por qué son simples apariencias lo que vivimos como real? Apoyémonos en la metafísica para ver la respuesta; no hay más remedio que recurrir a consideraciones transfísicas, porque si no lo concreto del vivir, que tan cegados nos tiene, no mostrará su verdadera cara. Lo que nace y muere es aparente, aquello que en un momento no era, luego es y más tarde vuelve a dejar de ser; es decir, todo lo percibido, lo que captamos con nuestra mente es irreal. Sólo lo eterno es real. Digo sólo y no es por ser lo temporal una cosa entre otras; lo eterno lo incluye todo. Dicho con otras palabras: Dios es lo real y no hay nada fuera de Ello. Todos los sueños que se hagan a partir de esa Inteligencia sagrada, eterna, lo que se vaya alejando de la Verdad –pensando, durmiendo, interpretando–, todo ello es un aparecer, no una realidad.

Podríamos responder que hay hechos muy graves. Si una persona por ejemplo quita la vida a otra, no solamente la hace sufrir, ¿eso es una mera apariencia? Con la muerte física, tan sólo se deshace y se disuelve el instrumento biológico y todos sus numerosos componentes, los seres vivientes físicos o sutiles que habitan ese organismo van al lugar que a cada uno les corresponde, de vuelta a la tierra visible e invisible. Aquella asociación para formar una entidad denominada «mi cuerpo» se descompone. Lo cual no significa que lo que de verdad soy se disuelva. Todo es aparente, incluso aquello que tanto nos asusta: tanto nacer como morir son apariencias. Nuestra verdadera identidad no es el yo psicofísico que creemos ser. Comprender esto es la base para comprender la existencia.

Mientras se va formando un «yo» tenemos miedo de que desaparezca; al estar asociados a esta entidad física que nos presta la naturaleza –el cuerpo–, nos asusta la posibilidad de perderla por enfermedad, por agresión de otro o por el motivo que sea. Pero ese miedo no se fundamenta en la Realidad, sino en lo aparente. En la *Bhagavad Gītā* se esclarece ese error por boca de quien lo había visto. Decía Krishna años antes de Jesucristo: «No te preocupes por lo que sucede en el campo de batalla, nadie muere ni nadie mata a otros». El guerrero Arjuna estaba a punto de entrar en combate cuando se le dirigieron tales palabras. Podía habérsele dicho: «No mates, porque es una barbaridad desde el punto de vista de nuestra visión humana». Pero cuando las energías se encuentran ya desviadas de cierta manera, la representación exterior brota inevitablemente de esa manera distorsionada. ¡Ojalá no fuese de esa manera, ojalá no hubiera guerras, ojalá internamente hubiera más armonía y más amor entre los seres humanos! Así la representación externa sería más armónica y más bella. No obstante, comprendamos que lo que parece ser no es.

Lo que se manifiesta fuera, lo que se representa en el escenario, ya estaba dentro. De modo que para resolver las situaciones, no hemos de volcarnos hacia lo que aparece. Una y otra vez se realizan intentos para resolver las situaciones, se promueven acuerdos y se firman contratos para comprometerse a no atesorar armamento bélico y, sin embargo, el problema se mantiene porque desde el interior de cada persona se proyecta el exterior. De modo que la verdadera solución consiste en profundizar en lo que sucede en nuestras mentes, contactar con nuestra alma y abrirnos al Espíritu, al Ser que somos, idéntico al Ser de Dios porque sólo hay Uno. Vivir desde la Unidad divina es vivir desde el Espíritu que brilla en nuestro interior.

 ## Aprender y enseñar desde el Espíritu ✳

La mayoría de los seres humanos no están dispuestos a mirar hacia adentro porque viven dormidos. Pero con que haya uno que lo quiera, ese uno –aun en contra de toda la humanidad– debería hacerlo. Por supuesto que no hay sólo uno, que va habiendo más y más personas que están dándose cuenta de que tiene que haber un giro en la consciencia humana. Y esta metamorfosis no se lleva a cabo cambiando el escenario del drama; no se soluciona la vida de los seres humanos arreglando la obra de teatro que se representa en el exterior, sino mirando desde la raíz cómo está la consciencia humana. Y eso lo hemos de ver cada uno en nosotros mismos. Desde siempre se ha dicho, el Buda y todos los sabios lo plantearon así: cada ser humano tiene que ver la Verdad por sí mismo.

Por cierto que según relatan, el Buda les contó a sus discípulos que cuando él recibió esa visión totalizadora, cuando se iluminó y comprendió profundamente –no con la mente– que las cosas no eran como parecían, se quedó callado durante mucho tiempo. Asimismo, Ramana Maharshi guardó silencio una buena temporada pues no quería o podía explicar su vivencia verbalmente. Más adelante, ambos acabaron hablando de ello; todo ser humano que lo vive acaba manifestándolo sin palabras o a través del lenguaje. ¿Acaso la expresión verbal lo degrada? Por supuesto. ¿Las palabras se malinterpretan? Siempre. ¿Por qué ni el

Buda ni Ramana querían hablar? Cualquier ser humano que descubre la Verdad, lo primero que ve es que Aquello no va a poder comprenderse, que va a malinterpretarse por el lugar donde los seres humanos habitualmente se encuentran. Y si eso ocurría hace tantos siglos, incluso antes de Jesucristo y también en su época, hoy en día sigue sucediendo.

Parece como si ahora hubiera una aceleración, como si en la actualidad muchas personas albergaran ya la inquietud de despertar. Los movimientos que está habiendo en nuestro planeta, dondequiera que miremos, están empujando en la dirección de encontrar ya la verdadera salida de esta encerrona en que la humanidad se encuentra. No seguir actuando hacia fuera cambiando el decorado de la función sino mirar para ver por qué se representa esto. También surgen ahora muchas personas que están desvelando claves que antes se mantenían ocultas. Normalmente en épocas anteriores, estas revelaciones estaban muy restringidas, cuidadosamente explicadas tan sólo a quienes habían hecho un trabajo previo de purificación mental y habían demostrado una auténtica necesidad de descubrir la Verdad. Y se han ocultado los textos esotéricos procurando protegerlos porque estaba claro que aquello iba a ser malinterpretado y que por tanto perjudicaría. Pero estamos en una época nueva en la que parece que estas enseñanzas están saliendo a la luz y el aprender y enseñar –dos aspectos que son un solo impulso– se amplía sin limitaciones.

Esas verdades están empujando para ser escuchadas con urgencia y así ha de ser. No obstante, este tipo de investigaciones se hacen siempre inteligentemente; nunca tienen lugar sin que haya una llamada previa en la consciencia de los individuos que participan en ellas. Si hay una llamada imperiosa, una necesidad interior, entonces la vida encuentra el lugar adecuado para la manera en que se ha de vivir. Hay muchas opciones, pero se encuentra justo la adecuada. Aunque parece algo fantástico y mágico, así funciona la Inteligencia divina. Es mágico respecto a nuestra densa y ruda mente racional, siempre estrecha ante la inmensa extensión de Vida inteligente. La Inteligencia total en la que estamos inmersos está dinamizando este movimiento de aprender, promoviendo múltiples formas de ir descubriendo las verdades y de atravesar las apariencias. Así ocurre en líneas generales y luego, en particular, sucede que cada ser humano está recorriendo este camino de una manera única. Es como si para realizar una construcción cada uno escogiera los materiales que son adecuados para el proyecto de casa que tiene previsto. Y cuando se lleva a cabo una investigación en conjunto, cada ser humano está captando la verdad adecuada para él o ella, la que está a punto de aflorar en su consciencia.

Cuentan que cuando el Buda estaba tan decidido a callarse, le inspiraron desde otros planos de consciencia y otros seres le instaron a hablar, ¡quién sabe! Él les dijo que había decidido guardar silencio porque expresarlo no iba a servir para nada. Le replicaron entonces que hay personas que ya tienen esta demanda o vocación, a lo que él respondió: «Las personas que tienen ya esta capacidad de ver la Verdad van a encontrarla sin necesidad de mis palabras». Pero el ser que le estaba inspirando tenía un argumento: sí, es verdad, quien tenga capacidad para descubrir la Verdad la verá de todas las maneras sin tus palabras, pero hay un grupo de seres humanos que están entre medias, ni son los que no van a entenderla y la malinterpretarán ni tampoco son aquellos otros que tienen ya la Verdad despuntando en su interior. Hay un amplio grupo de seres humanos en los que la Verdad está empujando pero todavía encuentra obstáculos para florecer. Y para ellos, las indicaciones de las palabras de sabiduría, con toda su limitación, pueden resultar de gran ayuda. Entonces el Buda aceptó: «Sí, adelante, hablaré para ésos». Y habló. Igual que Jesucristo y todos los seres que han descubierto que todo es Luz y lo han explicado de forma más o menos simbólica, cada uno de acuerdo a los conceptos que se disponían en la época en la que se encontraban.

Jesucristo, por ejemplo, es muy dado a emplear metáforas, prácticamente todo lo que comunica son parábolas. Para entender debidamente, las palabras que recordaron sus discípulos deben ser interpretadas. Asimismo sucede con todos los mensajes, de alguna manera las palabras y conceptos son símbolos que inducen en una dirección, pero pueden ser interpretados de muchas maneras. De modo que en una investigación como ésta, las expresiones lingüísticas o conceptuales son también apariencias porque son igualmente obras de la mente. Aunque, si las respalda la Verdad —que las está moviendo— y si en los seres que investigan en un momento dado hay una apertura a ella, entonces podrán señalar en la dirección liberadora. En ese caso, nadie se quedará atrapado en los conceptos sino que los tomará como una indicación, una alusión, algo que evoca lo que está más allá. Y Aquello invisible que vibra detrás de todo mensaje de sabiduría es lo que de verdad posee la fuerza liberadora. Si atravesando las apariencias, con el lenguaje que está condicionado a la concepción de mi mente, contemplamos la Verdad, seremos liberados por ella. Habréis de vivir «en Espíritu y en Verdad». Contemplar y ser se integrarán y manifestarán una nueva Vida.

¿Y el aprendizaje se recibirá siempre de fuera? Aparentemente recibimos la Verdad del exterior, pero realmente brota del interior. Porque lo de fuera y lo de dentro es sólo una manera de percibir de nuestra mente dual, en realidad no se trata de dos compartimentos estancos. Aparecen fuera espejos que reflejan lo que hay en el interior. Siempre es así. De modo que la Verdad se percibe en lo profundo de la Conciencia. Quizás haya una representación exterior que vaya indicando un camino. En cualquier caso, la Verdad siempre se contempla por apertura al Espíritu. Tenemos que abrir ese camino interno, no esperar a que se nos abra por fuera; no depender de ninguna teoría moderna ni antigua, de ninguna tradición ni oriental ni occidental, de ningún sabio ni maestro. Así descubriremos que ese nivel profundo de Conciencia y el profundo Ser de aquel maestro es el mismo, y que coincide con el Ser de toda la humanidad. Es una sola Conciencia, y una sola Verdad.

Por eso, este camino no consiste en conseguir grandes logros. Aunque la andadura parezca ardua, no se recorre a base de realizar un esfuerzo heroico. Cada paso se da al comprender en el sentido que damos a este término –no nos referimos al significado convencional del concepto ni aludimos a la comprensión sentimental, de tener buena voluntad hacia los demás; comprender es mucho más que eso, aunque por supuesto corazón y mente tienen que estar unidos para comprender–. La verdadera comprensión no puede hacerla ni el corazón solo ni la mente sola. Todo nuestro ser ha de estar involucrado en contemplación y compasión.

Comprender es ver desde la totalidad y aquí totalidad es una palabra que alude a lo infinito. Es preferible, quizá, la palabra infinito. Al decir «todo» da la impresión de que seguimos dentro del reducido reino de la cantidad. Pero totalidad es infinito, sin límites. Comprender es ver, no ver desde mi persona, se trata de una visión abierta con mente –inteligencia– y corazón –amor– a la Infinitud.

Otra manera de explicarlo es «ver con los ojos de Dios». Si nos gusta más esta metáfora entenderemos que sólo podemos contemplar la Verdad desde el Espíritu divino al mirar con sus ojos. ¿Cómo voy a mirar desde sus ojos? Eso es extraño ya que yo no tengo los ojos de Dios. Cuando al decir «yo» me refiero a este cuerpo y a esta persona, desde ahí obviamente no puedo mirar en totalidad. Pero cuando sé que no hay más «ojos» que los de Dios, es decir, que la Realidad es la Inteligencia divina que luego se manifiesta y se expresa aparentemente en múltiples inteligencias, entonces comprender –la vida, a los demás, a mí mismo, cuál es la situación que tengo que vivir en este momento–, no requiere esforzarme en entender nada de lo que he aprendido, sino situarme en aquel lugar ilimitado de la Conciencia, abierto al infinito. Y entonces se revela la Verdad porque es ahí donde brilla.

La Verdad luminosa

Estamos usando la palabra «Verdad» ampliamente, no refiriéndonos a una verdad particular sino a la iluminación que el estado de consciencia verdadero irradia. Así se acaba el asunto complejo y problemático que ha creado tanto conflicto y sufrimiento en la humanidad: «Yo tengo mi verdad», «Esto es lo cierto», «El otro está equivocado», «Todos tienen que seguir la verdad que yo estipule». Lo cierto es que no hay varias verdades, eso son meras opiniones a partir de interpretaciones pensadas que desvirtúan lo verdadero.

¿Qué sucede cuando me abro a la irradiación luminosa? ¿Lo pierdo todo? Quien se haya planteado perderlo todo, podría considerar que tanta pérdida es excesiva. Sin embargo, no es demasiado perder todo lo que no es real. Abrámonos a la Verdad más allá de las apariencias y entonces descubriremos que todo es luminoso. No importa que la persona no se lo crea porque percibe obstrucciones y oscuridades..., esos obstáculos son apariencias que crea una visión limitada. Cuando no vemos con lucidez entonces aparecen sombras.

Y si todo es luz, todo es amor porque el Amor es la Conciencia de la Unidad y no hay nada fuera de Aquello, no hay enemigos, no hay lucha, no hay opuestos; podría alegarse que aunque en este mundo hay amor, también hay odio. Ciertamente, así ocurre al vivir entre los opuestos. Interpretamos que hay una realidad que es el amor y otra realidad aparte que es el odio. No es verdad, lo único real es el Amor. El odio es falta de amor, o dicho de otra manera, es el amor mal visto.

Pero el odio ¿no es una energía capaz de desorganizar todo? Sí, porque como es una deformación, en vez de promover la unidad, fomenta la diversidad; en vez de promover la belleza y la armonía –algo que proviene de la unidad–, fomenta la desarmonía o el enfrentamiento. Esta perspectiva nos ayuda a comprender lo que ocurre cuando las energías se distorsionan y se dispersan a un cierto nivel. Mientras cuando hay una actitud de centramiento en la Unidad, las energías se armonizan. Por ejemplo: las reducidas consciencias que se habían diseminado, las que todavía se sienten separadas, incluyendo las células de nuestro cuerpo, perciben Aquello y notan la atracción a la Unidad. Y de esa colocación interna brota la armonía y la salud física o la desarmonía, la dispersión, la enfermedad y los innumerables sufrimientos que padecemos los seres humanos, como bien conocemos.

La dispersión, el creernos que hay muchas realidades separadas, se entiende como un concepto de origen metafísico y puede decirse: no me interesan las abstracciones filosóficas, sólo me importa lo que he de hacer en mi vida, en el día a día. No obstante, ir a la unidad y sentir amor importa mucho porque afecta y transforma mi vida, armonizando lo que percibo y siento a todos los niveles, los físicos y los sutiles.

De modo que nuestra consigna debería ser, siempre, atravesar las apariencias, tanto en los momentos agradables como en los desagradables. No se trata por tanto de decir en un momento dado que quiero alejarme de las apariencias porque la situación está poniéndose fea ya que no me gusta la obra que está representándose aquí y, por otro lado, creerme a pie juntillas que las apariencias son la realidad cuando el panorama se torna favorable y siento que todo va bien. Si miramos mejor veremos que a una zona de nuestra persona le gusta lo que aparece, pero a otras no. Puedo comprobarlo: a unas zonas del ser humano le gratifican determinadas experiencias y sensaciones, pero hay otras zonas que están descontentas con esas satisfacciones. De modo que, desde el punto de vista de la verdad, no es nada significativo el que en un momento dado me encuentre contenta, satisfecho, porque estoy haciendo lo que me resulta familiar o lo que me produce un placer en cierto nivel. Si me quedo en esa satisfacción, estoy atascándome en el camino de atravesar las apariencias. También cuando todo va a pedir de boca tengo que ir más allá de la visión limitada habitual y darme cuenta de que aquello parece ser pero no es.

Cuando la situación no me beneficia quisiera afirmar que son sólo apariencias, pero ya no puedo porque he dado mucha realidad a ese lugar en otras ocasiones. Estaba tranquilo, tranquila, cuando todo iba sobre ruedas, sin salir de mi costumbre, pero cuando de repente las circunstancias van en contra –y antes o después sucederá porque la vida está constantemente cambiando– entonces me gustaría no dar realidad a lo desagradable, pero no es posible porque todo el tiempo he estado dando realidad a lo agradable; y se trata de dos aspectos percibidos de lo mismo. Ambos apuntan a la Unidad presentida.

De ahí que sea inteligente emplear el espacio de nuestra vida que podamos para contemplar, investigar y reflexionar serenamente. Así, en el momento en que vengan las situaciones tanto positivas como negativas, tendremos suficiente fuerza interior para que se produzca el desapego de verlas como meras apariencias transitorias. El verdadero desapego no consiste en decir: «Sí, a mí me interesa esto pero voy a desapegarme mediante un esfuerzo de mi voluntad». Es sorprendente oír esos desatinos, algo que no es verdadero desapego. «Yo me estoy desapegando de mi familia, de mis propiedades, de la economía, de la política»: porque le he visto las orejas al lobo, entonces salgo corriendo; como consecuencia de haber presenciado por ejemplo la corrupción que hay en la política o tras haber observado el sufrimiento que acarrea el apego a una pareja cuando me abandona, decido que quiero desapegarme. Pero tal intento no funcionará porque no hay pureza en la motivación, porque la acción –el desapego– no ha llegado desde la contemplación de la Verdad.

He de vivir la contemplación y la investigación limpia y serenamente, en todo momento –pero no lo haré para mejorar la situación–. Así descubriré esa verdad internamente. La verdad del Espíritu iluminará así mi vida y me dará esa paz y esa verdad que añoro, esa alegría interior que no depende de las circunstancias externas. No la voy a lograr por alguna estrategia. Aunque, si necesito desengañarme, puedo intentar conseguirlo con esta técnica o la otra, disimulando lo negativo, amparándome en teorías psicológicas; en esta época hay una gama bastante amplia de aparentes soluciones para los problemas de la existencia. Y si creo que ahí se encuentra la salida, debo pasar por ella para desengañarme. Aclaremos que no estamos aquí desvalorizando ese tipo de experiencias de aprendizaje, sólo apuntando hacia la posibilidad de trascenderlas verdaderamente.

Tengo que hacer todo lo que vea tal como lo vea, porque el desengaño que va a venir a continuación es justo la lección que la Vida me está preparando. Una lección que habría de recibir con los brazos abiertos, puesto que la necesito. Si existe el convencimiento de que eso es lo que tengo que explorar, si estoy buscando la técnica adecuada aquí y allá, adelante, practica una y otra; vas a hacerlo de todas maneras. No estamos animando a probar por probar, decimos que cuando estoy convencido, convencida, de que algún cambio externo va a solucionar mi vida, inevitablemente lo intento. Y tiene que ser así porque de esa manera llega un momento en que me doy cuenta de que no era ése el camino. Y encuentro la oportunidad de ver que el auténtico camino está en mi consciencia, no en buscar algo diferente guiado por el pensamiento. De aquí se deduce que todo lo que me va presentado la vida es perfectamente adecuado para aprender a dar pasos verdaderos. Por un lado, lo que satisface a mi persona está abocado al desengaño porque tarde o temprano iré viendo los conflictos que va creando lo agradable, y por otro lado lo que ahora considero no gratificante también conduce a la desilusión porque incluye la lección de que estoy desequilibrando algo positivo que he pasado por alto. Así pues, tanto en lo agradable como en lo desagradable hay desarmonía, ambos opuestos de placer y dolor conllevan alguna distorsión. La armonía, la belleza y el amor se encuentran en un punto de equilibrio más allá de los opuestos. Por tanto, es imprescindible pasar por una etapa de silencio de la dualidad y descubrir la profunda paz que brota en la unión de los opuestos. ¡Contemplaré la vida de una manera nueva!

Si todavía no he atravesado el silencio ni he descubierto esa profunda paz, mi camino consiste en desbrozar ese canal y encontrar esa posibilidad en el interior. Y lo haré sin caer en el error de creerme que con las capacidades del pensamiento, de las emociones, de la memoria o de la información externa voy a conseguir vivir en el Amor y estar en la presencia de Dios. Únicamente será posible hacerlo tras descubrir el silencio mental. Y ya sabemos que el silencio de la mente incluye el de las ideas, los pensamientos, las opiniones así como las emociones. El camino contemplativo pasa por un silencio que va más allá de los aparentes opuestos. No se recorre este sendero para atesorar lo bueno y dejar lo malo con la astucia que caracteriza al ser humano. Eso no es posible; desde la Verdad, ambos opuestos han de unificarse. Entonces se produce la revelación de lo nuevo, florece un nuevo estado de consciencia no dual y se vive por inspiración del Espíritu. Esta revelación es una verdadera revolución en la consciencia humana.

¿Estoy identificándome y afianzándome en ese estrecho lugar de las apariencias? ¿Cómo las fortalezco? Viviendo ahí, creyéndolas, siguiéndolas, poniendo energía en ellas. ¿Y cómo podré quitarles fuerza? Soltando todo lo que parece que es la realidad, cultivando una actitud de silencio interior. Se requiere total sencillez e inocencia para despejar todas las astucias del yo pensado. De no ser así, seguiremos esclavos de él imperceptiblemente.

Por eso los astutos sufren más que los inocentes: a pesar de que creemos que los inocentes van a sufrir más, los verdaderamente inocentes no sufren porque se abren a una dimensión que protege sus necesidades, expresado en el lenguaje de Jesús diremos que cuando se abren al Reino de los Cielos lo demás se les da por añadidura. El Reino de los Cielos es de los que son como los lirios del campo. Suele creerse que en un mundo como éste hace falta mucha astucia para poder sobrevivir, ¡pobrecillos los inocentes! Pero no es así. Cuando Jesús predicaba que hay que ser «inocentes como palomas y astutos como serpientes», no quería decir que se fuera inocente y astuto a la vez –lo cual es imposible–, se refería a ser inocentes de corazón, mientras que a la vez aludía a la vigilancia –la astucia de las serpientes consiste en vigilar– que hay que desarrollar para no dejarse llevar de las apariencias. «Vigilad para no caer en tentación», decía también aquel maestro. Es decir, sed conscientes, daos cuenta, prestad más y más atención, esto es lo que quería expresar con la metáfora de las serpientes.

Desde el punto de vista del pensamiento puede resultar deprimente, desalentador o falto de alicientes el ver las apariencias tal como son.

Pero al ver las apariencias como tales, brota de la consciencia una intensa alegría; para comprenderlo ha de ser vivido. Solamente lo recordamos para que no nos quedemos bloqueados creyendo que la alegría proviene de fuera y que si lo veo todo como meras apariencia voy a desanimarme y a sentirme desmotivado o aislado. No es así. ¡Descubramos lo que hay detrás! Estas palabras son solamente para dar ánimos, nada más, no tienen otra finalidad porque el camino lo tiene que recorrer cada ser humano en su interior, como repetimos una y otra vez en estas investigaciones.

Nadie puede empujarnos desde fuera para entrar en la Realidad. Aunque aparentemente interpretamos que tal maestro o persona nos acerca a ella, es la Inteligencia de la Vida quien prepara las situaciones para que cada uno descubra lo que tenga que descubrir en el momento adecuado, y para ello se vale de determinado maestro, de determinadas circunstancias, en cada momento se sirve de unos recursos. Si hay demanda interior, surgirá una persona que haya recorrido ese camino y así parece que desde fuera alguien me ha dado una sacudida para despertar. Recordemos sin embargo que nada es lo que parece ser. Porque la demanda estaba ya en el interior, se ha comprendido lo que decían los maestros; de las palabras de sabiduría cada uno ha integrado justo lo que necesitaba integrar en ese momento. De modo que puede afirmarse que el apoyo hacia el despertar lo ha dado la Inteligencia divina, la Luz única que soy, que somos, que Es.

Presencia de la Luz

¿Qué hay detrás del mundo, detrás del universo?

Vamos a hablar de esta extraña presencia. Normalmente, decimos que alguien está presente cuando podría estar ausente. Sin embargo, de la presencia de la Luz no podríamos afirmar lo mismo, porque no deja de estar presente: siempre está ahí, es lo único que Es. Por eso aunque utilizamos expresiones como «contemplar la luz», o «que la luz nos ilumine» –bellas oraciones–, hemos de darnos cuenta de que ya somos la Luz. No se trata por tanto de que ahí esté la Luz y nosotros estemos aquí, clamando por llegar a ella para que nos ilumine.

¿Cómo sabemos que somos Luz? Cuando vamos entrando en el silencio no queda nada salvo la consciencia. Luz y consciencia son sinónimos, dos conceptos diferentes que señalan la misma Realidad, que ahora estamos denominando Luz. Así pues, todo está hecho de consciencia que se va densificando y va percibiéndose de una manera más restringida. Sobre ella se superponen conceptos, teorías… pero siempre es Conciencia, siempre es Luz. Cuando en estas investigaciones hablamos de que hemos de llegar a ser lo que somos, a descubrir nuestro Ser, nos referimos a descubrir la Luz que es. Porque es lo que estaba en el origen y lo que estará siempre, lo que no puede tener principio ni fin. Es lo último que puede nombrar el ser humano. Consciencia es aquello de lo que todo está tejido, de lo que se ha ido formado todo lo conocido: mi persona, la humanidad, lo que no es la humanidad, los demás seres –vegetales, minerales, animales–, otros lugares en el universo, otros planetas y otros universos. Para nosotros, todo aquello que captamos es el universo, todo lo que percibimos alrededor constituye el mundo. Y lo que vemos que nos rodea, «nuestras circunstancias» –como dijo Ortega Y Gasset–, es nuestra vida que forma parte del «yo» que pensamos ser.

«Mi vida, mi mundo, mi planeta, mi universo, mi realidad». Pero todas esa realidades, más o menos restringidas y limitadas por el pensar, están creadas en la Luz. Son la misma Conciencia. Tenemos la extraña costumbre de creer que la consciencia humana se ubica dentro de un cuerpo, cuando lo cierto es que este cuerpo habita en la consciencia. Igualmente pensamos que la luz reside en el universo, cuando la verdad es que el universo vibra en la luz. Y así sucede con cualquier objeto que nombremos. Suponemos que el cosmos alberga luz y que de repente empezaron a formarse todos estos «multiversos» –así se pueden llaman ahora por la sospecha científica de que haya más de uno–. Creemos que todo comienza y termina siempre linealmente y que el cosmos empezó con una gran explosión si creemos en la teoría del Big Bang, última hipótesis de la ciencia –la última hasta ahora que se ha popularizado, aunque no será definitiva porque la fabricación de teorías es incansable–. Pero ¿qué es lo que explotó? Porque para que haya una explosión de la que salga todo este universo, antes tendría que haber alguna sustancia que explotase.

¿La luz puede explotar? Desde luego que no. La consciencia de la luz que tenemos en el silencio, la Conciencia pura en sí, no explota, no se dedica a expandir partículas positivas y negativas, materia y antimateria para formar el universo de la dualidad. Entonces, ¿qué es lo que ocurre?, ¿por qué la Luz no permaneció como lo que es, un puro iluminar sin iluminar más que a sí misma?, ¿por qué empezó a iluminar algo, con explosiones o sin ellas, como quiera que fuese?, ¿por qué comenzaron a ser iluminadas cosas y empezaron a formarse, se delimitaron, se separaron y se desplegó este universo? Todo empezó porque lo que era

—y sigue siendo— lo único empezó a manifestarse como doble: el que lo ve y el objeto visto. Pero aquí sucede algo extraño, eso no es posible porque el perceptor ya forma parte del objeto percibido, de lo contrario el que percibe estaría fuera de la «realidad», ¿no?

¿Cuál es la realidad entonces? ¿Hay dos realidades? Metafísicamente eso no es posible. No tiene sentido que el observador del mundo esté aparte de esa realidad, que el perceptor no forme parte de lo percibido. ¿Cómo puede entonces ver el mundo algo fuera de él? En las teorías del conocimiento de la filosofía occidental, toda esa cantidad de problemas y alguno más siguen sin resolverse.

Sin embargo, la filosofía *advaita* de la tradición vedanta lo ha resuelto, aunque no desde el mismo nivel intelectual. La mente pensante, racional, lógica no encuentra la solución porque está ya inmersa en la percepción de la dualidad. ¿Cómo lo ha resuelto la *advaita*? Entrando en la misma consciencia, por vivencia interior. A no ser que lo vivamos, con el intelecto no podemos comprender las afirmaciones que brotan de ese ámbito: «Tú eres la Luz». Sin la vivencia interna, nos parece que están fuera, tanto la luz física como la luz espiritual. Humanamente, no se puede entender que nos digan: tú eres Dios. ¿Cómo voy a ser yo Dios en mi insignificancia, habiendo además tantos individuos como yo? Hasta que no se vivencia, no se puede asimilar que no hay dos —Dios y yo—, sino Uno. Y así sucede con todo. Al vivirlo descubrimos esa Luz, no cuando intelectualmente lo aceptamos. Porque con la mente racional no se puede aceptar a partir de una percepción necesariamente dual.

Reflexionando sobre la realidad bajo el impulso de una fuerte vocación metafísica, se puede comprobar que Aquello consistía en un descubrimiento interior. Y cuando se ve dentro, la vida da la gran sorpresa de encontrar un lugar adecuado para investigar más y más sobre ello. Hasta ese momento pensaré: ¡qué extraña situación, lo que he visto deshace todo! Nada es como parece. Y al encontrar que ya los sabios de la antigüedad lo habían descubierto comprendemos que la vivencia de unidad de Conciencia es el verdadero propósito de la metafísica.

Como esencia de esta investigación podemos afirmar que somos Luz, que sólo hay Luz, es decir, Conciencia espiritual. Y la consciencia empieza a desdoblarse, a proyectarse en varios planos. La pregunta que suele surgir muy a menudo entre los investigadores o buscadores de la Verdad cuando utilizan su mente racional es: ¿por qué a Dios de repente se le ocurrió crear universos, con toda la problemática que han acarreado posteriormente?, ¿por qué la Conciencia no se quedó tranquila y dejó de manifestarse? Tengamos en cuenta que la Conciencia siempre se quedó tranquila, a pesar de todas las explicaciones sobre por qué Dios tuvo semejante ocurrencia. Los filósofos también se han cuestionado por qué existe el universo, a causa de qué ha aparecido algo y no se ha quedado todo en nada, ya que el cosmos podría no existir. ¿Por qué? Las explicaciones que se han dado a este enigma provienen del mismo nivel equivocado desde el que se formula la pregunta.

En otras ocasiones ya hemos mencionado que cuando por ejemplo leemos acerca de algún tema, debemos investigar desde dónde se comunicó lo que se está plasmando en el libro y desde dónde estamos abordándolo nosotros. Y así podremos tener discernimiento y reconocer lo verdadero: ¿desde dónde se habla y desde dónde se escucha? Si alguno de esos dos lugares está equivocado por ser dual, por estar limitado, entonces no puedo esperar descubrir la Verdad ahí. Por tanto, todas esas preguntas de religiosos y filósofos acerca de por qué Dios creó el mundo o de por qué existe este universo en vez de la nada, obtienen respuestas sin sentido. Se ha llegado a decir que Dios estaba aburrido de estar ahí siglos y siglos, una eternidad, y quiso proyectar algo para entretenerse, como cuando ponemos una película porque no sabemos qué hacer –¡menudas consecuencias!–. Desde luego, ésa es una explicación trivial. Otras explicaciones similares que afirman que se sentía muy solo y quiso tener a alguien para amarle son tan antropomórficas, rezuman tanto las limitaciones psicológicas del ser humano, que también resultan irrisorias.

Entonces, ¿hay alguna explicación válida? No desde el ámbito racional. La Verdad no se capta desde ese ámbito mental que implica una percepción dual equivocada –del que ve y la cosa vista– que ya empieza por objetivar la realidad. Esa zona está dormida, se ha hipnotizado con esa percepción falsa y proyecta una realidad imaginaria en la pantalla ilusoria que llamamos mente: ahí proyecto el mundo, mi vida y la de los otros. Todo ello es fruto de nuestra invención, de hecho cada ser humano vive en su mundo; en función de sus emociones, de sus experiencias del pasado, de sus esperanzas y deseos para el futuro realiza la proyección de una manera o de otra. Así pues, en semejante caos no es posible encontrar la Realidad. ¿Cómo podrá encontrarse entonces? Pareciera un poco deprimente la situación del ser humano que permanece todo el tiempo en ese restringido lugar proyectando sus sueños y que, por más que quiere, no descubre lo que la Realidad es. Por supuesto, desde ahí tampoco descubre lo que es Dios, lo Absoluto o la Conciencia, que es lo mismo.

La gran noticia: no hay dos

La maravillosa noticia que no queremos asumir porque revoluciona todo nuestro mundo es que no hemos de buscar la Realidad ni pensando, ni actuando, ni dándole vueltas a la mente racional ni realizando obras buenas hasta quedar exhaustos. No es así como se encuentra, sino dándonos cuenta de que ya somos Eso. Fijémonos bien: si no hay nada más que una Conciencia, ¿qué podemos ser? ¿Acaso podremos ser algo aparte de Eso? ¡Si no hay nada más que lo Absoluto! Pero nuestra mente protesta y supone que algo habrá detrás, después, antes, debajo o encima de la Conciencia. Todo eso son categorías mentales: las coordenadas espacio-temporales son creación de la mente. Y cuando digo mente estoy refiriéndome a algo que existe después de la Conciencia. Es fácil equivocarnos a cada momento. Si alguien no está acostumbrado a esta abstracción metafísica que perdone, pero tengo que presentarla porque es nuestra liberación, ya iremos luego bajando para ver cómo afecta a lo particular. Pero primero, vayamos al fondo para que así nuestra investigación quede limpia de errores. Habitualmente nos quedamos limitados a lo humano: lo que a mí me interesa es la vida diaria, lo cotidiano, las relaciones con los demás, el que todos sean felices, el amar y que me amen. Eso es lo que normalmente nos importa y no tantas abstracciones. Sin embargo, la verdad es que si no remontamos al origen, nuestra mente no se purificará. Y una mente impura proyecta sus impurezas en todo lo que toca: en las relaciones, en el amor, en la felicidad, en la vida, en la muerte. De modo que si no regresamos a la fuente originaria, si no rompemos el error allí donde se está formando, el resultado quedará siempre impurificado, el conflicto interior será inevitable, por muy buena voluntad que tengamos. Por supuesto que todos nosotros tenemos voluntad de ir a Dios, de amar al prójimo, de que todos sean felices; y aunque esa actitud sea adecuada dentro de nuestra energía —preferible a odiar a los demás o ser soberbio—, ya supone una escisión. Allí donde hay dualidad hay conflicto, donde hay «yo y el otro» surge el desencuentro antes o después.

¿Pero no puede darse una relación maravillosa en la que «yo y el otro» nos amemos? Lo cierto es que si hay un «yo» aquí y un «otro» allí, no es tan maravilloso. La maravilla es la Verdad, y es que no hay «yo y el otro». En el momento en el que veo al «otro» y le amo, ya le estoy amando para algo a partir de mi «yo» menesteroso, de alguna manera ya estoy exigiendo algo. Quizás mis demandas sean mínimas, tal vez haya ido limando las asperezas —no voy a ser posesivo, voy a dejar que el otro sea libre, voy a tener mejor carácter, voy a sonreír cada vez que vea a esa persona y a abrazarla, aprenderé buenas maneras—; y aunque eso está bien a un nivel superficial, por dentro permanece el conflicto de la dualidad.

Me descubriré pensando, por ejemplo, que esa persona no me comprende en absoluto o que estoy aburrido de ella, que me he cansado de aguantar siempre el mismo temperamento y quiero variedad, ya no lo soporto, tanto si mi pareja rebosaba sonrisas superficiales como si su carácter era triste, decaído o apasionado y entusiasta. No importa cómo elijas la personalidad y trates de adaptarte a ese carácter. A pesar de nuestros intentos, la personalidad no puede cambiarse fácilmente, se va haciendo sola, desde que nacemos, a partir de cómo interpretamos las experiencias que nos marcan, cómo recibimos lo que nos ocurre desde niños, desde que empezamos a abrir los ojos y a sonreír y llorar. Ese carácter que hemos ido construyendo en el tiempo es limitado y no es el mismo que el de la otra persona. El otro tiene una personalidad construida de diferente manera, aunque también limitada.

¿Y no podrían ambos comprenderse mutuamente? La comprensión profunda del otro no es posible desde ese mismo nivel de sueño. ¿Qué hacemos entonces? Existen numerosas teorías para que las personas se comprendan, se amen, reine la armonía y no surjan conflictos. Personalmente, tiraría a la basura todas esas teorías, aunque reconozco que eso es bastante drástico. Tales planteamientos sirven únicamente para suavizar un poco los roces mientras estamos durmiendo. Así nos entretenemos, hasta que nos desengañamos del «otro» y entonces me voy de casa si ya no soporto a mi familia o busco otra pareja; así, durante algún tiempo, pensamos que nos vamos acercando más a ese modelo ideal propuesto. La nueva situación al principio nos parece que, por fin, es diferente pero después vamos comprendiendo aquello que antes rechazábamos. Por ejemplo, después de educar a nuestros propios hijos llegamos a entender a nuestros padres, algo que de jóvenes éramos incapaces de hacer: «¡Qué difícil es ser padre! Ahora comprendo las dificultades y lo bien que lo hacíais vosotros; de niño, no lo podía ver, pero ahora sí». Y así vamos cambiando, pasando de una percepción a otra, madurando, dicen. Con el paso del tiempo, nos convertimos en una fruta más madura, que de joven estaba verde…, pero seguimos sin ser lo que de verdad somos; porque ese fruto temporal al fin y al cabo es ilusorio y terminará.

Lo que de verdad somos es pura consciencia, aunque no lo podamos asimilar fácilmente. Hemos de irlo descubriendo vivencialmente, en silencio y meditación. De no ser así, lo que hacemos es archivarlo en un lugar de nuestra mente como una mera consigna «somos no duales, somos consciencia», pero luego seguimos en nuestra vida diaria como si nada hubiera cambiado al no cambiar nuestra percepción del mundo. Una cosa es el día a día y otra el archivo que tengo guardado de verdades que he ido recolectando de los sabios. Podemos llegar a creer que es suficiente con tenerlas almacenadas en la memoria mientras seguimos intactos sosteniendo las ilusiones propias de la mentalidad general. Y como vemos que casi todos están en lo mismo nos resignamos a formar parte del argumento general. Pero sí importa; importa mucho porque los seres humanos sufren atrapados en las apariencias y mi error apoya y refuerza el error de todos.

Hay mucho sufrimiento por no descubrir lo que de verdad somos, tanto sufrimiento evolutivo de la humanidad como sufrimiento particular en cada persona. La humanidad en conjunto está tan equivocada que necesita aprender sufriendo, e igual sucede con cada ser humano por sus errores particulares y colectivos. Sin embargo, esta profunda insatisfacción no se debe a que alguien le inflija un daño, desde fuera, no es porque un ser todopoderoso le castigue por haberse portado mal. Se trata de inconsciencia. La única culpa, si cabe, es no darse cuenta. Pero si no nos damos cuenta, no hay culpabilidad alguna. Quitémonos entonces de la cabeza la nefasta idea de que todas las cosas malas que nos suceden es por nuestra maldad o que todo lo que le ocurre a la humanidad se debe a la culpa colectiva en la que participamos.

Todo lo que sucede es una percepción equivocada. No estamos viendo las cosas tal como son. No sé si dan ganas de llorar o de reír cuando se comprende esto, creo que ambas cosas a la vez. Tanto problema y tanto sufrimiento es tan sólo la consecuencia de no ver las cosas como son, sólo por percibir mal la realidad. Tengamos bien presente que la percepción correcta no implica dejar de percibir algo para percibir algo distinto, sino descubrir que el que percibe y la cosa percibida son Uno. Y mientras esto suceda, iremos dando vueltas y vueltas entre las apariencias duales.

La mejor bendición que los seres humanos podemos vivir es esa intuición que nos apremia desde dentro, susurrándonos que las cosas no son como parecen; ese primer regalo de la Inteligencia divina quiere decir que ya la Conciencia está asomando a través de este hueco personal. Una persona es un hueco. Cuanto más vacío esté el personaje de sí mismo, más luz aparecerá a través de él; y cuanto más sólido y más cerrado, menos luz. Si empiezo a intuir algo más de lo conocido, antes asoma la luz y ya no me quedo tranquilo o tranquila soñando; eso es el estado que ahora se denomina «el buscador». Se trata de un estado absolutamente natural. Buscar es algo innato porque cuando despunta la intuición, empieza la búsqueda. Así le ocurrió al mismo Buda, que no descansó hasta que descubrió cuál era el misterio oculto en el conocimiento humano. Y así nos sucede a todos.

Intencionalmente no se ha querido contar nada de la época de búsqueda de Jesús. La Iglesia ha silenciado todo ese período desde que era un niño hasta que empezó a predicar, no ha tenido en cuenta todo aquello que le hace parecer un ser humano. Pero en nuestros días muchas investigaciones apuntan a la experiencia del Nazareno dentro de la comunidad de los esenios: un grupo de personas que realizaban un trabajo esotérico, es decir, que dedicaban su vida a la contemplación para descubrir la Realidad y vivían apartados de las ciudades de aquella época. Y también se han encontrado indicios de que viajó a la India, como ha ocurrido tantas veces con otros buscadores.

Lao Tsé y otros siempre recabaron en aquellas tierras. Parece que en esa tradición oriental se establecieron bases fuertes de sabiduría. Y aunque en Occidente los griegos poseían gran sabiduría, tuvieron que acudir a Egipto para aprender de ellos; y la cultura egipcia a su vez se interrelacionó con la India. Siempre ocurre así. Pitágoras llevó la sabiduría a Grecia después de vivir varios años iniciándose en Egipto. En aquella época, Egipto y la India mantenían un vínculo estrecho. Los mitos griegos se corresponden con los egipcios. Pero no nos metamos en esos vericuetos de la historia. Lo relevante es que siempre ha habido una búsqueda interior en los seres humanos.

La verdadera cultura no ha sido la que se ve por fuera, ajena al Espíritu: el desarrollo tecnológico, la búsqueda de poder, el control de los gobernantes, etc. Por debajo, subterránea, ha palpitado siempre una búsqueda interior. Las personas muy dormidas no se han dado ni cuenta de esa búsqueda de la Conciencia de Unidad, pero brilla tras las culturas exotéricas en todas las tradiciones.

Por cierto, que en cada latitud se ha creído que esta búsqueda nunca había sucedido con tanta intensidad como en la suya. Hoy en día también se dice que ninguna era es tan intensa como la actual. Quizás en el planeta ahora haya más buscadores espirituales –¿quién sabe?–, pero la intensidad no depende del número de personas. Sea como fuere, la intensidad de un ser humano que empieza a comprender y que ya nota en su interior la llamada del Espíritu, no tiene nada que ver con las pasiones de la vida exterior. Se trata de una energía distinta que proviene de un lugar más profundo y conlleva un matiz nuevo. Este matiz generalmente pasa desapercibido desde fuera porque no corresponde a nada de lo conocido, aunque resulta revolucionario y transformador desde dentro.

Con Luz no hay separación

La revolución que ocasiona la luz interna no sólo afecta al buscador de la Verdad: la persona que busca es una forma de la Luz, pero cuando se moviliza en el interior de alguien, toda la Conciencia y su manifestación se percata de ello, porque es Una. Creemos que si, por ejemplo, yo descubro mi consciencia es un asunto que sólo le incumbe a mi persona. Sin embargo no se trata de un asunto privado, ya que aunque la persona es una sombra que por fuera aparece como separada, internamente la Luz es una sola. Siempre es la misma vibrando con tanta intensidad que aparece de infinitas maneras. Y aquellos que tengan suficiente sensibilidad podrán captarlo. De esta suerte, va urdiéndose un entramado, una estructura interna, algo que quizá corresponde con lo que nuestra tradición denominaba «la comunión de los santos». Todos participamos de un secreto: la vida no es lo que parece. En esa invisible comunión, cada vez que un ser humano intensifica la luz de la Conciencia que le constituye, está intensificando –a veces muy directamente– la luz de todos los que están ya encaminados en esa búsqueda interior.

Y ¿qué decir de los que estamos dormidos? Aunque no nos demos cuenta, también estamos hechos de Luz. Algo ayudará a ir despertando a su debido momento, quizá el camino no sea tan directo. Percibimos el despertar en el tiempo, por tanto es como si se estuviera perdido, pero en un momento dado se escapa de la temporalidad como el hijo pródigo que regresa a su verdadera morada. Antes o después, todos se encontrarán fuera del tiempo. Puesto que, al no ser definitiva, la aventura temporal no es real, podríamos considerarla una proyección virtual –como las modernas realidades tecnológicas intangibles–. Asimismo, cuando soñamos por la noche, no otorgamos al contenido onírico la misma realidad que cuando percibimos el mundo a partir de los sentidos. Pero ¿cuán real es la vigilia? Se trata de otro sueño proyectado con otro instrumento, el psicofísico, que tiene más fuerza en este nivel mental –no así en la Realidad–. Por consiguiente, cuando comenzamos a despertar de la ilusión perceptiva empezamos a notar la fuerza que nos empuja a salir del sueño. Una fuerza mucho más poderosa que la que nos impele cada mañana a abrir los ojos y entrar en el estado de vigilia.

Permitidme insistir de nuevo en que semejante transformación no afecta sólo a mi persona, sino que alumbra a toda la humanidad. Lo aclaro porque cunden cantidad de opiniones que postulan que, al meditar y hacer un camino espiritual, las personas se evaden sin hacer nada provechoso y que lo urgente es actuar porque la realidad externa apremia. Teniendo en cuenta lo mucho que los occidentales valoramos la acción, habrá que decir que la acción más intensa que pueda haber es el quedarse en serena contemplación, porque así van abriéndose paso desde niveles más profundos unas oleadas de Realidad que riegan a todos los seres. Se intensifica la Luz, y como dijo Juan en su Evangelio en referencia a lo que le sucedió a Jesús, la Luz viene a las tinieblas y «las tinieblas no la comprendieron». ¿Cómo van a comprender las tinieblas la Luz? Las tinieblas no tienen por qué comprender la Luz; en su presencia, las tinieblas simplemente desaparecen porque no son nada real.

De modo que cuando un ser humano va despertando, no pierde nada sustancioso al despojarse de las sombras. Suele creerse que en el camino espiritual hay que dejar a un lado la familia, abandonar las posesiones, olvidar los estudios que tanto esfuerzo supusieron, prescindir de los negocios, no buscar satisfacciones ni atender en general a la vida personal. Perder la ilusión por las apariencias es una revolución mucho más fuerte que si se prescindiese externamente de todas esas cosas, pero es gozosa y no tiene nada que ver con sacrificar algo.

Esta revolución brota del interior, ¿qué luego se manifiesta también por fuera? Puede ser, pero para cuando se va manifestando en el exterior, por dentro ya ha hecho una limpieza de la falsedad en tantos niveles que es inevitable su manifestación externa. Sin embargo, no se expresa de acuerdo a como lo imaginamos. No se trata de decir voluntariosamente: «A mí ya no me importan las personas, que mi familia se las arregle por su cuenta, no quiero poseer una casa, iré a vivir a una cueva o debajo de un puente, voy a olvidarme de muchas cosas innecesarias, me da igual tener esto y lo otro». Puedes dejar el escenario tal y como esté o cambiar el decorado, pero todo ello resultará irrelevante. Porque lo importante no son las pertenencias sino el apego interno que nos encadena a esos objetos. En cualquier caso, los deje ahora o no, está claro que en unos años –dentro de veinte, cincuenta o sesenta años, según la edad de cada uno– tendré que abandonarlos. Puesto que finalmente vamos a dejar atrás este espectáculo, el «cuándo» no es lo importante.

Y en el momento de abandonar el plano físico, con la muerte, tampoco es relevante que dejemos atrás los objetos de consciencia. Sería un error creer que al abandonar nuestras posesiones, familia y cuerpo, nos liberaremos automáticamente. Esto no ocurre así porque, aunque al fallecer dejemos el cuerpo, seguiremos con nuestra errónea manera de percibir –si es que hemos tenido una percepción errónea–, o tendremos una percepción intuitiva más o menos clara que habrá de seguir investigando, con cuerpo o sin cuerpo.

De modo que no tiene mucho valor ni la tan generalizada renuncia externa a las posesiones, la familia o las cosas humanas que han fomentado las religiones ni el abandono final del cuerpo físico. Miremos si no lo que ocurre con la muerte biológica, ¿acaso entonces nos liberamos? Desde luego que no, y sin embargo dejamos hasta el propio cuerpo. Si estamos apegados al cuerpo, da igual que lo abandonemos; cogeremos otro porque lo necesitamos. ¿Vivimos apegados a las posesiones? Poco importará entonces que hayamos dejado algunas en el momento del fallecimiento porque, más adelante, necesitaremos adquirir otras nuevas. ¿Estamos apegados a los conocimientos o a las sensaciones placenteras? En tal caso, con el próximo cuerpo buscaremos más conocimientos o sensaciones físicas agradables. Irremediablemente.

Pero ¿cómo lo haremos si no tenemos cuerpo físico? Como todo lo manifestado es inteligencia en acción, fácilmente se organiza otro organismo. Puesto que todo está hecho de Conciencia, se van creando formas nuevas sin parar. Siempre se están generando formas humanas, formas animales, formas vegetales; constantemente. Todo aquel que necesite una forma nueva, la tendrá. Y también en otros planos dispondrá de la forma o el vehículo de materia más sutil que necesite para las investigaciones que tenga que hacer, el *karma* que haya de cumplir –la relación de causa y efecto de lo que dejó a medias, sin comprender– o el *dharma* –la colaboración que tenga que hacer con el trabajo de toda la humanidad y del cosmos–. Según la ley de leyes, aquello que haga falta completar y aquello que se emprenda en colaboración con todo y con todos se irá plasmando en los distintos estratos en que se proyecta la Realidad.

Aunque al denominarlo «colaboración» el concepto es muy limitado. Recordemos que no estamos separados, que toda la humanidad es la misma Conciencia. No se trata de que alguien diga: «Yo como soy bueno, voy a ser altruista y ayudaré al prójimo». Eso es algo que sólo se le puede ocurrir a la mente pensante. La verdad es que en la medida en que sienta la atracción a la unidad que es el Amor, espontáneamente estaré disponible de acuerdo a las capacidades que en ese momento tenga. Y esas capacidades me habrán sido dadas precisamente para estar disponible para prestar esa ayuda; eso es el *dharma*. Y esa ayuda beneficia simultáneamente a los demás y a mí, puesto que no estamos separados. Por tanto, no tiene ningún sentido el presumir de ayudar o sacrificarse por otros, ni intentar hacer cosas buenas para acumular méritos. Por mucho que nos lo hayan dicho y repetido desde que éramos pequeños, no es así.

Buscad «el Reino de los Cielos», buscad la Verdad. Abrámonos a lo que de verdad somos, esa luz, dejemos nuestra mente y nuestro corazón puros, para que la Conciencia pase a través de sus instrumentos y haga lo que tenga que ser hecho. Y es entonces cuando la acción es la adecuada. Cuando no hay alguien ahí tratando de hacerlo bien, entonces es precisamente cuando se puede hacer bien algo. Pero mientras haya un protagonista tratando de conseguir algo, estará interponiendo obstáculos. A pesar de todo, puede ser que la Conciencia esté empujando a través de esa persona porque es su *dharma,* pero queda interrumpida con su intencionalidad egocéntrica de querer actuar de una manera determinada para lograr una meta. Si corazón y mente se encuentran vacíos porque no hay nadie ahí tratando de portarse bien, de ayudar o de hacer las cosas como es debido, se producirá la iluminación.

Así es la naturaleza de la Luz, no puede hacer más que iluminar. Si soy luz, simplemente ilumino. Hay distintas maneras de iluminar porque hay distintas lámparas, pero siempre es la misma Luz. Existen lámparas de múltiples formas, de diversos colores, algunas dan un matiz de luz y otras, otro. Y lo que tenemos que hacer en la vida es iluminar a nuestra manera, según sea nuestra lámpara. Eso es honrar nuestro *dharma,* y no fijarnos en cómo funcionan otras lámparas porque entonces no estaremos atentos a nuestro cometido, estaremos fuertemente dormidos, imaginando, soñando, deseando, protestando por lo que hacen los demás y por lo que yo no puedo hacer, «Tengo un foco azul, me gustaría tenerlo verde o rojo»; aunque parezca que todo eso es consustancial al ser humano, semejantes actitudes constituyen obstáculos muy fuertes para el camino espiritual. De modo que debo partir de la base de que estoy iluminando con la lámpara que dispongo. Ésa es mi satisfacción: iluminar. Además: ¿por qué me preocupo tanto por esta pequeña lámpara si no es definitiva?

Solamente se trata de dejar el espacio vacío para que lo llene la luz que soy; cuanto más vacío esté de mí mismo, más claridad podré traslucir. Iluminaré a mi manera, la única auténtica que tengo de hacerlo; todas las demás son inauténticas, mera fantasía. Mi tarea es concentrarme en descubrir la Luz en silencio, profundizar y profundizar. Y así la propia Luz se encarga de iluminar, no soy yo quien ha de hacerlo. Entonces es cuando se revela esa verdad que tanto se oye –pero que como se interpreta desde un ilusorio nivel, resulta falsa–: el que yo no tengo nada que hacer por mí mismo porque la Luz lo hace todo.

Sin embargo, la persona se moverá de acá para allá empujada por la Luz. Y tan pronto la vemos quieta como actuando, viajando, preparando lo que tenga que organizar, realizando sus tareas, trabajando físicamente, hablando, escribiendo, bailando, cantando o atendiendo aquello que le corresponda atender; a veces habrá de dirigir a otros y en otras ocasiones le tocará pasar inadvertida. A quienes pasan desapercibidos quizás les gustaría ser como los que gozan de tanto éxito y cosechan mucha admiración, pero, a su vez, esa persona que dirige a tantos y que soporta múltiples responsabilidades seguramente desearía que le dejasen en paz al pasar desapercibido. El ser humano es así.

Las circunstancias ajenas suelen parecernos mejores que las propias. Suele decirse que quien está soltero siente que tiene muchos problemas que –imagina– se resolverían si estuviera casado o tuviera una pareja, pero por su parte el que está emparejado desearía poder estar solo y libre sin depender de otra persona. En esta época generalmente pasamos en una sola vida por todas esas experiencias: hay etapas en las que nos hallamos solos y en otras tenemos pareja, vivimos solos, vivimos acompañados, pasamos por muchas experiencias. Lo malo no es que tengamos o no alguien al lado, lo cual no reviste mayor importancia. Lo relevante es hasta qué punto dependemos o no de las circunstancias externas. En la medida en la que me encuentro dependiendo sólo de mi propia Luz, ella irá creando las circunstancias adecuadas para mi vida aquí y ahora.

Seguramente, los contemplativos que estamos realizando esta investigación ya habremos notado, unos más y otros menos, que en la medida en la que dejemos pasar la Luz –es una manera de expresarnos, pues estamos hechos de Luz–, al darnos cuenta de que la somos –porque todo consiste en captar, ser conscientes– y al soltar las fantasías de la proyección de esta realidad ilusoria, se irá fabricando una experiencia vital más auténtica. Pero, cosa curiosa, entonces ya no sentimos deseos de que la vida sea de determinada manera. La vida entonces nos va ofreciendo lo que resulta adecuado para nosotros y puesto que ya no tenemos deseos, todo lo que se presenta nos vale. A lo mejor cuando albergábamos deseos pensábamos: «¡Oh, quisiera poseer una casa así, vivir en el campo, tener –o no– una pareja, estar aquí –o allá–, desempeñar este tipo de trabajo!», pero una vez que hemos llevado a cabo el descubrimiento interior, nos llega a lo mejor esa misma situación que tanto deseábamos, aunque sin sentir ningún deseo ya. Por eso muchas personas dicen, y es verdad, que en la vida nos vienen las cosas adecuadas justo cuando ya no las perseguimos. Se puede ver así.

El desapego es libertad y origen de creatividad

En cualquier caso, la verdadera felicidad no radica en las cosas o situaciones que podamos o no disfrutar, sino en no desearlas; eso es libertad pura. Como estamos diciendo en estas investigaciones, libertad y felicidad van unidas. Cuando no hay deseo, la vida se va construyendo de acuerdo a lo adecuado para el *karma* y el *dharma* –lecciones por aprender y gozoso destino que cumplir–, a lo que haya que experimentar, sea agradable o desagradable. Las circunstancias de uno u otro color sobrevienen a la persona. La persona ha movilizado unas energías en la temporalidad y ésas vienen de vuelta: unas son buenas y otras malas, según la interpretación humana –aunque en realidad todas son buenas porque todo lo que viene es inteligente y, por ende, bueno–. Repitámoslo porque es bello y necesario: nuestra felicidad y nuestra alegría no estriban en las circunstancias que adquirimos en el escenario de la vida, radican en no necesitar, en no desear, en estar desapegado y desprendido. Pero puesto que solemos asociar el desapego al sacrificio –y no lo es en absoluto–, nos parece que ahí no es posible hallar la felicidad.

Miremos bien y descubramos que cuando alguien se desapega de verdad, nota que eso es felicidad. Porque desapegarse equivale a liberarse. Insistamos en que la libertad verdadera no consiste en liberarse por fuera: la libertad es algo interno. No hemos de liberarnos externamente de nada porque todo está bien. Las situaciones que hemos ido movilizando, las hemos movido de acuerdo a lo que necesitábamos aprender. Está todo bien, no hay que lamentarse del pasado: «¡Ay!, pero si no hubiera hecho eso, si no hubiera armado aquel jaleo que armé en mi vida, a lo mejor viviría ahora más tranquilo, tranquila». No, todo ese embrollo que montamos está muy bien hecho porque gracias a ello se ha descubierto algo, ¿no nos damos cuenta? ¿Una vida más apacible nos hubiera venido bien? No puede haber serenidad mientras no se descanse en el Ser, todo lo demás es ilusión de tranquilidad. Entre las circunstancias no reina la tranquilidad, puesto que todo está cambiando. ¿Entonces me quedaré quieto, quieta? Esa opción tampoco es viable porque antes o después la vida nos dará un empujón por la izquierda o por la derecha.

Así que al vivir hemos de movernos. Y entonces sin querer le podemos dar un golpe a otro, metafóricamente hablando. Esto es lo que nos sucede. La proyección de la película no se detiene, las imágenes están siempre en movimiento aunque parezcan entidades estables, sólidas, permanentes; observo por ejemplo a una persona paseando tranquilamente, pero hay un cúmulo de imágenes superpuestas a ella. Así, la luz original que se diversifica en una variedad de ondas lumínicas va proyectando todas las formas, igual que ocurre en el cine. No nos sorprendamos de esas analogías porque todo es análogo —«como es arriba, es abajo»—. La tecnología moderna fabricada por el ser humano está construida sobre la base de la construcción del universo, porque no hay otra manera. Podría decirse que la humanidad está ideando juguetes análogos al funcionamiento de la Conciencia —al igual que un tren o un avión de juguete se diseña de acuerdo al modelo conocido—, porque se graba en nuestra mente y así la proyectamos. Denominamos inventar por tanto a hacer maquetas copiando los procesos de la naturaleza.

En el arte, otro nivel más sutil y más bello que la tecnología, sucede otro tanto por mucho que creamos que algo es novedoso. La Luz está atravesándonos, y tal y como pase la Luz, se expresará hacia afuera: al tener ese vislumbre interior parcial de la Luz, pintamos un cuadro, componemos una melodía o esculpimos una estatua, siempre de acuerdo al momento luminoso que hayamos sentido.

Si el artista se ha abierto a la Luz, aunque sea de manera limitada, habrá belleza. Y en la medida en la que no lo haya hecho y, sin salir de la mente, pretenda ser original, brotará un engendro. Uno de los muchos que estamos sufriendo en esta época a consecuencia de que, no estando inspiradas, algunas personas dicen que crean arte. Así ocurre en los más variados ámbitos. Se anhela desarrollar la creatividad, hasta se organizan talleres para ser creativos, técnicas absurdas y sin sentido con las que el ser humano se entretiene. Actualmente todo el mundo quiere ser creativo, hacer algo original, y lo que se observa es que actúan repitiendo datos tomados de otros. Más bien suele tratarse de una imitación en el nivel horizontal y no de una apertura vertical a la inspiración a través de la cual la luz traza un esquema holográfico de lo que es la Realidad.

Una auténtica obra de arte contiene todo, como una flor o un árbol, pero lo manifiestan de una manera vista parcialmente. No se trata de que la persona sea creativa, olvidaros de eso. Se trata de que en el ser humano haya más espacio vacío para que la Luz que somos pueda revelarse. Si se expresa en el arte, vemos la belleza de la Luz, de la Realidad, del Ser, la belleza de Dios. Y si esa potencia se manifiesta, por ejemplo, a través de la ciencia o técnica, percibimos la fuerza, el movimiento, la energía, las posibilidades de mover algo a partir de lo inmóvil.

Lo que comúnmente se denomina energía es la capacidad de movilizar algo. Captamos energías de aquí y de allá, captamos la belleza o descubrimos verdades abriéndonos a la inspiración. Cuanto más sintética, cuanto más holística sea aquella obra que hacemos –ya sea artística, científica, intelectual, literaria, afectiva u organizativa, como estar al frente de una familia o una empresa–, cuanto más esté todo en todo, será señal de que mejor ha pasado la Luz a través de nosotros para realizar aquello. Por el contrario, si es exclusiva –si lo considero algo separado pero la unidad en la que está incluida se me escapa–, menos se ha permitido el paso de la Luz y más distorsionado aparece el resultado. Cuando se tiene en cuenta en cada movimiento «todo en todo» –lo que no puede hacer la mente–, cuando más allá de la mente, la Conciencia obra así en nuestra vida, estamos integrando la Conciencia luminosa en nuestro vivir. Vivimos conscientes, vivimos desde el Espíritu.

Un sencillo movimiento, como el que ocurre mientras caminamos, y la totalidad del universo está ahí paseando. Así es desde lo profundo. La verdad es que todo está en todo. Y eso mismo es lo que siempre han proclamado los auténticos religiosos: Dios está en todas las cosas. También podría afirmarse que todo es sagrado. Cuando vivimos todo en todo, hagamos lo que hagamos –andar, preparar una comida, limpiar los zapatos, cualquier cosa, – todo lo que realizo rebosa plenitud, lo que hago y lo que dejo de hacer, porque cuando estoy en quietud también soy el universo en aparente quietud. La presencia de la Luz no puede estar ausente, es la presencia única; hablando en propiedad casi no se podría denominar presencia –como si pudiera estar ausente– ya que todo es presencia de Luz, sin lo opuesto. Todo es Espíritu.

Incluso los científicos, ahondando en sus investigaciones empíricas, ya han descubierto que la realidad es holística. Pero con el materialismo imperante que todavía tenemos como rémora, con esa inercia que seguimos arrastrando a pesar de que en la ciencia ya se ha derrumbado, no entendemos que todo está en todo. No nos cabe en la cabeza que tomamos una simple hoja de un árbol, una sencilla florecilla, y que ahí está latiendo el universo. ¿No lo comprendemos? Claro, resulta imposible de entender con la mente concreta. ¡Pero si hasta los científicos, razonando y basándose en los instrumentos que amplían los sentidos, lo han corroborado! Alguna intuición habrán tenido para darse cuenta. No obstante esa intuición, se escapa, no se menciona en los ambientes académicos porque estaría mal vista. Cuando a algún científico le sobreviene una intuición, se calla y dice que lo ha descubierto por experimentación. Pero, curiosamente, alguna vez llevan a cabo el experimento tras haber recibido la intuición.

Sólo Luz

De manera que ahora que estamos investigando la presencia de la Luz, comprenderemos que todo esté en todo, puesto que todo es Luz. Pongamos por caso el tema de los fractales a los que se refiere la ciencia actual; todos los patrones se repiten en diferentes niveles, originados por la misma matriz. Así, se ve por ejemplo cómo el agua cristaliza en el hielo. En una ocasión se me presentó la oportunidad de observarlo directamente, en un rincón del jardín en agua helada apareció a simple vista esa forma maravillosa que el japonés Masaru Emoto ha visto con el microscopio fotografiándolo, claramente se veía una forma bellísima de hexaedros, una especie de estrella luminosa en el agua. Eso mismo sucede al observar una flor, vemos una estructura extraordinaria, que apunta a lo que ahora está denominándose geometría sagrada; algo natural, ya que todo es sagrado. Igualmente, si se coloca un imán próximo a unas virutas metálicas, éstas se desplazan de una manera inteligente hasta formar un dibujo sorprendente. Y así ocurre absolutamente con todo. Lo que nos parece caótico es porque todavía no lo hemos visto bien.

Antaño nos parecía que el agua era materia inerte y cuando se ha investigado, en ella hemos descubierto formas de vida maravillosas. Seguramente conocéis los libros de este japonés que ha dedicado su vida a observar y retratar la consciencia del agua, que tanto le sorprendió. Hoy en día muchísimos seres humanos aceptan el hecho de que el agua es consciente. Y me planteo: ¡Dios mío! ¿Tendrán que ir cosa por cosa? ¿Comprobar la consciencia del fuego, de la tierra, de las plantas? ¿Cuándo se darán cuenta de que todo es Conciencia? Algún día habrán de darse cuenta más y más personas. Muchos ya se han percatado de ello aunque no suficientes, según parece para que se estudie y acepte del todo.

Todo es Conciencia; todo es Luz. A simple vista, parece que tengo un cuerpo denso conforme a la evolución de la humanidad en el momento actual. En este sentido, hay quienes afirman que va a darse un cambio evolutivo. De momento, lo que resulta indudable es que aquí vivimos en un cuerpo sumamente denso. Si ese supuesto cambio evolutivo cósmico conlleva unas energías muy intensas puede que influya en una menor densidad del envoltorio físico. Una mayor ligereza sería positiva ya que la densidad va unida a mayor conflicto, tarda más tiempo en reaccionar, no es tan sensible ni sutil, y se aísla de lo demás.

Pero puesto que efectivamente el cosmos y las energías que nos rodean –de agua, de tierra, de fuego, de aire, de los cuatro elementos de los que todo está hecho en este nivel–, están sintonizados en inteligente movimiento, tal vez nuestro cuerpo también reaccione haciéndose más sensible y sutil, puesto que está asimismo compuesto de las energías circundantes. Y como el cuerpo no está separado de la mente –hay una interrelación entre ambos más allá de las apariencias–, es posible que nuestra mente también se torne más flexible. Sería muy probable, porque a veces cuando seguimos una alimentación más *satvica* o depuramos el organismo de diversas maneras, notamos más claridad y sensibilidad en el cerebro. Y nuestro cerebro se relaciona con nuestra manera de percibir y de interpretar. ¿Cambia la mente? Desde el silencio, donde la Luz se expande en libertad, la mente ya es no-mente.

De modo que el conjunto mente-cuerpo es capaz de transformarse. Pero hay algo que no proviene de fuera, del cosmos, hay algo que emerge de dentro: la llamada interior de la Luz en nosotros. Si esa llamada ya resuena en lo profundo y si se encuentra con unos vehículos vitales, afectivos, mentales, incluso físicos, en unas condiciones de mayor flexibilidad, de mayor sutileza, más disponibles, más limpios, más unidos al resto de la naturaleza, entonces aquella llamada interior tendrá un camino despejado de expresión. Y al atravesar la Luz diáfana por estos vehículos, los iluminará. Así se ve desde abajo. Desde el Espíritu sólo se ve la luz con variadas modificaciones.

Esto responde a la pregunta de por qué Dios creó esta obra: si Dios es Conciencia y la Conciencia es Luz, como la luz ilumina, todo este universo es iluminación de Dios; hasta los más remotos lugares, metafóricamente hablando, siempre llega la Conciencia divina. Hablamos en ocasiones de mayor o menor densidad porque en algunas zonas la percepción aparece más o menos restringida, aunque de todas maneras ahí está la Luz divina. Y cuando va pasando nítida por los vehículos, podría afirmarse que va salvándolos, utilizando el lenguaje religioso de nuestra tradición. Se dice que Jesús salvó a muchas almas que estaban encarceladas, encerradas. La Luz atraviesa los vehículos humanos si hay pureza en ellos, y entonces ilumina. Iluminar es salvar, liberar. Liberarse significa justamente permitir que la Luz pase a través. Y la Luz atraviesa la densidad personal cuando hay espacio suficiente. Pero sin la Luz no es posible ese vacío, ese espacio despejado. La misma Luz abre el vacío y la misma Luz necesita ese vacío para pasar. Se traza así un círculo perfecto, el maravilloso círculo de la Inteligencia divina que no funciona en línea recta como la razón lógica, sino en expansión multidimensional. Es la manera de irradiar la luminosidad del Espíritu.

¿Cómo nos purificamos para que la Luz se abra paso? Con la propia Luz. ¿Cómo puede entenderse semejante paradoja? Irrumpe el misterio, nos damos cuenta de que somos Luz y entonces esa misma Luz nos purifica y al purificarnos, aquello se ilumina; y al iluminarnos, iluminamos alrededor. Así, «mi» salvación es «la» salvación, y no sólo de los seres humanos, porque hay muchísimas consciencias. Existen numerosas consciencias encarceladas, atadas y sufrientes a causa del error de los seres humanos. Por la falta de luz y de libertad de los seres humanos hay muchos seres visibles e invisibles atrapados que se liberarán cuando el ser humano vaya liberándose. De modo que la tarea que hemos de hacer es maravillosa e ilimitada. Y a pesar de no tener límites, se produce aparentemente en la intimidad de mi consciencia, porque mi consciencia equivale a la Conciencia. Reconozco la Luz y ese reconocimiento interior la da paso en los distintos niveles. Parece que es algo íntimo, oculto y resulta que es lo total, lo que transforma todo. No olvidemos que nada es como parece.

La investigación que hacemos es definitiva en estos momentos para abrirnos a espacios más y más amplios hasta el infinito. No nos asustemos. Recordemos que cuanto más abstracta nos parezca una comprensión, también será más efectiva, real y transformadora, porque abarcará un ámbito más amplio. Por el contrario, cuanto más concreto sea el enfoque, más parcial e ilusorio resultará. Lo tenemos que aclarar una y otra vez porque podríamos creer que realidades tan abstractas nos resultan poco prácticas. Pero no es cierto, Aquello imperceptible es lo que más nos interesa; se comunica a todo el que se acerque a estas investigaciones; no tendrá más remedio que oírlo. Resulta imposible callarlo porque llevo toda la vida dedicada a este *dharma*. Siempre creemos que lo que nos importa y lo valioso es lo inmediato, lo particular. Eso es lo ilusorio, lo irreal que nos mantiene en el conflicto. Y cuando nos queremos desapegar de esa manifestación, apenas podemos debido a la realidad que le hemos otorgado. Pongamos nuestra realidad en lo invisible a los ojos físicos, pongamos nuestra realidad e identidad en presencia de la Luz, en la presencia de Dios. Y todo lo demás vendrá a nuestra vida concreta de manera natural.

Es indudable que cuando se dirige alguien por vía directa a las verdades totalizadoras, la mente va quedándose en silencio, se aquieta. En ese silencio que no alberga dudas ni preguntas, comprobamos que la Luz está pasando y se hace presente en nuestra vida, en un instante atemporal.

Ser consciente es aprender a amar

En busca del amor que somos

Podríamos reformular al revés el título de este capítulo: para aprender a amar hay que ser consciente. Al abordar el tema del amor, damos por supuesto que es algo muy agradable y fácil, que todos sabemos de qué se trata. Sin embargo no es así: el amor humano no resulta tan agradable ni tan fácil de entender como parece porque partimos de ideas preconcebidas, experiencias que nos condicionan, creencias inconscientes de lo que debería ser, emociones egocentradas que queremos repetir y que catalogamos como «amor».

Tanto es así, que cuando sobreviene el auténtico Amor nos sorprende por completo, ya que quizás no se parece en nada a lo que habíamos estado persiguiendo —quiero aprender a amar, necesito que los demás me amen, deseo sentir el amor, me gustaría que todo el mundo se mostrase cariñoso, bueno, compasivo—. Démonos cuenta de que aunque proyectemos una y otra vez este tipo de metas como una expresión de los deseos personales de sentirse bien, es muy posible que todavía no hayamos conocido el verdadero Amor. Resulta irrelevante que me pase todo el día imaginando cómo sería la humanidad si reinase el amor, si nos quisiéramos los unos a los otros, lo feliz que me sentiría si los demás me apreciasen como merezco…, pero me ignoran, no se enteran de que existo o incluso me odian, no sé por qué, yo no hago más que comportarme bien con el prójimo y ellos no me valoran.

Tratamos de resolver todas estas situaciones de la vida sin cambiar nuestra manera de mirar, es decir, sin expandir la consciencia. Como solemos decir, movemos las fichas exteriores creyendo siempre que encontraremos el amor buscándolo fuera –veamos si actuando así consigo que tal persona me quiera, con esta pareja no me va bien, pero voy a buscar otro hombre o mujer con quien compartir un sentimiento amoroso– y creyéndonos que lo hemos hallado cuando alguien nos susurra «Te quiero, te amo», sin darnos cuenta de lo que se está expresando de verdad. ¿Por qué no nos percatamos una y otra vez de que las palabras románticas no son tan altruistas como parecen? En realidad quizá signifiquen «Quiero conseguir algo a través de ti». Permitidme que sea tan cruda, pero si no aclaramos este malentendido, nos lo encontraremos delante una y otra vez sin ser conscientes de él.

Investiguemos por qué sucede esta distorsión. Si ocurre a mi alrededor es porque la estoy viviendo también dentro, me comporto así de una manera más disimulada, más sutil. Ni yo mismo, misma veo cómo me acerco a las personas que me convienen sin darme cuenta; me parece algo natural porque he vivido así tantos años… Y luego, para suavizar la situación superficialmente, lo denomino amor: yo quiero mucho a la gente, me gusta ayudarles, hacerles regalos, llamarles por teléfono, mandarles mensajes para que vean que estoy pendiente de ellos.

Pues bien, recordemos que el amor no florece en la inconsciencia. ¿Cómo se elimina la inconsciencia? ¿La paliaremos con más información, enterándonos de todo, estudiando psicología o haciendo terapias por ejemplo? Todos esos intentos provienen de fuera y los recibo de la misma manera egocentrada –los recibe el «yo» pensado–. Sin embargo, la ampliación de la consciencia es una aventura que he de realizar a solas conmigo, un giro que tengo que llevar a cabo en mi interior. No es un trofeo que alguien me puede otorgar desde fuera ni lo lograré gracias a la última terapia, el último descubrimiento, la teoría más moderna o alguna tradición religiosa remota. Ya sabemos que solemos desengañarnos de un marco de referencia para luego volver a caer en otro semejante. Vamos probando, buscando el amor aquí y allá.

Pero incluso el ideal que tengo del amor resulta confuso porque falta claridad en mi interior; allí apenas brilla luz, no hay espacio para la consciencia, no sé lo que es el Amor. Cualquier simulacro que se presenta en mi vida me lleva a creer: «¡Ah, por fin, he encontrado el amor!». Y no sólo nos referimos aquí al afecto entre personas –el amor humano–, sino que aludimos a toda clase de amor, incluyendo al amor a Dios, que puede estar equivocado. No porque Dios no exista ni porque no sea posible el amor a lo divino, sino porque en realidad no lo he encontrado. Podría suceder que esta modalidad de amor religioso esté tapando carencias psicológicas, como si de una evasión se tratase. Para descubrirlo necesito primero hacer silencio en mi mente, tomar consciencia de todos los conflictos, las necesidades, los deseos, las ambiciones y los miedos. Así, al ir soltando los nudos psicológicos, conforme caen en el vacío se va abriendo un espacio para el Amor, mi verdadera naturaleza, aquello de lo que está hecho mi ser y todos los seres, el Ser único que se expresa en múltiples apariencias. Eso es vivir desde el Espíritu.

Puesto que no se trata de algo ajeno que haya que conseguir, no valdrán los métodos habituales para llegar a ello. A veces tardamos muchos años, o incluso vidas, en desengañarnos. Pero también podríamos desengañarnos en un momento de lucidez. Instantáneamente lo veo y ya está, he tomado consciencia del error. Y una vez desengañado, descubro la libertad interior, una libertad invisible que transparenta el Amor que verdaderamente soy.

Llevo años –o siglos como humanidad– creyéndome que el amor equivale a una dependencia psicológica. Aunque no lo defina así porque no suena bien, a esas ataduras, de hecho, las denomino amor. Me creo que dependo del otro porque le amo y el otro, si me ama, tendrá que depender de mí. Justo cuando veo que existe esta creencia, me doy cuenta de que ahí no hay amor. La falta de libertad no es compatible con el verdadero amor. Si dependo de otra persona, inconscientemente exigiré que se comporte de acuerdo a lo que yo quiero: que sostenga mis necesidades, incluso que me distraiga, que me entretenga porque no me puedo quedar a solas conmigo misma, mismo. Constantemente necesito la compañía de alguien a mi lado –la pareja, los hijos, las amistades; o si no se llena mi falta de afectividad, como suele suceder, necesitaré un animal–. Pero la demanda de soporte afectivo externo es síntoma de falta de amor interior.

Veámoslo bien, ¿necesito depender de los demás, necesito que alguien me sostenga cuando he descubierto la fuente del amor en mí? No, porque entonces el Amor me sustenta. El Amor mantiene todo porque, insistiremos, es aquello de lo que todo está hecho: los seres humanos y todo lo que vemos alrededor están entretejidos en el Amor.

El Amor es la Realidad cuando somos conscientes de ella. Es la unidad de Conciencia en nuestro Espíritu, pero si no nos percatamos de tal unidad y nos creemos separados, utilizamos todo ese lastre psicológico que arrastramos –¿qué será de mí?, siento miedo, me ofenden, no me quieren– para no darnos cuenta del Amor que somos. Estamos completamente cegados por esa carga. Tratando de mejorar mi situación externa, no descubro que mi verdadera naturaleza ya es ser Amor. Intentando cambiar las cosas, procurando remodelar mi vida y la de otros, esforzándome en controlar a los demás para que se comporten a mi antojo, no me doy cuenta de que ya soy Amor y que en ese amor hay perfecta armonía, libertad, serenidad y belleza.

¿Qué sentido tiene buscar entre las formas que aparecen y desaparecen, en todo lo que existe fuera, aquello que ya soy internamente? La partícula «ex-» se refiere a la exterioridad, a lo que se manifiesta en la existencia. Dios no existe, Dios es. Y su manifestación –el reflejo de Dios– es lo que existe, la ilusoria existencia. ¿Por qué podemos afirmar que es ilusoria? Habitualmente creemos que aquello que percibimos a través de nuestro instrumento psicofísico es la única realidad y por tanto debe ser permanente. Pero cuando abrimos un poco los ojos nos llevamos el chasco de que nada permanece. La tendencia más normal es creer que todo va a mantenerse igual siempre. Pero de repente, ¡sorpresa!, una persona fallece, yo mismo puedo morir. La existencia que consideraba tan estable, no lo es.

Impermanencia, libertad y amor

¿Cómo afrontar que esta existencia no es permanente, que todo está cambiando? Si ya sé que inevitablemente el cambio forma parte de nuestra naturaleza, ¿no merecerá la pena comprometerme a nada, no seré capaz de amar a alguien? Por supuesto que todas las situaciones se transforman, incluso las situaciones ideales que creíamos haber construido, con el tiempo se desmoronan. Por ejemplo, aquella familia que teníamos en mente, construida a base de proyecciones, resulta que ya no está, ese núcleo familiar en el que unos dependen de otros y todos están contentos de depender de los demás, ya no se mantiene. ¿Qué ha sucedido? Y también toda organización, toda sociedad o agrupación de individuos con algo en común.

La mayoría de las personas, especialmente los jóvenes o los adolescentes, intentan ser libres. Todos persiguen esa meta precisamente porque no han conectado con la libertad interior, ¿acaso hay otro motivo? Pero ¿realmente no son libres esas personas? Lo que ocurre es que no son conscientes de la libertad que ya son, más allá de su limitada persona, en su esencia, como tampoco son conscientes del amor que son –la libertad y el amor van unidos–. Y entonces intentan lograrlo modificando las circunstancias, crean un simulacro hacia fuera. En primer lugar: «¡No quiero depender de mis padres!» Y más adelante: «¡Me niego a depender de mi pareja, voy a buscar otras posibilidades para disfrutar de nuevas experiencias!». O cuando ya voy siendo más mayor: «¡No quisiera depender de mis hijos!».

El clamor de «quiero ser libre», encierra una gran confusión. A pesar de que el anhelo de no querer depender es legítimo, internamente está todo tan nebuloso y confuso que no me doy cuenta de que lo que persigo fuera no es la verdadera libertad. Debo encontrarla en mi interior –allí donde está–, en vez de buscarla tratando de modificar las circunstancias. Intentando movilizar el exterior no podré sentirme libre porque la confusión interior estará proyectando lo externo. Y entonces, en función de mi carácter, me enfado o me deprimo porque las situaciones no se presentan tal como me había propuesto, como «yo» quisiera para poder ser libre o que los demás lo sean, o para que haya amor entre todos.

Si queremos vivir de verdad, si queremos despertar, si queremos ser más que una simple marioneta en el sueño, hemos de soltar todas las creencias, incluidos los ideales personales. Tenemos que despojarnos de todos los ideales. Aunque no se vivencien de verdad, aunque luego la vida transcurra a base de conflictos, en el sueño existencial se proyectan muchos ideales imaginarios. Hasta que descubra que soy Amor, no haré más que experimentar conflictos con respecto al amor. Hasta que descubra que soy Libertad, por todos los lados sufro conflictos relacionados con la libertad. Desde el prisma personal, creo que los demás no me permiten ser libre y siento que no me aman lo suficiente. Sin embargo, cuando descubro que soy Amor y Libertad –ésa es una transformación misteriosa, extraordinaria, nueva–, entonces una nueva vida brota a partir de ahí. Ya no necesito albergar deseos o ambiciones ni protegerme porque tengo miedo de perder algo. Tal y como se nos dijo en los Evangelios, el que pierde su vida la salva, y el que trata de salvarla la pierde. En el mismísimo momento en que estoy tratando de salvaguardarla, estoy perdiéndola, porque vivo sumido en conflictos. Es lo que se descubre mirando desde el Espíritu, desde la Conciencia que soy.

Una de las cosas que tengo que ver ahora mismo es que lo que considero mi vida en realidad no me pertenece. Porque si creo que es mía y que tengo que controlarla a mi antojo, entonces mi vida estará perdida porque durmiendo estoy soñando. Mi vida personal es inseparable de la Vida. Y, como bien afirman los budistas, la Vida es movimiento, impermanencia, cambio constante, un fluir como cuando vemos transcurrir la corriente de un río o la fuerza con la que desciende una cascada. Las aguas de la Vida siempre pasan de largo, si permanecieran quietas se estancarían y las encontraríamos desvitalizadas. No nos es posible dejar nada en la existencia inmóvil; tan sólo podemos soñar –en nuestra mente– que algo se mantiene sin cambios y así acabamos contraviniendo su naturaleza, traicionando nuestro Espíritu.

Absolutamente todo lo manifestado está en perfecto movimiento. ¿Puede soportarse semejante situación? Sinceramente, una persona muy afianzada en sus «derechos», en lo que ella cree que es, en lo que se ha llamado el ego –lo que uno cree ser–, alguien que tiene su carácter, sus ideas, sus propiedades, su familia, personas que dependen de él o ella, un ser humano así que se cree sólido, está siempre en cambio, moviéndose y brotando todo el tiempo de la nada. O dicho con más fuerza, no es nada (por sí mismo). Para ser de verdad, tenemos que dejar de identificarnos con el personaje que creíamos que éramos. No hay ninguna contradicción en soltar lo que creíamos ser. Para verdaderamente ser, hemos de desprendernos de la superposición que habíamos construido, despojarnos de nuestra propia caricatura. Y la gran sorpresa es que cuando por lucidez lo soltamos –o dicho de otra manera, nos damos cuenta de que no somos eso–, entonces no hay nada más que hacer. Del vacío de lo irreal brota la plenitud de lo Real.

Y una vez hecho ese vacío, ¿tendré que ocuparme de amueblarlo? Desde luego que no, porque ese vacío ya está lleno; rebosa Amor y Belleza. Cuando lo tocamos nos damos cuenta de que así es. Desde el pensamiento, nos parecía algo lejano, pero en un momento dado ahí solamente había amor, belleza, paz, alegría interior. ¿Qué ha sucedido? Simplemente que yo no estaba en ninguna parte, habitaba en mi verdadero Ser. Comprendamos: ahí donde soy lo que Es, no donde «yo» soy.

Cuando permanezco en presencia de Dios, mi verdadero Ser, se acaban los deseos. Sin embargo, mientras todavía estoy haciendo arreglos para beneficio de mi persona me digo que no debo tener deseos y los oculto, pero acaban saliendo por un lado o por otro. No es verdad que haya trascendido los deseos. Si me siento limitada, limitado, alguien insignificante, si pienso que me faltan cosas, entonces es lógico sentir el deseo de llenar aquellas carencias. Miro a los demás, me comparo y pienso que los otros disfrutan de lo que yo añoro: éste tiene dinero y a mí me falta, esa mujer es bella pero yo no, aquél es mucho más inteligente o poderoso que yo, la otra tiene un buen puesto en la sociedad mientras que yo paso desapercibida y nadie se fija en mí… Así, inevitablemente siento deseos y me alejo del Amor que soy.

Por mucho que no quiera creerlo, los deseos acarrean odio. Suele considerarse que el desear tener un coche o el último aparato tecnológico no implica sentir odio. Pero las comparaciones y la envidia presuponen una falta de amor, una emoción de odio. Cuando el otro disfruta de una cosa estupenda y yo no la tengo a mi alcance, le odio. La prueba de ello es que si aquella persona pierde ese objeto deseado, me alegro y creo que le está bien empleado. Aunque no lo diga, lo pienso.

Tomemos como ejemplo cuando en las revistas aparece envejecida una estrella de cine que todo el mundo admiraba; en su día esta persona era muy atractiva pero ahora ya han pasado los años y ha perdido su encanto, me alegro. A aquel hombre que triunfaba en todos los negocios, de repente le han salido mal los proyectos y se ha arruinado, me alegro. Eso es odio, falta de amor.

La falta de amor

El odio no es algo real ni consistente, sino una carencia. Nos asusta oír la palabra, pero no es más que falta de amor. Y se trata de una falta que resulta tremenda porque supone alejarnos de nuestra verdadera naturaleza, distanciarnos de Dios, no porque sea algo poderoso que se nos viene encima, como si nos lanzaran una bomba. Y aunque es una energía que resulta muy desagradable para quienes son odiadas, aún es peor para el que la genera. Por más que lo disimule, quien está cargando con esa falta de amor lo pasa muy mal. La vida le resultará insoportable y empezará a echar la culpa de su malestar a todo el mundo –sufro porque me han educado así, porque la gente no me comprende–, será presa siempre de sentimientos de rabia e ira. Todas las «rabietas» –lo expresaremos con esa palabra un poco más coloquial– que tenemos se deben en el fondo a una falta de amor. Cualquier odio terrible, que en casos extremos puede llegar hasta el crimen, es sólo una falta de amor. Y cuando reconocemos cómo sucede esto en nosotros mismos –si no lo observamos en nuestro psiquismo, no hay nada que hacer–, podremos constatarlo igualmente fuera.

De este modo, al mirar a los demás podremos sentir compasión, un derivado del Amor. Entonces comprenderemos que esta persona ha obrado de forma tan espantosa porque ya no soportaba la falta de amor que sentía, porque estaba oprimida por el odio. A veces se llegan a hacer barbaridades –infligir daño a otros, crímenes y otras atrocidades que se nos puedan ocurrir– para pedir amor, buscándolo allí donde no está. Únicamente al comprender el motivo profundo de los errores humanos, sentimos la verdadera compasión. Y la sentimos de verdad, no como un ideal que nos proponemos. Creemos por ejemplo que habría que tener compasión con las pobres personas que no poseen nada, con los que sufren calamidades por culpa de aquéllos a los que deberíamos odiar de una manera o de otra –aunque por dentro me lo plantee de una manera diferente para no estropear mi autoimagen–. Entonces concluyo que es justo posicionarse en contra de esta situación de aparente injusticia, que es lícito tener rabia, que la situación me molesta porque unos están ocasionando un daño a otros. Tengamos mucho cuidado porque toda esa falta de amor que canalizo hacia fuera, en realidad está dentro de la persona que creo ser y no lo veo. Me estoy haciendo daño. Estoy proyectando mi falta de amor, en acontecimientos generales, en la política, en lo que ocurre en la sociedad. Todo lo que saco fuera sobre otros me sirve para no afrontar que lo estoy viviendo dentro.

Ya sabemos que para la persona resulta bastante duro asumirlo. Recordemos sin embargo que no somos la persona que creemos ser. Cuando lo reconocemos y somos capaces de decir: «¡Pobrecilla mi persona, no es nada y quiere hacerse algo a partir de la nada!», entonces es posible compadecer también a todas las demás personas que pretenden apuntalar su ilusorio personaje. Y así mi corazón se abre con amor a los seres humanos porque les está ocurriendo lo mismo. Con distintos matices en la forma de presentarse siempre subyace la falta de amor en los conflictos y sufrimientos humanos.

Veamos por ejemplo qué sucede cuando a una persona que le falta amor –algo que ocurre prácticamente siempre que un ser humano cree ser meramente una persona– alguien parece que le da amor –aunque en realidad el amor no se da–. Ahí sucede algo extraordinario que nos parece milagroso. ¡Qué transformación puede haber en un ser humano que se siente enamorado! Todos hemos visto o leído ejemplos de una persona que llevaba una forma de vida insoportable para ella y para los demás y que se transforma cuando el amor la toca. ¿La toca desde fuera?

Si una persona trata de dar amor a otra, ese gesto externo no ocasiona transformación alguna porque aunque superficialmente la otra diga: «¡Ah, sí, mira qué bien, lo buena que es tal persona, cuánto me quiere!», en lo profundo de su corazón, en lo más hondo, nota que aquello está vacío de amor, que es solamente una pose para tratar de ser buena o de conseguir algo. Por tanto, nada cambia en ella misma. Por ejemplo está claro que si una persona te apunta con una pistola sientes miedo –que es falta de amor–, por mucho que tú le digas: «Hermano mío, ¿por qué me haces esto?» Puesto que tales palabras son algo externo, el agresor piensa, con razón, que menuda tontería le están diciendo. Estás haciendo teatro, ahí tienes la representación. De modo que el amor auténtico no funciona de manera superficial, con gestos o palabras melosas. Cuando hay amor de verdad, no se trata ya del amor que yo poseo y se lo doy a otro que no lo tiene. Cuando una persona habita en el Amor sabe que no se trata de dar «mi amor» a otro que le falta; sabe que tanto mi Ser como el de la otra persona es igualmente Amor, que todo está unido en ese Amor. Cuando un ser humano lo vive así, con consciencia, cuando se es consciente de lo que de verdad está sucediendo, el amor sí hace maravillas. Entonces «ama y haz lo que quieras», o lo que surja. No importa cómo actúes. Si hay auténtico Amor ya no es necesario preocuparse de lo que se le ocurrirá hacer a una persona; todo queda envuelto en Amor.

Pero si falta el amor, por muy bien adornada que tenga la persona su imagen, su comportamiento, lo que dice, lo que calla y lo que reprime en cualquier momento provocará conflictos a su alrededor. Puesto que los tiene dentro, antes o después se reflejarán fuera. Las otras personas tampoco van a encontrarse a gusto en su presencia, y cada vez que los demás se sientan incómodos a su lado, más resentimiento acumulará: «¡Con lo bien que yo me porto con todo el mundo, mira cómo me tratan! No quieren estar conmigo, me siento muy solo, sola.». En fin, se oyen muchas veces esos lamentos y siempre suenan a falsificación.

¿Podríamos afirmar entonces que los otros actúan falsamente? La actitud de pensar que el comportamiento de los demás es falso resulta sumamente dañina porque se fundamenta en un error doble. En primer lugar, el creer que los otros están separados de mí. En segundo lugar, el considerar que yo estoy por encima de los demás. Y puesto que se trata de una actitud equivocada, no puede dar pie a la verdadera, que es el amor. Tengamos cuidado, porque cuando falta consciencia, el amor no tiene cabida. El Amor florece con la libertad de la Conciencia lúcida.

La Verdad hay que descubrirla desde la Conciencia que somos. De nada vale proponerse: «Vamos a descubrir cuál es la verdad, que me la sirvan en bandeja y procuraré vivir con ella». No es así cómo la hallaré. No voy a encontrarla ni en libros, ni en cursos, ni en terapias ni en situaciones cercanas ni en un país lejano, no la encontraré en ninguna parte salvo en mí mismo, misma. Por supuesto que la vida presentará, en cada momento, lo adecuado para mi demanda de Verdad. Si escucho ese anhelo, ya estará empujando desde mi interior la luz del Ser; y la vida dispondrá inteligentemente las situaciones externas idóneas para el despertar. Así, captaré entre las circunstancias la Verdad y se ampliará la comprensión. Pero lo que no esté dispuesto a ver seguirá esperando hasta que pueda afrontarlo con discernimiento.

Lo permanente: la Conciencia

Sea cual fuere el momento de la vida en que me halle, lo importante es siempre ser más consciente. Por ejemplo, al encontrarme en los instantes previos a morir, no sería muy lúcido pensar: «Bueno, ya da igual todo, ya he vivido mi vida». Incluso entonces necesito darme cuenta de algo. Volverás a este mundo con lo que hayas aprendido y con lo que te falte aprender…, aunque por supuesto, aparentemente, todo empiece de nuevo en un ambiente distinto con otro cuerpo y otra persona; aunque todo cambie. Al nacer parece que empiezo de cero, sin embargo no es así. Lo único que puedo llevar para siempre de esta vida terrenal es la consciencia, la apertura al amor permanece a través de la impermanencia existencial. Una impermanencia fenoménica que culmina cuando, tras haber nacido en un momento dado con forma humana, mueres en otro momento dado. En este mundo espacio-temporal aparece una nueva personita que se va formando poco a poco, un ser humano que parece aprender de aquí y de allá. Eso es lo que externamente se proyecta. Y, de repente, aquella historia se acaba. Así es la culminación de la impermanencia de nuestra existencia.

¿Acaso hay algo eterno en nosotros? Desde luego que sí. Recordemos esa frase del Evangelio de Juan: «Aquella Luz con la que todo hombre viene a este mundo». Todo ser humano llega provisto de su Luz, lo que de verdad es, y al encarnar se envuelve en una aventura personal, en situaciones aparentemente reales que –puesto que están moviéndose sin parar– no son consistentes. Recordemos que lo único real es lo eterno. Cada ser humano se implica en todas esas circunstancias fenoménicas y se las cree en mayor o menor grado, de acuerdo a la trayectoria de lo que haya ido comprendiendo. El único hilo conductor es la Luz que brilla en aquella consciencia, Luz que no es diferente del Amor porque la Luz no crea separación. Se trata de una única Luz: mi luz no está separada de otra luz. Aquella Luz con la que venimos a este mundo es la de la Unidad de Consciencia, no hay otra. Y la Unidad se vive como Amor. Al descubrirlo, al comprenderlo plenamente viviremos desde el Espíritu. Y sólo entonces seremos verdaderos.

«Amad a los demás como a vosotros mismos», se nos dijo. Obviamente, porque los demás somos nosotros mismos. Porque somos uno en espíritu. Pero ¡cuán difícil es amar a quienes nos han tratado mal o a los que hacen sufrir a la humanidad –ambos casos son lo mismo–! ¿Puedo amarlos realmente? Sólo soy capaz de esa mirada amorosa cuando tengo la consciencia suficientemente expandida como para darme cuenta de que, más allá de las apariencias, ellos y yo somos una sola Conciencia, un sólo Dios, como se dijo en otras ocasiones y no se entendió. No hay separación en la esencia: en un solo ser humano se da toda la humanidad; y la humanidad contiene el cosmos entero, donde caben todos los otros seres –visibles o invisibles para los sentidos–, a los que no llamamos humanos. La Unidad de Conciencia lo abarca todo, no se limita a mi familia ni a mi grupo de afines ni a los humanos. Porque todo es Dios o Dios es Uno.

Pero esta Unidad no puede ser aprehendida por la mente pensante, denominada en la tradición vedanta *manas* –de donde proviene en inglés *man*, hombre–, ese lugar de la mente donde está anclada la mayoría de la humanidad; la mente sensorial volcada hacia afuera, la mente racional que calcula con astucia; la mente que divide desde el nivel causal. Ese funcionamiento mental no puede percibir más que pares de opuestos. De igual modo, el oído humano solamente puede captar una determinada gama de sonidos, mientras que otro tipo de oído percibe otro abanico de sonidos y otros tipos de ojos captan otra clase de formas. Y de manera paralela, aparatos tecnológicos registran partículas que no captamos a simple vista en cualquier objeto. Lo mismo ocurre con la mente sensorial, la mente concreta o incluso la mente racional que podríamos definir como la más digna u objetiva que nos informa de lo percibido a través del instrumento psicofísico.

Tengamos claro que nuestra mente que calcula, mide y mira objetivamente las cosas no es capaz de comprender la Unidad de Conciencia. ¿Qué puedo hacer entonces? ¿Tendré que disciplinarla para que la comprenda? ¿Para qué empeñarme, si ya me doy cuenta de que no va a poder asomarse a la Unidad? Será preferible dejar que esa mente concreta se ocupe de las cosas particulares: necesito medir por ejemplo esta mesa para comprar un mantel que le vaya bien; tengo previsto hacer un viaje, y me ocupo de llenar el depósito de gasolina del coche, calculo el itinerario, decido los sitios en los que detenerme, etc.

Pero el drama comienza cuando el ser humano permanece estancado, cuando quiere quedarse ahí y cree que eso es lo último a lo que se puede aspirar. En nuestra sociedad, la cumbre del conocimiento es el científico: que calcule, que realice con precisión las mediciones, que aprenda todas las fórmulas, que pronostique el tiempo según determinados parámetros, que maneje máquinas y que tenga experiencia tecnológica. ¿Eso es la cima a la que un ser humano puede llegar? ¿Son felices las personas que han llegado a niveles bastante altos en ese aspecto? ¿Han encontrado la alegría interior, la plenitud quienes han alcanzado tales cumbres? ¿Viven en el Amor? Lamentablemente, no. Y a lo mejor una persona sencilla que ha usado ese tipo de mente racional sólo para lo imprescindible, no más, pudiera haber tocado algo eterno y vivir desde ahí. Podría suceder. Entonces, ¿de qué sirve atiborrarnos de información?, ¿qué sentido tiene aumentar nuestro aparente «poder» con más aparatos, comunicarnos rápidamente, ir de aquí a allá en menos tiempo? La gente se queda admirada de que hoy en día solamente se tarde una hora en llegar a tal sitio, ¡y en el futuro se va a poder ir en quince minutos de este país a ese otro, cubriendo tantos kilómetros!, ¡oh, qué maravilla el progreso! Las personas se comunican más, comparten sus –casi siempre– irrelevantes pensamientos y se mueven más rápido en el espacio y el tiempo ilusorios.

Preguntémonos si, gracias al progreso tecnológico, el ser humano es más auténtico, más feliz desde el amor, más verdadero. Sucede quizá lo contrario: cuanto más se va siendo dominado por la ambición de conseguir cosas fuera, de lograr constantemente nuevos inventos, experiencias y actividades, menos amor se siente y más angustia. ¿Cuál será entonces la salida de este atolladero? Cambiar las cosas por fuera no es la solución. Semejante situación es la consecuencia de una actitud interna muy limitada respecto a la infinitud de consciencia que somos.

La clave de la comprensión se encuentra en el interior. Cuando se actúa desde la Inteligencia que somos, sorprende un estado de paz y amor. Así, cesa la búsqueda de la paz exterior: promover la paz mundial, pretender que todas las personas se quieran, intentar que los miembros de la familia se apoyen entre sí. Todo ello es insuficiente y conocemos su inutilidad. Las cosas aparecerán espontáneamente, al igual que brotan los lirios del campo –decía Jesús–, bellísimos sin necesidad de estrategia alguna.

En esta época, una gran mayoría de la sociedad está creyendo que cuanto más astutos seamos, mejor, que así el ser humano progresa. Pero si lo miramos bien, descubriremos que no es cierto. Independientemente de lo que parezca superficialmente, no hay ningún progreso real porque no se camina desde la Luz y el Amor que somos. Debemos ver con sumo cuidado cómo, en nombre del desarrollo, se destroza el medioambiente del que forma parte nuestro cuerpo. Y puesto que tampoco se puede respetar el equilibrio natural de nuestro cuerpo, surgen enfermedades por doquier. Al no haber amor en nuestra mirada, tratamos despótica y agresivamente a la naturaleza, a los seres humanos, sin comprender que somos uno con todo. Se trata de la misma actitud distorsionada de fondo: una gran falta de amor. Desde esta perspectiva, no resulta muy distinta la pretensión ecológica de conservar el medioambiente, del intento de promover la paz mundial y evitar las guerras, salvaguardar la familia y cuidar la educación… En lo profundo, todas constituyen una misma vía, la externa, carente de amor.

La inocencia amorosa

Descubramos el Amor que somos. Hagamos silencio en nuestra mente superficial, vivamos desde la mente contemplativa envuelta en el Amor puro, silencioso, que ya se abre a la Conciencia. No nos encerremos en la mente volcada a conseguir tal o defenderse de cual, la mente astuta.

Así, la Conciencia en vez de estrategias creará una situación interna de inocencia. Ya nos lo advirtió Jesús: «Sed como niños». Muchas advertencias hemos recibido y poco caso les hemos hecho. Pero no podemos hacernos inocentes intentándolo a fuerza de voluntad personal; eso también sería astucia. Igualmente, no podemos contemplar o meditar tratando de conseguir una experiencia espiritual, porque eso también constituye una astucia mental. La inocencia brota del Espíritu, nuestra verdadera esencia.

Descubramos esa actitud inocente que siempre vive en nosotros pero que tapamos porque no parecía conveniente para conseguir algo de los demás. Cuando soltemos ese lastre y encontremos la inocencia de una mente silenciosa, veremos que ahí está el Amor. El ser humano es naturalmente amoroso si la mente es inocente, si está limpia de intereses, deseos y miedos. Los deseos y los miedos son inseparables: debido a que tengo miedo de no ser nada, deseo algo y atesoro una colección de méritos para ser alguien, pero con los objetos —posesiones, situaciones, personas— no se es. Es posible acumular muchas cosas y seguir sin ser, continuar con la angustia. Mi sed permanece porque bebo un agua exterior que no aplaca el anhelo interior. Sólo cuando entro silenciosamente y descubro ese lugar inocente, entonces se colma la sed. Y cuando ya no padezco sed, dejo de cometer esas barbaridades —o tonterías, como quiera llamarlas— que se hacen hacia fuera.

Sólo una mente inocente puede descubrir lo que el auténtico amor es. Y habré de encontrarla en lo profundo, habré de soltar todo lo que he ido añadiendo. En nuestra época se observa que los niños empiezan a ser astutos muy pronto, sobre todo si tienen unos padres, unos profesores y unos compañeros de colegio muy astutos. Las películas y los medios de comunicación actuales exaltan la astucia en vez de la inocencia, y los niños, como consecuencia, comienzan a practicarla a edades muy tempranas. Recorramos el camino opuesto, dispongámonos a reencontrar la inocencia.

Para designar esta actitud, Krishnamurti utilizaba una palabra peculiar, él decía que habíamos de ser vulnerables; una recomendación que va tan en contra de lo que fomenta la sociedad que asusta. ¿Mostrarme vulnerable yo? ¡Eso no puede ser! Nos referimos aquí a la pureza de la inocencia. Quien es inocente posee una fuerza que desconoce el astuto: la fuerza de la Conciencia sagrada, que está detrás de su aparente vulnerabilidad. A la persona que vive así no le ocurren esas desgracias que el astuto piensa –o teme– que le podrían suceder. Está sustentada por algo más real y auténtico que las apariencias, pues le protege el Amor divino. Mientras que el astuto está apoyado en ilusiones que van cayéndose, objetos en constante movimiento que obnubilan la mente inconsciente.

De modo que hablar del amor nos ha llevado muy lejos, hasta una transformación total, no hacia el sentimentalismo melifluo de «Te quiero, me quieres, ¡qué bien!». Para descubrir el verdadero Amor, la transformación interna debe ser absoluta. El silencio, la pureza en la mente y la inocencia –hijas de la Verdad– son condiciones imprescindibles para que ese amor –que ya está en nuestro interior porque es lo que somos– se manifieste, lo sintamos y actúe. El Amor va a expresarse en todas las direcciones a través de lo que somos y a través del reflejo, lo que creemos que es la realidad. En cada momento se expresará de la manera adecuada, no según las ideas que pueda tener de cómo debería ser el amor.

Así pues, ¿puedo detener ya la carrera de buscar fuera el amor personal y empezar a tomar consciencia de que lo que en esencia soy es Amor? Lo que es, es Amor. Sí, la Realidad es consciencia amorosa y si soy de verdad soy Eso.

Siempre estoy aquí

Aprender a recordar la Verdad

Únicamente nuestro verdadero Ser puede afirmar con propiedad «Siempre estoy aquí», nadie más puede decirlo; ni mi persona ni la de otras. A lo que alude este «aquí» no es a un espacio localizado ni a un lugar especial, sino que se refiere a deshacer la ilusión tiempo-pensamiento y sus categorías: lo de antes, lo de después, aquí, allá, en otro lugar más alejado o más cercano. Todas esas connotaciones mentales pertenecen al ámbito de lo ilusorio. El pensamiento, el tiempo y el espacio son los materiales con los que se fabrica la ilusión, el material que subyace tras todas las ilusiones que conforman nuestra existencia.

De modo que, teniendo en cuenta que el «aquí» y el «allá» están constantemente en movimiento, cuando en mi contemplación y en mi vida diaria contemplativa me encuentro con que hay una realidad que dice «siempre estoy aquí», debo entenderlo como referente a mi verdadero Ser, en línea con la presencia de lo sagrado. En último término, el Ser no se distingue de esa presencia. Por consiguiente, la vida en estado contemplativo transcurre con todos los altibajos habituales: las experiencias, las sorpresas, lo agradable y lo desagradable; la única

233

diferencia es que hay algo ahí que está siempre. Tanto si lo recuerdo como si lo olvido, tanto si estoy atenta como si estoy distraído, de todas las maneras esa presencia permanece ahí. No estaría de más por tanto recordarlo no sólo en algunos momentos extraordinarios –cuando las circunstancias resultan favorables o cuando se presentan dramáticas–, sino siempre, constantemente.

Cualquier tipo de vivencia que haya descubierto al contemplar –quizá haya trascurrido rápida como una ráfaga de aire, sin apenas darme cuenta, tal vez haya persistido y se haya mantenido o incluso puede que haya sobrevenido algo que ha dejado un vacío de todo lo que creía ser– hace que ya me dé cuenta de quién es el que puede afirmar que siempre está ahí: lo que de verdad soy, mi verdadera naturaleza. O expresado en palabras de la tradición cristiana: el Hijo del Padre, la Conciencia crística. Pablo de Tarso, por ejemplo, lo expresaba a su manera cuando recomendaba: «Formad "el Cristo" en vosotros». Aunque obviamente no se trata de que el Cristo antes no estuviera y de repente vayamos a crearlo. Se trata de darse cuenta de esa presencia, tomar consciencia de que siempre está ahí porque es lo único real que hay en nosotros. Y lo real que tenemos coincide con la Realidad total.

Como ya sabemos por la tradición vedanta *advaita, atman,* mi ser real, es *Brahman,* la Realidad absoluta. O según la tradición budista, la consciencia del Buda, la mente búdica siempre está ahí. De modo que cuando nombramos al Buda, igual que cuando hablamos de Cristo, no nos referimos al personaje histórico. Esto es, la consciencia iluminada coincide exactamente con la consciencia crística que, aunque en hebreo tiene otro sentido etimológico –el ungido–, vivencialmente es lo mismo. Esa consciencia que está ahí siempre, es lo real en nosotros mismos, lo real en todas las cosas.

¿Podríamos recordar en todo momento Aquello que está siempre ahí, como tantas veces se ha intentado, y no distraernos con lo que se está representando fuera en las apariencias? Por cierto, no estaría mal que definiéramos un poco qué son las apariencias ya que las nombramos tanto. En primer lugar, aclararemos que metafísicamente, desde los primeros filósofos griegos lo que aparece es lo que no es; no es pero parece que es, aparece, comparece como si fuera. En segundo lugar, tengamos en cuenta que las apariencias son una limitación de nuestra percepción, es decir que cuando la consciencia se restringe a lo que estamos denominando nuestra mente –una rendija estrecha y limitada–, ve meras apariencias. Como si una mente desquiciada que no tuviera lucidez viera apariciones, alucinaciones, espejismos.

Por tanto, las apariencias son proyecciones mentales, por muy generalizado que esté el aceptarlas como reales; alucinaciones que se aceptan siempre que no hay suficiente consciencia. He de ver con intensidad este mecanismo no porque alguien lo comunique, sino por darme cuenta de que lo percibido es un sueño, y la percepción psicofísica conlleva una enajenación; así constataré la estrechez y limitación con la que mi mente ve el mundo –lo ve y lo crea.

A este respecto, los físicos cuánticos actuales ya han descubierto en aquella materia inventada como supuestamente sólida, un aparecer en función de nuestra percepción: según la mirada o la visión se manifestará la realidad fenoménica. Esa realidad material que entendíamos como algo objetivo y estable es sin embargo una visión que se trasforma de acuerdo al observador. Hay aparatos tan sutiles que han captado el movimiento de las últimas partículas, ondas o energías que dependen del perceptor. Este descubrimiento científico va en contra de la lógica consensuada porque una misma partícula puede descubrirse en dos sitios a la vez, o bien desaparecer como partícula y aparecer como onda, o en un experimento realizado un lugar está influyendo en otro lugar lejano que, aparentemente, no tiene relación alguna con ese experimento. Tales evidencias han provocado que la física cuántica empiece a asumir los últimos descubrimientos de los aparatos sutiles y llegue a la conclusión de que existen muchos universos creados por la percepción. Sin embargo, semejante conclusión va tan en contra de la lógica tradicional y los parámetros de ciencia y física convencional que muchos se niegan a aceptarla. Se trata, sin duda, de un acercamiento entre la física y la metafísica que culminará en la Unidad de Conciencia.

A esta revelación se la denomina iluminarse, estar más o menos iluminado. No hablamos aquí de un estado permanente al que se llega como quien alcanza la línea de meta en una carrera, lo que parece una simple concesión a nuestra estrecha manera de ver la vida –todo tiene un principio y un final–, influencia del ilusorio tiempo. Pero cuando no estamos sujetos a la temporalidad no hay ni inicio ni término, por tanto no existe meta alguna. La meta es el infinito. Así, todas las iluminaciones que nos van abriendo al infinito, sin meta, están descubriendo lo que realmente somos. Y Aquello siempre está aquí mismo; ahí donde estamos en conflicto, ahí donde estamos sufriendo, ahí donde estamos exaltados con las fantasías personales, justo ahí está Aquello, serenamente consciente y presente. Aquello es lo que somos.

En la tradición vedanta de la India se ha utilizado ese término para nombrarlo «tú eres Aquello». Puesto que tendemos a encerrarnos en nuestra falsa identidad, en nuestro «yo», nos parece que aquella presencia es algo lejano: Dios, nuestro padre que habita en los cielos. Sin embargo, Jesús ya dijo que el Reino de los Cielos se hallaba muy cerca, en nosotros, ahí mismo; tan próximo como que es lo que somos. Y el Reino de los Cielos es otra metáfora de Aquello.

A propósito de metáforas, deberíamos tener en cuenta que la tradición judeo-cristiana —por influencia por supuesto de la tradición judía que se remonta a la antigüedad—, posee una marcada tendencia a la expresión simbólica. Puesto que nos han educado en esa tradición, hemos de saber que no tiene sentido intentar entender su legado literalmente puesto que no eran aficionados a elaborar una metafísica razonada que explicara el porqué de las verdades enunciadas, por el contrario se asumía que ya se irían descifrando las metáforas conforme fueran viviéndose esas verdades.

Cuando se comparan las tradiciones religiosas, se descubre por discernimiento que, en el fondo, todas ellas estaban refiriéndose a lo mismo, lo que aquí también pretendemos comunicar. Pero para descubrirlo, nada resulta tan revelador como vivenciarlo. Ambos aspectos —la investigación y la vivencia— son inseparables. Cuando vas vivenciando algo, cuando notas que tu verdadero Ser está ahí mismo, aquí, entonces el discernimiento te guía de forma natural. A partir de su luz esclarecedora puedes investigar, estudiar una tradición u otra, todas las que quieras. No te hará ningún daño, solamente servirá para confirmarte que la humanidad siempre ha estado recorriendo ese camino y ha dejado unas huellas, cada cultura con su temperamento.

Huellas en el camino

Las huellas de los caminantes siempre están ahí, es la herencia de los seres humanos que han andado por la senda hacia su verdadera naturaleza. Cuando los seres humanos van saliendo de la ilusión, como hemos apuntado anteriormente, no descubren el camino para ellos mismos; porque no es posible salir de la ilusión hasta que no se va eliminando ese «yo mismo», mi falso yo, lo que creo ser. Y puesto que salir de la ilusión es soltar ese falso yo, cuando vas recorriendo ese sendero ni te engrandeces ni te enorgulleces de esas experiencias. Creo que es bueno recordarlo en esta investigación para que lo tengamos en cuenta porque cuando distraídos en nuestra falsa identidad escuchamos las vivencias y experiencias de otra persona, lo recibimos con cierta envidia, por comparación de una falsa entidad con otra, ¿por qué esa persona consigue esas vivencias y yo no? Semejante actitud es absolutamente equivocada.

Cuando alguien va deshaciendo la ilusión, cuando va descubriendo la Verdad, ahí no hay ningún protagonista de los que el ego conoce. Es decir, nadie ha tenido una experiencia maravillosa, nadie se ha enriquecido con ella, nadie puede por tanto vanagloriarse. Eso que se ha revelado pertenece a toda la humanidad, es de todos los seres humanos. Lo sabe muy bien quien lo vive, mientras el que no está viviéndolo y lo ve a través de la mirilla personal, se compara, crea las diferencias y se siente menos que el otro. Deshagamos estas estrecheces de miras, pues no tienen sentido alguno.

Avanzar en el camino de la iluminación o iluminaciones, avanzar en la vía de la Luz, consiste precisamente en trascender la separación del «yo» y por tanto todo lo que vamos descubriendo en ese caminar pertenece a toda la humanidad; siempre ha estado ahí y siempre estará. Cuando lo vives te das cuenta; no tiene ningún sentido que haya ahí un yo ilusorio que se enorgullezca de algo u otro yo separado que tenga envidia. Tampoco tiene sentido que la persona se haga humilde. Quien va descubriendo la Verdad no es ni orgulloso ni humilde, sencillamente es lo que Es, naturalmente. No se toma la molestia de ser humilde. Porque cuando alguien se esfuerza por ser mejor, quiere tratar de conseguirlo, es porque detrás está la soberbia, todavía se mantienen los opuestos ilusorios al mando.

Sin embargo, cuando los opuestos ya se han unificado, a nadie le interesa ser nada: ni orgulloso ni humilde, ni bueno ni malo, ni poderoso ni débil, ni religioso ni escéptico ni nada de lo que podamos concebir como dualidad. Este no ser nada va despejando el camino hacia nuestro verdadero Ser. Y el verdadero Ser siempre viene acompañado de una gran paz, una alegría serena sin motivo, una gran belleza –tengo que decirlo porque así es y es lo que más nos atrae hacia ello–. Así, esa belleza que vemos en abstracto, la Belleza del Ser, se refleja en lo que percibimos en el exterior. Pero no nos referimos aquí simplemente a las cosas preestablecidas convencionalmente como bellas: un paisaje bonito, unas montañas nevadas, una flor delicada, una persona atractiva o una situación agradable. Hablamos de algo que trasciende lo conocido, no de convencionalismos en los que todo el mundo coincide: ¡qué bonito este paisaje, esta ropa moderna o esta casa decorada según el gusto de la época!

Cuando se descubre la belleza de nuestro verdadero Ser, esa misma belleza se expresa fuera y marca las huellas de nuestro andar por el camino. Y, por supuesto, se refleja mejor cuando hay más inocencia, como por ejemplo en unas flores, en las montañas, en el cielo, en los árboles, en la naturaleza o en las personas que no tratan de aparentar nada, que están simplemente ahí, lo cual es bastante raro de encontrar. Relatan los antiguos textos griegos que el filósofo Diógenes Laercio deambulaba por el ágora y por las concurridas plazas de Roma buscando con la linterna un hombre. Al enterarse, muchos le decían: «¡Pero qué haces, si esto está plagado de personas!». A lo que él respondía: «Busco un hombre de verdad». Un ser humano auténtico es el que permite que Aquello que permanece siempre aquí se manifieste, le deja paso; quien transparenta la verdadera naturaleza humana, lo que realmente somos, el auténtico Hijo de Dios que no está separado del Padre, la realidad última, *Brahman*. Ocurre conforme uno se va acercando a Aquello y va permitiendo que en algunos momentos se presente aquí, o que me dé cuenta de su huella.

Ya sabemos el valor del darse cuenta. Como hemos mencionado más arriba, los físicos, analizando la materia, han comprobado que la percepción está creando el mundo exterior, que el simple darse cuenta es creativo. Tomar consciencia de lo que está pasando en mi mente, de cómo va estrechándose esa rendija de consciencia y cómo proyecta este mundo fantasmagórico, eso va creando una realidad distinta, una nueva vida.

Es bien sabido que todos los seres humanos están entretenidos en cambiar la realidad externa, mejorar la sociedad, superarse o modificar el carácter, poseer una casa más cómoda y demás intentos. ¡Pero entreteniéndonos así en algo irrelevante nos estamos perdiendo la vida! Bueno, ¿se conseguirá algo? Desde el punto de vista de la Verdad, no se está consiguiendo nada, tan sólo logramos mover las fichas del tablero de las apariencias, sin llegar a desmantelar el juego; trasladamos las imágenes de lugar, sin desbrozar la realidad imaginaria. Desde la visión verdadera, sabemos que no es así como se transforma nuestra existencia. Porque sólo viviendo desde la Realidad la vida resulta ser auténtica, únicamente manteniéndome enraizado en aquello que siempre ha estado ahí.

¿Siempre? Efectivamente, al estar fuera del tiempo no puede encontrársele origen ni tampoco final porque ambos conceptos pertenecen a la temporalidad, como decíamos al comienzo de este capítulo. Lo Real siempre está ahí porque no es temporal, porque no ha caído en esa división propia de la limitación de la mente pensante. Antes de semejante escisión no había tiempo; nuestro verdadero Ser, lo que somos de verdad –permitidme que lo repita una y otra vez para que tomemos plena consciencia de ello–, está ahí, en lo eterno, en lo que está fuera de la temporalidad. Y recordemos, lo eterno no equivale a mucho tiempo.

Hay una equivocación básica en la tradición exotérica cristiana: el error de pensar que en un momento dado nacimos, que hemos aparecido de repente en el tiempo, que empezamos en la línea temporal y que, luego, ya tenemos un alma eterna. Metafísicamente hablando, esta creencia no tiene ningún sentido. Y cuando hablamos de metafísica aludimos a lo que está más allá de la física, es decir, al estudio racional de lo que trasciende la razón. Aunque, por amor a la verdad, resulta posible explicarlo con respeto y con cuidado, como está ocurriendo en esta investigación. De modo que la Verdad está allí en lo eterno. Esto quiere decir que, en esencia, no hemos nacido, tan sólo ha nacido un instrumento psicofísico –este cuerpecito–, el cual poco a poco ha tenido que ir manifestándose, aprendiendo, desarrollándose, adaptándose a la cultura. Un instrumento hecho, por supuesto, de la misma Conciencia, ¿de qué si no? Esa forma es lo que ha aparecido en el tiempo. Y puesto que ha aparecido, desaparecerá, no es eterna. La supuesta resurrección es una mala interpretación de los símbolos, hay un barullo en nuestra tradición exotérica. La auténtica resurrección consiste en unirnos a lo eterno, no se refiere a que lo que ha nacido vaya a morir y luego vuelva a vivir. Está claro que eso no tiene ningún sentido. Hace falta tener mente muy infantil para poder aceptar eso al pie de la letra.

El uso de símbolos y metáforas no implica que estos textos religiosos estén diciendo mentiras, ni mucho menos que quieran engañar; estos libros simplemente expresan la verdad de una forma simbólica. Unas imágenes que luego se interpretan desde la mentalidad ilusoria, dividida, egoica. Interpretaban las palabras de pasada, sin grandes explicaciones porque la gente no quería profundizar o por la causa que fuere. ¿Tal como está dicho, es falso? ¿Y cómo lo sabremos si lo afirman personas con autoridad? Lo sabemos cuando vivimos desde la Luz que somos. Entonces brota lo que en la tradición vedanta *advaita* se ha llamado discernimiento: hay luz para ver lo que es falso en lo que se dice, en lo que se lee, en la conducta de los demás y sobre todo en la propia.

Avanzar paso a paso, sin moverme

Hay personas que tienen unas normas rígidas, creen que quien se comporta de acuerdo a sus esquemas morales es digno de confianza o puede considerarse un modelo a seguir. Pero no hay normas generales aplicables a la totalidad de la vida, sólo discernimiento. Si cuando se ve una conducta —sea ésta buena o mala— no hay discernimiento, no podrá saberse desde donde está obrando tal persona. Esa persona podría estar pronunciando palabras, surgidas de su propia confusión, para convencer a otros y reafirmarse. Y cuando las palabras surgen del desorden interior, de un estado no verdadero, los que se acerquen sin discernimiento corren el riesgo de acabar aún más confusos de lo que ya estaban.

¿Por qué ocurre esto? ¿Se debe tal vez a que estas personas no se adaptan a una moral tradicional que ya en esta época está en desuso?

No, no es por eso. La costumbre de adaptarse a la moral no se funda en la verdad: uno puede adaptarse hipócritamente a la moral imperante mientras vive confuso internamente.

Solamente hay una manera de no ser engañado ni por lo de fuera ni por lo de dentro. Si no estoy engañada por mis propios pensamientos, tampoco me dejaré engañar por los pensamientos ajenos. Me daré cuenta sólo porque aparece el discernimiento, es decir, porque la Luz se abre camino. Y esa Luz está siempre aquí. No hay ser humano que no la tenga. Puede estar muy tapada, puedo pasarme una o muchas vidas camuflando aquello, disculpándome, tratando de disimular todas las apariencias de agresividad que hay dentro de mí; no importa, aquella Luz está ahí siempre. Cuando llega el momento del despertar, la descubre y todo aquello se esfuma como por arte de magia. Se disuelve sólo con la Luz. Y entonces, cuando ya no me engañan mis propios errores, ilusiones, pensamientos, tampoco doy pie a que me engañen fuera. Es más, si entiendo que me están engañando externamente es porque estoy engañándome en el fuero interno.

Está claro: todo lo que aparece fuera está reflejando el interior. Si proyecto odio en el exterior, es señal de que albergo odio dentro —y no hacia los demás, sino a mí mismo—. Cuando hay odio hacia uno mismo, lo dirijo también hacia los demás. Paralelamente, cuando hay amor, cuando me he abierto al Amor, cuando estoy en esa presencia sagrada donde sólo hay amor, se reflejará externamente. Lo de adentro y afuera no son compartimentos estancos. Veo que hay amor, belleza, alegría, paz, libertad —aunque limitados— en el exterior, veo fuera lo que ya he visto dentro. ¿Odio entonces a los demás cuando me odio a mí mismo? Así es. Cuando veo a alguien que está odiando a otro sé que se está odiando a sí mismo porque no ha descubierto quién es, todavía no sabe que siempre está ahí su verdadero Ser.

En medio de la confusión podemos recordar algo muy sencillo, una clave que coloquialmente se ha llamado en nuestro lenguaje «borrón y cuenta nueva». Se trata de no mirar más de la misma manera que mirábamos, tomar la decisión de descubrir, dentro de mí, esa presencia de lo sagrado que está siempre aquí. Y tratando de vivir desde ella me daré cuenta de que todo lo que está apareciendo con el argumento, que tan sensato y obvio parece, no es verdadero; y entonces me iré liberando.

Ésa es la verdadera liberación: me libero desde dentro, no por fuera. No me libero, como creemos, cambiando las situaciones externas. No es así; lo cierto es que la vida me irá colocando en el lugar donde pueda aprender lo que por dentro necesito aprender en ese momento. Y aflorará todo lo que he estado ocultándome interiormente, sin necesidad de terapias; asistiré a una escenografía externa, voy a presenciar la obra de teatro representación de todos los conflictos que he acumulado dentro.

Por ejemplo, me encontraré con una persona que está expresando justo lo que yo he tratado de que no se exprese, precisamente aquello que intento evitar. Y entonces caeré en la cuenta de que en realidad no odio a esa persona –aunque parezca que sí lo hago o que no quiero saber nada de ella–, me percataré de que no estaba aceptando que eso eran simplemente errores, energías inconscientes que se borran con consciencia. El mismo Jesús nos explicó que el odio no se resuelve con odio, sino con amor; rechazar con violencia el odio engendra más violencia. Igualmente, la consciencia alimenta la consciencia.

Los errores no se resuelven fingiendo, disimulando, sino comprendiendo que no son más que inconsciencia. Nadie me va a perjudicar nada más que en ese punto que justamente necesito aprender, tan sólo tendré la escenografía externa adecuada para verlo. Me van a tratar mal justo para que despierte a lo que –sin apenas darme cuenta– estoy haciendo internamente y creo que no se está enterando nadie, justamente en esa medida me maltratarán: me van a engañar, utilizar, infravalorar, van a perjudicarme en mi trabajo, voy a quedarme sin la subsistencia económica, perderé las amistades, dirán barbaridades de mí y demás solamente en la medida en la que mi actitud esté distorsionada ya. Y aunque en mi interior no se representaba de esa forma concreta, básicamente ese error ya vivía en mi psiquismo.

¿Debería entonces sentirme culpable? Es un mal síntoma el sentirse culpable de los errores cometidos. Si me siento culpable cuando veo toda la inconsciencia que he expresado en esta vida, consecuencia incluso de otras que no recuerdo, estaré poniendo un gran obstáculo en mi camino. No se trata de condenar a nadie. Habitualmente, como no puedo soportar sentirme culpable tiendo a proyectar la culpabilidad hacia los demás, es una emoción tan desagradable que la lanzo fuera.

Por su parte, aquéllos a los que se la he arrojado, me la devuelven otra vez. De este modo inconsciente, los seres humanos están tirándose unos a otros esa pelota envenenada de la culpabilidad y crean así víctimas y culpables. Pongamos como ejemplo el increíble comportamiento de algunas bandas callejeras de delincuentes o incluso de adolescentes que eligen una víctima y la culpabilizan. A consecuencia de un proceso psicológico de sentirse ellos mismos víctimas, proyectan ese victimismo sobre otros.

Sin embargo, hemos de ver todo esto en nuestra propia vida, no vale con entender intelectualmente las teorías. Es importante que no apliquemos esto como una teoría que hemos oído o leído fuera porque así se desvirtuaría totalmente. Hace falta verlo por nosotros mismos. Verlo en estos momentos en la investigación que nos ocupa ahora es positivo, pero aun mejor, mucho más transformador, resulta verlo en el momento en que está sucediendo la tragicomedia existencial, tanto en mí como en otros.

Para despojarnos de estas cargas emocionales, se nos ha recomendado que hemos de perdonar. Desde el punto de vista humano, está bien que perdonemos y que pidamos perdón. Sin embargo, pedir perdón suele ser un gesto tan convencional que resulta insuficiente para el que quiere llegar a lo más profundo. Porque cuando perdonas a alguien dices internamente: «Ya me he dado cuenta de que has actuado mal, eres un sinvergüenza pero no obstante te perdono». Igual sucede cuando te perdonas a ti mismo: «Soy un desastre, no valgo para nada, –aunque lo disimulo muy bien y los demás no lo ven–, de todas formas voy a perdonarme porque dicen que así se mejora la situación». ¿Reconocemos esa actitud interna egocentrada?

En realidad, no es necesario perdonar si podemos comprender que los errores humanos son fruto de la ignorancia, de la inconsciencia. Basta con darme cuenta de que cuando yo he llevado a cabo algún disparate, aquello tuvo tan malas consecuencias que mi desatino hizo sufrir a los demás así como a mí mismo. Pero no me di ni cuenta o estaba tan obsesionado, tan asustada con una cosa que se me escapó otra. En la mera inconsciencia no hay ninguna culpabilidad. Cuando lo veo bien visto en mí, me purifico, puedo limpiarme de sentirme toda la vida culpable, de estar siempre triste sin alegría interior. Por cierto, purificarse de las emociones, limpiarse, consiste justamente en darse cuenta de que todo ha sido un malentendido.

El símbolo tradicional de la purificación es el agua; como en el bautismo, las abluciones u otros rituales de sumergirse en el mar. Hay muchas formas de hacerlo ceremonialmente. Pero la auténtica catarsis consiste en darme cuenta de que el error se cometió por inconsciencia y que la situación requiere poner ahí consciencia iluminando lo que estaba oscuro. Para servirnos de una metáfora sencilla, diremos que al entrar en una habitación oscura, es normal que no andemos muy elegantemente en línea recta porque iremos dando traspiés, tropezando con los objetos. ¿Cuál es la mejor manera de proceder entonces? ¿Calcular muy bien cómo pasar entre los obstáculos sin chocarme contra la pared? ¿O simplemente encender la luz? Basta con conectar la luz y los obstáculos desaparecerán.

¿Cómo cambiar mi forma de vida, mi manera de actuar? ¿Cómo cambiar el modo en que los demás me tratan, el comportamiento de quienes me rodean? Porque todo está perfectamente relacionado, la división que vemos –yo y el mundo– la percibimos a través de una mente condicionada. Pero todo constituye un bloque, una sola unidad. ¡Es la percepción la que tiene que cambiar!

Sobre las verdaderas oraciones

Aquello que quiero cambiar es ya perfecto, no hay nadie, nada más que Dios, y su Presencia siempre está aquí. ¿Realmente está disponible cuando se le llama? Si tuviera que atender constantemente cada llamada de los seres humanos, andaría de un lado para otro, con estrés, porque las personas suelen llamarle mucho –sobre todo cuando sufren, no cuando se sienten felices–. Pero no ocurre así. Cuando le llamamos –si lo hacemos–, estamos acercándonos nosotros mismos a la Verdad. Las verdaderas plegarias sirven para transformarnos, para ser más auténticos. No oramos para relacionarnos con alguien externo –¿Dios?– y tratar de conquistar sus favores o procurar que atienda nuestras peticiones personales. Tal pretensión sería como intentar rebajarlo a nuestra pequeña y limitada experiencia física.

La oración resulta absolutamente válida para transformarnos nosotros mismos. Dar gracias a Dios no es un acto de cortesía por los favores recibidos, sino un gesto de apertura de nuestro corazón que amplía nuestra consciencia. La oración es un apoyo muy válido, está siempre a mano. En todo momento podemos practicarla, no necesitamos realizar muchas terapias, con orar es suficiente; así ha sido durante años para muchos seres humanos, para quienes han orado bien.

Hoy en día parece que orar no es suficiente y que hay que hacer algo por fuera, que otro nos ayude, algo que a veces funciona y otras sale mal, depende de la actitud con que se lleve a cabo. Obviamente, la oración también depende de la actitud con que se realice. Cuanto más sincera y profunda brote, más auténtica resultará. Y una oración auténtica es un proceso de purificación interno muy directo.

Tengamos en cuenta en primer lugar que en la oración siempre hay sabiduría, al margen de lo que digamos, pidamos o dejemos de pedir, porque es un reconocimiento de que hay algo más allá de lo que capto con los sentidos y mediante la interpretación pensada de lo que me ha contado y mantiene la sociedad. Eso ya es señal de sabiduría, cuando la hay, por muy pequeña que sea —Jesús decía que bastaba con que fuera del tamaño de un grano de mostaza—, esa diminuta palabra verdadera se convertirá en un gran árbol, gran obra que parecía invisible cuando estaba latente en la semilla. La oración es así, parece insignificante pero contiene un germen de sabiduría.

Pero si oro sintiendo que en absoluto creo que haya nada trascendente, si doy prioridad a lo que perciben los sentidos, a lo tangible, a mejorar mi vida… y rezo por si acaso funciona —porque algunos afirman que les ha dado buenos resultados—, comprenderemos que una actitud tan inauténtica no traiga ningún resultado a quien hace esa pantomima. Porque la sabiduría que está en mi interior, aparentemente insignificante, sólo podrá crecer si le pongo atención, como una simiente que entierro y riego adecuadamente es capaz de germinar y desarrollarse. Esa semilla consiste en intuir algo que trasciende este cuerpo y estas sensaciones, algo más allá de lo que me agrada y disgusta, de las relaciones con los demás. Cuando ya se nos ha revelado esa verdad, en la oración hay un manantial en el que podemos revitalizarnos.

La oración que se mantiene, que nos acompaña, va aumentando su potencial de sabiduría y pasa a ser contemplación. Aunque la oración se recite externamente –con unas frases establecidas, como el padrenuestro–, si hay algo de verdad en el interior, si hay suficiente comprensión de que tú no eres lo que parece, si la Presencia de Dios está ahí en algún lugar, esa semilla crecerá y llegará a ser contemplación. La mente se quedará en silencio. Al seguir ese camino verdadero, habrá profundización en la Conciencia.

No nos sorprendamos por la sencillez de esta vía contemplativa, porque los caminos –orientales u occidentales– más directos no son necesariamente los más sofisticados. No porque un sendero sea muy complicado, porque esté de moda en una época o porque lo sigan personalidades relevantes, aquél es el mejor camino. La ruta adecuada para mí podría recorrerse con pasos bien sencillos menospreciados incluso en la época en que vivo. Debo verlo por mí mismo, sin depender de criterios externos, confiando sólo en lo que vaya descubriendo a la luz de mi consciencia.

En algunas personas la oración puede venir asociada a la poesía o al canto; entonar un cántico ofrecido a Dios, leer poesía escrita por quien traslucía algo de sabiduría, o pronunciar frases que tocan de alguna manera al corazón. Todo eso es auténtico, muy válido cuando se vive de verdad. Para otros consiste en ejercitar la voluntad hasta límites insospechados, como por ejemplo sentándose en una postura sin moverse aunque duelan las piernas, persistir ahí; puede que éste sea el camino adecuado para algunos. Quizás manteniéndose inmóviles durante horas, el movimiento de la mente de saltar de aquí a allá se vaya aquietando. Digo quizás porque no lo he vivido, mi camino no ha sido el de doblegar la voluntad, aunque no descarto que pueda serlo para muchos. Lo importante es la sabiduría que empuja los gestos externos. Tampoco es relevante la supuesta autoridad de la persona que sirve de guía, sino que cada uno descubra en el instante presente, ahí mismo, su camino.

Observar la respiración, por ejemplo, es un consejo del Buda que en todas las tradiciones budistas se mantiene, aunque luego se han añadido más consideraciones de acuerdo al temperamento de unos u otros pueblos. Pero es un apoyo para detener el pensamiento. Cuando la mente está muy agitada no se puede realizar esta práctica; observas dos o como máximo seis respiraciones y enseguida el pensamiento se hace con el protagonismo. Pero llega un momento en que desoyes el discurso del pensar, poniendo la atención en la respiración, y el ruido psicológico va calmándose. Desoír el pensamiento es lo único que consigue apaciguarlo. Si lo puedes hacer directamente lo sabrás, pero si no te resulta fácil, observar la respiración supone una buena ayuda. De esta manera estarás desoyendo el pensamiento sin esforzarte por ello.

Recordemos para finalizar que lo importante no es lo que hacemos sino desde dónde actuamos, si hay sabiduría en la manera de hacerlo. ¿Pueden emitirse frases de sabiduría sin sabiduría? Desde luego que sí, basta con repetir las mismas palabras, las mismas ceremonias, los mismos movimientos; algo fácil de comprobar en las religiones populares. Está claro que la sabiduría no deriva de la forma externa sino de la consciencia con que se vive. Démonos cuenta por tanto de algo muy importante: si la sabiduría radica en cómo se vive, entonces absolutamente todo lo que sucede en la existencia puede transformarse en un camino siempre presente de oración contemplativa. Absolutamente todo, no hay necesidad de excluir nada. Cuando escojo algunas circunstancias especiales, como por ejemplo sentarme a meditar o pasear por el campo, es porque me resultan más favorables, sin olvidar que las demás ocasiones de la vida están ahí también para que descubra su verdad. Puedo estar abriendo paso a mi verdadero Ser al vivir lúcidamente o cerrándolo si interpreto los sucesos del momento con esquemas que provienen del pasado. Pero si simplemente pongo «aquí» la consciencia y me mantengo despierto suceda lo que suceda, entonces habrá espacio para la sabiduría y cualquier cosa que experimente la viviré en presencia de la Verdad sagrada, la que tiene su origen en el Espíritu. Viviré «en Espíritu y en Verdad», como nos aconsejó el gran maestro de nuestra tradición.

Índice